Sortir du silence

L'écoute à S.O.S Amitié

La ***Chronique sociale*** est à la fois un organisme de formation et de recherche et une maison d'édition. Fondée à Lyon en 1892, elle s'est préoccupée dès ses origines de sensibiliser aux évolutions de la société et de suggérer une organisation de la vie collective plus solidaire et plus respectueuse des personnes.

Actuellement, les ***Éditions de la Chronique sociale*** publient des ouvrages et des jeux pédagogiques qui contribuent à mettre en œuvre ces orientations. Issus de pratiques professionnelles et sociales, ils sont au service de tous ceux qui s'efforcent de mieux comprendre le monde.

Chacun pourra s'approprier ces outils et les utiliser, tant pour son développement personnel que pour une action collective efficace.

Pour plus d'informations :
www.chroniquesociale.com

Couverture : S.O.S Amitié

Responsable des Éditions : André Soutrenon

Correction : Monique Huissoud

Imprimeur : Laballery

Chronique sociale, Lyon, Dépôt légal : octobre 2016

N° d'impression : 607438 - *Imprimé en France*

La Nouvelle Imprimerie Laballery est titulaire de la marque Imprim'Vert®

Sous la direction de
Pierre Reboul

Préface d'André Comte-Sponville

Sortir du silence

L'écoute à S.O.S Amitié

Comprendre
les personnes

l'essentiel

Chronique Sociale 1, rue Vaubecour - 69002 Lyon
Tél. : 04 78 37 22 12

Sortir du silence

Les auteurs

♦ **André Comte Sponville**
Philosophe et éthicien. Auteur de très nombreux ouvrages dont *Petit traité des grandes vertus* (PUF), *L'esprit de l'athéisme* (Albin Michel), *C'est chose tendre que la vie* (Albin Michel).

♦ **Pierre Couette**
Adhérent depuis 1997, puis Président de l'association régionale de Toulon (1998-2001). Membre du Comité de rédaction de la Revue (2004-2010), administrateur fédéral (2005-2009), délégué IFOTES (2005-2007), et Président de l'association Internet (2012-2013).
couette.pierre@wanadoo.fr

♦ **Sylvie Galardon**
Membre de S.O.S Amitié depuis 1992.
Chargée de formation à S.O.S Amitié Rennes. Membre de la Commission Fédérale de Communication de 1999 à 2001. Présidente de la Fédération S.O.S Amitié de 2001 à 2007. Coordinatrice du collectif « Ensemble Prévenons le Suicide » d'Ille-et-Vilaine (CoEPS 35) depuis 1996 ; Membre du conseil d'administration de l'Union Nationale pour la Prévention du Suicide (UNPS) depuis 2001.
syl.galardon@sfr.fr

♦ **Jean-Pierre Igot**
Président Fédéral
Jeanpierreigot@gmail.com

♦ **Alain Le Corre**
Écoutant depuis 2004, directeur puis président du poste S.O.S Amitié d'Orléans pendant 4 ans, membre de la commission fédérale de formation de 2008 à 2015.
45al.lecorre@gmail.com

♦ **Alain Mathiot**
Bénévole à S.O.S Amitié depuis 2009 ; membre du conseil d'administration fédéral depuis 2015. En charge des statistiques pour SOS Amitié et plus particulièrement de l'Observatoire des Souffrances Psychiques.
a.mathiot@laposte.net

♦ **Michel Montheil**
Psychologue clinicien, thérapeute de couples, sexologue clinicien et superviseur d'équipes. Animateur de partages supervisés à La Rochelle depuis 1987. Il a eu la responsabilité de l'organisation « intellectuelle » de deux congrès nationaux pour S.O.S Amitié, a participé à des réflexions, formations ou conférences pour la Fédération, lors de congrès internationaux IFOTES ou pour les écoutants de S.O.S Amitié ou d'autres dispositifs téléphoniques. Auteur de plusieurs articles sur l'écoute et ses processus dans la Revue de SOS Amitié ou d'autres supports, a dirigé un ouvrage collectif pour l'Association en 1997 : Écouter l'Angoisse.
montheil.psy@free.fr

♦ **Pierre Reboul**
Bénévole à Jalmalv (Jusqu'À La Mort Accompagner La Vie). Administrateur d'Accueil SDF. Auteur de « Visiteur à l'hôpital et en maison de retraite » (L'Harmattan), « Écouter pour accompagner » (Chronique Sociale), Co-auteur « La mort dans ma vie, des mots pour en parler » (Chronique Sociale).
pierre.reboul@me.com

♦ **Jean-François Roche**
Membre actif S.O.S Amitié 1972-1974 et de 2004 à 2015, président du poste d'Orléans 2005 à 2009 et 2013 à 2015, membre du CA Fédéral 2007-2015, membre de la Commission Fédérale de Formation 2008-2011, délégué 2008-2013 fédération internationale des services d'urgence téléphonique (IFOTES)
rochejf45@gmail.com

♦ **Gillonne Rocher**
Membre de S.O.S Amitié de 1997 à 2015, expérience à S.O.S Amitié, chargée de formation à S.O.S Amitié Région de Lyon, Présidente de S.O.S Amitié Région de Lyon, Responsable de la Commission Fédérale de Formation, Vice-présidente de la Fédération S.O.S Amitié de 2009 à 2015.
drocher@rocher.fr

Avant-propos

Il y a quelques années, S.O.S Amitié a fait réaliser un sondage d'opinion en vue, notamment, de mesurer sa notoriété dans notre société.

Plus de 60 % des personnes interrogées en avaient entendu parler.

Moins de dix pour cent d'entre elles avaient une quelconque idée de l'action qui y était menée.

Les membres de S.O.S Amitié ont en effet longtemps entretenu le secret sur leur activité, afin de préserver au maximum l'anonymat de la relation qui se noue entre l'*appelant* et l'*écoutant* lors d'un appel. Un impératif qui, avec la confidentialité des propos échangés, constitue le socle de l'écoute proposée aux personnes en grande difficulté.

Cette culture du secret a considérablement limité la communication de S.O.S Amitié en direction du public, alors même que la société actuelle est envahie par une information qui circule en masse et à une vitesse fulgurante dans les médias et sur les réseaux de l'Internet.

Lever un peu le voile sur cette institution plus que cinquantenaire, qui reste aujourd'hui le plus important dispositif bénévole de prévention du suicide par l'écoute du mal-être, tel est l'objectif premier de ce livre.

La dizaine de chapitres, qui ont été écrits par des membres actuels ou anciens de S.O.S Amitié, tente d'aborder les différentes facettes de ce service d'aide, son histoire, les fondements éthiques forgés et consolidés au fil des années, et aussi la manière dont est organisée la vie interne de ce grand corps de plus de 1 600 membres répartis sur l'ensemble du territoire national.

La rédaction de l'ouvrage a été pensée en vue de le rendre abordable par tous. Certains chapitres qui traitent des fondements psychologiques de l'aide proposée intéresseront cependant plus particulièrement les différents acteurs dans le domaine de l'aide en santé.

Au travers de cette démarche, S.O.S Amitié souhaite ouvrir quelque peu ses portes afin de mieux faire connaître cette structure.

En premier lieu aux personnes susceptibles de faire appel à l'aide proposée.

Chacun et chacune d'entre nous peut en effet un jour ou l'autre se retrouver en grande difficulté, au point de mettre en question son existence même ; le propos de S.O.S Amitié étant de permettre de s'exprimer en toute confiance afin de desserrer le nœud et de tenter d'y voir plus clair.

En second lieu, S.O.S Amitié souhaite inviter tous ceux et celles qui se sentent en phase avec cette démarche à rejoindre un Poste, à se former à l'écoute véritable de l'autre et à en tirer indirectement profit pour leur propre développement personnel.

Enfin, cet ouvrage intéressera, nous l'espérons, les différents acteurs dans le vaste champ de l'aide en santé et de l'aide sociale, ainsi que les chercheurs et les étudiants qui travaillent dans ce domaine.

S.O.S Amitié remercie vivement André Comte-Sponville pour la préface qu'il a bien voulu rédiger pour cet ouvrage.

Un grand merci à tous les contributeurs et, plus particulièrement, à Pierre Reboul, qui a initié la démarche et a bien voulu en assurer le suivi.

Jean-Pierre Igot
Président fédéral

Préface

Tout nouvel outil, dès lors qu'il se répand, finit par modifier notre vie, mais pas toujours ni seulement dans l'usage pour lequel il fut d'abord conçu. C'est vrai en particulier du téléphone. Ses inventeurs ou promoteurs, à la fin du XIXe siècle, voulaient surtout vaincre l'éloignement : il s'agissait de permettre à des gens se connaissant déjà, et souvent affectivement proches, de se parler à distance (comme l'indique l'étymologie du mot, formé du grec *têlé,* « loin », et *phônê,* « la voix »), quand bien même ils se trouvaient en des lieux différents, parfois fort éloignés l'un de l'autre. Marcel Proust, qui vécut l'apparition puis la diffusion de ces étranges appareils, exprime bien, dans *Le Côté de Guermantes,* ce qu'il y avait là d'étonnant, d'émouvant, que l'habitude nous fait aujourd'hui méconnaître : *« Aussitôt que notre appel a retenti, dans la nuit pleine d'apparitions sur laquelle nos oreilles s'ouvrent seules, un bruit léger – un bruit abstrait, celui de la distance supprimée – et la voix de l'être cher s'adresse à nous. C'est lui, c'est sa voix qui nous parle, qui est là… »* Il s'agissait de vaincre la séparation, au moins provisoirement (avant la « séparation éternelle » de la mort, songeait Proust avec angoisse), et toute séparation suppose une proximité préalable.

Il fallut près d'un siècle pour que le téléphone, tout en gardant sa fonction principale (surmonter l'éloignement, que ce soit entre proches ou dans des relations professionnelles), en acquière une autre, plus marginale et moins prévisible : permettre de parler à quelqu'un qu'on ne connaît pas, qu'on ne connaîtra jamais, avec qui on ne noue aucune relation suivie, qu'elle soit professionnelle ou privée, mais qui est là, au bout du fil, non pas ici et maintenant, comme dans les rencontres ordinaires, mais maintenant et là-bas, on ne sait où, et qui vous écoute pourtant, comme personne d'autre peut-être ne l'a jamais fait, attentif, bienveillant, disponible, quels que soient le jour ou l'heure, à la fois accueillant et en retrait, vous laissant parler autant que vous le voudrez, dans l'intimité paradoxale (puisqu'elle se noue entre deux inconnus) que le téléphone et l'anonymat rendent possible… Même outil, nouvelle fonction : il ne s'agit plus de surmonter l'éloignement, entre proches ou partenaires, mais la solitude – ou plutôt l'isolement –, entre inconnus. Tel est le but, en France (mais on trouve l'équivalent dans la plupart des pays développés), de S.O.S Amitié, dont le présent ouvrage retrace l'histoire et aide à comprendre le fonctionnement et les enjeux.

Chacun est maître de son vocabulaire. Je ne prétends nullement imposer le mien – et surtout pas à ces admirables bénévoles de l'écoute que sont les membres de S.O.S Amitié. Encore faut-il s'entendre sur le sens qu'on donne aux mots, ce qui ne va pas, du moins si l'on veut être précis, sans quelques définitions ou clarifications conceptuelles. Pourquoi en suis-je venu à distinguer l'*isolement* de la *solitude ?* Pour rendre compte de deux expériences fort différentes – deux façons d'être seul –, sur lesquelles je voudrais m'expliquer quelque peu.

Du beau mot de *solitude,* j'ai toujours fait un usage plutôt positif. C'est que j'y vois une dimension – constitutive, nécessaire, inévitable – de la condition humaine, qu'on ne saurait dénier sans mentir. Lucidité du Bouddha : « L'homme naît seul, vit seul, meurt seul. » Lucidité de Blaise Pascal : « On mourra seul. » Il était pourtant bien rare, du temps de Pascal, qu'on meure isolé (la plupart des mourants étaient entourés de leur famille, parfois assistés d'un prêtre ou d'un médecin). Et parfaitement exclu, quelle que soit l'époque, qu'on naisse sans personne près de soi (la mère au moins est forcément là). On n'en mourra pas moins seul, comme on est né seul, parce que personne ne peut naître ni mourir à notre place. C'est pourquoi on vit seul, même entouré d'amis : parce que personne ne peut vivre à notre place. C'est pourquoi on aime seul, même lorsqu'on est aimé en retour. Belle formule de Rilke, dans les *Lettres à un jeune poète : « Dans la mesure où nous sommes seuls, l'amour et la mort se rapprochent »* – parce que nous ne saurions les déléguer à quelque remplaçant que ce soit. Nous sommes des êtres sociaux, des « animaux politiques », disait Aristote, tout entiers tissés de relations (puisque nous sommes des êtres de désir et de parole) ; mais ces relations, qui nous constituent, sont non substituables : chacun d'entre nous, qui en résulte, est le seul qui puisse les vivre, et qui le doive.

On voit que la *solitude,* au sens où je prends le mot, touche à notre identité, à notre singularité (*solus,* en latin, signifie à la fois « seul » et « unique »), à notre humanité (les animaux sont seuls aussi mais ne peuvent – faute de mots pour le dire – en prendre pareillement conscience). C'est une donnée à la fois essentielle (elle concerne l'être que nous sommes), subjective (puisque cet être est un sujet, ou se vit comme tel) et universelle (elle est notre lot à tous). Elle est donc normale : ce qui serait anormal, voire pathologique, ce serait l'incapacité à vivre cette solitude, à l'accepter, à l'habiter. Le couple, par exemple, n'est pas une fusion, qui dispenserait chacun des amants d'être soi – donc d'être seul –, mais plutôt la rencontre, pour citer à nouveau Rilke, de *« deux solitudes se protégeant, se complétant, se limitant, et s'inclinant l'une devant l'autre »* – à condition qu'elles soient capables aussi de se parler, ce que Rilke ne souligne pas assez et qui est sans doute l'essentiel.

Dans ce que j'appelle *isolement,* à l'inverse, je vois plutôt une donnée accidentelle, objective, particulière, voire anormale (ce qui ne veut pas dire qu'elle soit toujours pathologique : elle relève plus souvent du malheur que de la maladie). Ce n'est pas une dimension de la condition humaine, mais un accident de la condition sociale. Je ne crois pas m'écarter trop de l'acception usuellement reçue. L'isolement, c'est le contraire de la proximité (une maison est isolée quand on y est sans voisins immédiats), donc aussi l'absence ou la déficience des relations, notamment langagières et affectives, que les humains entretiennent ordinairement entre eux. Cet isolement, lorsqu'il est volontaire et provisoire, peut quelquefois s'avérer délectable (être seul sur un bateau, ou lors d'une randonnée ou d'une méditation). Ce n'est qu'une suspension temporaire des échanges, par exemple verbaux (si on a éteint son téléphone portable), dont on sait bien qu'ils demeurent possibles à d'autres moments et dont l'interruption délibérée n'abolit aucunement la richesse des liens qui nous unissent à nos proches (au contraire : il n'est pas rare qu'on mesure d'autant plus l'importance d'un être aimé qu'on s'est mis momentanément dans l'incapacité de lui parler). *« Enfin seul, sans s! »,* notait joyeusement Jules Renard dans son *Journal*. C'est qu'il ne l'était que rarement. Il faut ne manquer ni d'amis ni d'amours pour être soulagé de les mettre, au moins un temps, à distance.

Tout autre est l'isolement durable et subi ! Ce n'est plus une suspension des échanges, que l'on expérimente alors, mais leur inexistence ou leur pauvreté, leur impossibilité ou leur échec ! Non une interruption délibérée, comme des vacances communicationnelles, mais un interminable vide, comme la *vacance,* au singulier, du cœur ou de l'âme, qui n'ont de plénitude que dans la rencontre, que dans les paroles échangées, lorsqu'elles sont vraies, que dans l'amour reçu et donné. Non plus *« Enfin seul, sans s! »,* mais *« Toujours seul, hélas! »,* y compris, car cela arrive, lorsqu'on vit en couple ou en famille. Isolement affectif plutôt que spatial : incommunicabilité plutôt qu'abandon. Comme une prison de silence, ou plutôt de non-dits. Comme un désert relationnel, y compris dans la foule ou la promiscuité. Être isolé, ce n'est pas forcément manquer de voisins ou de proches ; c'est n'avoir plus personne à qui parler – sinon pour dire des banalités –, ou plus personne pour vous comprendre. Plus personne à aimer, du moins c'est l'impression qu'on peut avoir, ou plus personne qui vous aime, ou pas assez, ou trop mal. Cet isolement-là n'a rien de volontaire, ni de provisoire, ni de délectable : ce n'est pas une parenthèse mais un enfermement, pas un soulagement mais un abîme, pas un choix mais une détresse.

Ne nous battons pas sur les mots. Ce que je nomme « isolement », pour y voir plus clair, les personnes qui téléphonent à S.O.S Amitié continueront d'en parler en termes de « solitude » (c'est l'une des causes les plus fréquentes d'appel), et on aurait bien tort de le leur reprocher. Mais ce dont ils souffrent, ce qui les mine, ce qui peut les mener au suicide, ce n'est pas d'être seuls, au sens où nous le sommes tous : c'est d'être privés des liens ou des échanges qui font la richesse – quoiqu'elle ne soit pas toujours si grande qu'on l'imagine – d'une vie relationnelle à peu près satisfaisante. C'est pour combattre cet isolement, cette souffrance et ce risque de suicide que l'association S.O.S Amitié existe. Pour aider ceux qui en ont besoin, qui ne peuvent le faire ailleurs ni autrement, à « mettre des mots sur leurs maux », comme disent souvent les psychothérapeutes, sauf qu'il ne s'agit pas ici de soigner mais seulement d'écouter, d'accompagner, d'être là, au moins au bout du fil (ou depuis peu au bout du *mail*), comme un moment de fraternité, même provisoire, entre deux êtres humains qui n'ont rien d'autre à s'offrir mutuellement que la parole de l'un et l'attention – la moins flottante possible – de l'autre... C'était un beau projet ; c'est une belle aventure. On n'aura jamais assez de gratitude pour ceux qui en ont pris l'initiative ou qui, quotidiennement, généreusement, humblement, la font vivre.

De ceux-là, ou de ce qu'elle en imaginait, la troupe du Splendid s'est talentueusement moquée, au théâtre puis au cinéma, dans *Le Père Noël est une ordure,* avec le succès que l'on sait, d'ailleurs mérité, et d'innombrables rediffusions à la télévision. Il ne semble pas que cela ait nui à S.O.S Amitié. C'est qu'on y a vu légitimement une caricature, aussi drôle qu'outrancière, qui pouvait tout au plus signaler quelques dangers, pour les écoutants bénévoles (la condescendance, la complaisance, la niaiserie), sans remettre en cause, quant au fond, l'utilité d'une telle association, ni le mérite de ses membres. On peut rire de tout, y compris des bons sentiments. Ce n'est pas une raison pour préférer les mauvais.

L'isolement est-il plus grand aujourd'hui qu'autrefois ? C'est vraisemblable. Dans les villages de l'ancien temps, chacun était connu de tous. Combien, dans nos villes modernes, connaissent ne serait-ce que le nom de leurs voisins de palier ? Puis on vit plus longtemps (« l'amitié est une invention de la jeunesse », disait Gide : la solitude tend à s'accroître avec l'âge), plus fréquemment et plus longuement sans travail (qu'on soit chômeur ou retraité), donc sans les relations professionnelles qui vont avec, plus souvent en célibataire, par exemple après un divorce, et plus guère, la vieillesse venue, chez ses enfants, ni toujours dans la même région qu'eux... Autant de risques supplémentaires d'isolement. Quant au formidable développement de nos moyens de communication, il bénéficie comme de juste à ceux qui ont la vie relationnelle la plus riche ou la plus aisée, et ne rend l'isolement, pour les autres, que plus douloureux. Combien surfent sur les sites pornos, davantage que sur les sites de rencontre, et dans quel mélange de frustration, de rancœur, d'amertume ? Combien n'ont que la télévision pour compagne, laquelle ne leur montre guère, cruellement, que le bonheur de ceux qui ont mieux à faire – tant leur vie affective est supposée intense – que la regarder ?

J'ai beaucoup appris en lisant ce livre, et d'abord sur ce qui en fait l'objet principal : cette écoute si particulière, à la fois bénévole et normée (elle a ses règles, ses techniques, sa déontologie), qui n'est ni une conversation (les échanges, sans être forcément à sens unique, y sont clairement asymétriques : l'un est là pour parler, l'autre pour entendre), ni une thérapie (l'écoutant n'est ni médecin ni psy, l'appelant peut très bien ne souffrir d'aucune maladie), et qui n'en est que plus précieuse, que plus irremplaçable parfois, par cette parole qu'elle suscite et rend possible, qu'elle accepte et comprend, qu'elle respecte et accueille. Pas de jugements de valeur. Pas de conseils. Pas d'interprétations (sinon celles, mais alors minimales, qui sont souvent nécessaires pour comprendre, pour reformuler, pour relancer…). Je ne suis pas certain que le mot « amitié » soit celui qui convienne, pour une relation si précautionneusement encadrée, où les sentiments (ceux de l'écoutant sont comme mis entre parenthèses) importent moins que la disponibilité, et où la réciprocité des échanges – il arrive que les appelants s'en plaignent – est d'emblée exclue. Parler d'*empathie,* comme fait souvent ce livre, serait assurément plus juste. Mais peu importe, là encore, le vocabulaire. Nous sommes des êtres de parole ; c'est pourquoi nous avons besoin, presque tous, d'être écoutés pour nous sentir reconnus. Cela ne tient pas lieu d'amour ? Sans doute. Mais c'est le minimum nécessaire, pour que la vie soit au moins supportable. Merci à S.O.S Amitié de contribuer, depuis plus d'un demi-siècle, à ce minimum-là. Quant à l'amour, il est à la charge des individus, non des associations, aussi admirables soient-elles.

André Comte-Sponville

Un état des lieux de l'écoute

Pierre Reboul

Demande d'écoute, offre d'écoute... Ambition bien audacieuse que de vouloir réaliser un état des lieux de cet échange propre à la seule espèce humaine qu'est l'écoute ! *A fortiori* s'il s'agit de la considérer tant dans sa perspective historique que dans la multiplicité de ses applications actuelles, de la plus privée à la plus publique. C'est pourtant cet objectif que nous nous proposons ici : répertorier et analyser les différents médias par l'intermédiaire desquels cette écoute prend forme. Puis celui de présenter une rapide typologie des différentes structures appelants/écoutants accessibles aujourd'hui dans nos pays.

Établir une brève histoire de l'écoute, nommer quelques-uns des *principaux auteurs* qui, au cours des siècles, se sont attachés à lui donner un sens, voici ce qui pourra constituer une *première étape* de notre parcours. Elle nous permettra d'éclairer les ressorts des différentes attentes qu'au cours des siècles les théoriciens de l'écoute ont mis en elle, quels projets de réalisation personnelle comme de docilité consentie à des normes sociales ou religieuses ont été successivement recherchés.

Notre *seconde étape* explicitera la *multiplicité des écoutes :* naturelle, de proximité, bénévole associative, professionnelle, chacune possédant ses spécificités, ses degrés d'intensité, ses domaines d'application.

Puis nous évoquerons les *espaces sociaux* réunissant celui qui veut être entendu et celui qui choisit de l'écouter : lieux privés pour la conversation, pour la rencontre thérapeutique ou spirituelle ; lieux publics pour les témoignages exposés dans la presse, à la radio ou à la télévision, sur internet.

Enfin, nous nous proposerons d'établir la *typologie* et les *domaines concernés* aujourd'hui par l'écoute. Ceci à travers quelques exemples de différents services téléphoniques d'appel ouverts au public.

1. Brève histoire de l'écoute, ses caractères, ses théoriciens

Nul doute qu'une large « Histoire de l'écoute » pourrait utilement être écrite, qui permettrait de recenser la multiplicité des apports de vingt-cinq siècles à cette science — ou vertu ? — cardinale de la relation humaine qu'est l'écoute.

Conscients de la gageure consistant à vouloir décrire, en quelques pages, le cheminement des différentes conceptions de l'écoute à travers le temps, nous nous limiterons à un bref survol de cette histoire, illustrant par quelques éminents auteurs ou théoriciens particulièrement significatifs cette évolution contrastée.

1.1. L'écoute dans l'Antiquité grecque et latine

De très nombreuses citations nous sont parvenues de l'Antiquité, preuves de l'intérêt que les Anciens portaient au fait d'être « bien écoutés ». Nous nous bornerons ici à évoquer *deux auteurs :* Socrate, pour la pensée grecque, Plutarque pour la pensée latine.

Socrate et la maïeutique

Selon la mythologie grecque, Maia, l'une des sept Pléiades, veillait aux accouchements. Maia elle-même n'enfante pas, mais préside et aide à la mise au monde. Elle inaugure le chemin d'une science nouvelle née et toute particulière : l'écoute.

Ainsi la maïeutique, telle que proposée par Socrate (- 470 - 399 avant JC) et rapportée par Platon, constitue une méthode permettant aux personnes d'accoucher de ce que leur esprit contient ou retient. Elle consiste à bien écouter, à laisser s'interroger la personne pour permettre à son savoir caché de s'exprimer : « L'âme de chaque homme est enceinte et désire accoucher. » (*Le Banquet* de Platon).

Et Socrate de poursuivre : une fois ses paroles formulées, la personne doit encore être aidée pour les examiner, les ajuster, leur donner du sens. Ainsi le maïeuticien permettra-t-il à celui qui fait appel à lui d'exprimer l'intériorité de sa propre personne et de se confronter à cet interlocuteur extérieur pour accéder à une meilleure compréhension de lui-même. De cette manière, par des jeux de questions insistantes et habiles, le maïeuticien s'attachera à conduire la personne du connu à l'inconnu, et lui permettra ainsi de **se dévoiler à elle-même.** Puis, de partir à la conquête de toute la part d'elle-même qui gisait hors de son atteinte.

Plutarque

Dans ses *Œuvres morales,* Plutarque (46-125) consacre une dizaine de milliers de mots à une conférence intitulée « Comment il faut écouter ». « La dissertation que j'ai prononcée en public sur la manière d'écouter, je vous l'envoie, ô Nicandre, après l'avoir mise en écrit… » Eh oui, le verbatim d'une formation à l'écoute, dirait-on de nos jours.

Plein d'esprit et de formules-choc (« On dit : Si la nature a donné à chacun de nous deux oreilles et une seule langue, c'est parce que notre devoir est moins de parler qu'écouter »), ce texte se révèle précieux de conseils multiples d'une actualité et d'une fraîcheur confondantes :

> *« Celui qui écoute ne doit pas se troubler, ne pas se récrier à chaque parole : même si le discours ne lui plaît guère, il faut qu'il se contienne et attende que son interlocuteur ait fini de parler. Quand celui-ci a terminé, il doit ne pas reprendre tout aussitôt la parole et, comme dit Eschine, laisser quelques instants d'intervalle, soit que l'autre veuille ajouter quelques mots à ce qu'il a dit, soit qu'il ait à y faire des changements et des suppressions. Mais interrompre brusquement, ne savoir pas plus écouter qu'on ne sait se faire écouter soi-même, parler quand parle un autre, c'est manquer complètement de maintien. »*[1]

Bref, ce texte de Plutarque mériterait aujourd'hui encore de figurer au premier rang de nos manuels d'écoute.

Notons que, chez ces deux auteurs, le souci qui apparaît, c'est celui de la connaissance de soi-même et des autres, celui d'une **réalisation personnelle basée sur la recherche de la vérité et le débat intérieur.**

1.2. L'écoute religieuse chrétienne

Dès les premiers siècles du Christianisme, une autre écoute, dirigée celle-là vers l'amélioration de la vie chrétienne individuelle, établit peu à peu ses fondements à travers les enseignements des Pères de l'Église. Là encore, nous marquerons de deux pierres blanches notre évocation.

Cassien (360-435)

Il rédige ce qui peut être considéré comme le premier manuel de spiritualité occidental[2]. Son objectif, former les consciences, influence durablement l'Église chrétienne des premiers siècles. Dans ses *« Institutions Cénobitiques »,* Cassien prône le silence couplé à l'écoute, « mais ce qui

1. Plutarque, *Œuvres morales – Tome 1,* Éditions Lefèvre, 1844.

2. La notoriété de ce manuel est telle qu'il demeure un ouvrage apprécié de tous jusqu'au Moyen Âge.

est visé ici, ce n'est pas l'écoute indispensable à l'autonomie et à la pensée propre, c'est l'écoute absolue, poussée jusqu'au renoncement à penser par soi-même »[3]. Quant à l'écoute d'autrui, comprise comme une familiarité[4] malsaine, elle est sévèrement remise en cause au bénéfice du silence, clôture entre l'autre et soi.

Ainsi, chez cet auteur, l'impératif d'écoute auquel doit se soumettre le chrétien face à son Dieu et à l'enseignement des Écritures Saintes, c'est celui de la docilité. Elle prévaut. L'apprentissage et la restitution de vérités dogmatiques s'imposent ; et la mission éducative de l'Église consiste non pas à écouter une personne dans sa singularité, mais à vérifier que l'enseignement qu'elle lui a prodigué a été correctement acquis. Cette manière de former mobilise ainsi une écoute qui cultive une **obéissance** de tous les instants et un abandon de toute volonté ou désir personnel.

Ignace de Loyola (1491-1556)

L'ardent désir d'Ignace de Loyola « d'aider les âmes » le conduira à écrire un ouvrage, « Les Exercices spirituels », destiné à fonder de manière très précise la pratique de cette aide : ces Exercices permettront au chrétien qui le souhaite d'expérimenter une situation qui fera émerger en lui un discours intérieur. Ainsi sera-t-il en mesure d'avancer plus aisément vers un **discernement de la vérité.**

L'écoute spirituelle ignacienne possède plusieurs caractéristiques : tout d'abord, *« l'expérience des Exercices Spirituels supposera toujours un accompagnement au cours duquel le sujet naîtra ou renaîtra sans cesse à lui-même et à sa propre parole »*[5]. En second lieu, une grande importance sera accordée à la façon de dire ou de raconter de celui qui parle. Son écoutant mobilisera toute son attention à ce que nous pourrions nommer les éléments infraverbaux de l'échange. Autrement dit, *« l'enjeu apparaîtra alors comme* [...] *passer du quoi-écouter au comment-écouter »*[6].

Autre caractéristique, Ignace de Loyola postule que le Dieu Créateur peut et veut « agir sans intermédiaire » envers sa créature. L'accompagnant de celui qui pratique les *Exercices spirituels* doit donc « laisser » cette relation se produire. Son écoutant est donc présent comme seul médiateur. Sa personne, indispensable, doit s'effacer en œuvrant uniquement en faveur de la relation de l'écouté avec le Tiers qu'est Dieu. En clair, son écoute ne

3. Gaëlle Jeanmart, *Généalogie de la docilité dans l'Antiquité et le Haut Moyen Âge*, Vrin, 2007.

4. *Parrhèsia :* liberté de langage, franchise.

5. Christian Grondin, *L'écoute spirituelle à la manière ignatienne – Centre de spiritualité Manrèse,* Site *AIISSQ. org*

6. *Ibid.*

se situera jamais à l'intérieur d'un système binaire je/tu, mais bien plutôt dans un cadre relationnel ternaire où le « Il » (ou l'Autre) occupera la place centrale.

> *« Si Ignace fait de la parole et de l'écoute l'ancrage anthropologique de la relation d'aide spirituelle, il la situe, dans le même mouvement, dans l'horizon théologal du salut. »*[7]

1.3. Examen de conscience et confession

L'examen de conscience, écoute tournée vers soi-même, tout intérieure, constitue parfois un préliminaire et une préparation à une écoute adressée à autrui. Cet examen était déjà pratiqué dans l'Antiquité tant par les pythagoriciens que par les épicuriens ou les stoïciens. Les Vers d'or de Pythagore en font état dans ces termes : *« Ne permets pas que le doux sommeil ne glisse sous tes yeux avant d'avoir examiné chacune des actions de ta journée : en quoi ai-je fauté ? Qu'ai-je fait ? Qu'ai-je omis de ce qu'il fallait faire ? Commence par la première à toutes les parcourir. Et ensuite, si tu trouves que tu as commis une faute, gourmande-toi ; mais, si tu as bien agi, réjouis-toi. »*[8]

Le christianisme s'est emparé de la notion d'examen de conscience jusqu'à établir des questionnaires détaillés permettant d'améliorer la qualité de cet examen introspectif.

Cet examen de conscience achevé, le chrétien peut se tourner, s'il le souhaite, vers un *directeur de conscience,* son écoutant particulier, pour s'en ouvrir à lui et en obtenir conseil. En vue d'améliorer la qualité morale ou religieuse de la vie de son interlocuteur, ce directeur écoutera alors et guidera la conscience de la personne qui fait appel à lui. De même, nous l'avons vu, les *Exercices spirituels* d'Ignace de Loyola nécessitent-ils la présence d'un prêtre, véritable accompagnateur spirituel. Car il s'agira de mettre en accord « la foi et les œuvres », c'est-à-dire de mettre en pratique dans sa vie les préceptes chrétiens. En effet, *« comme le corps sans âme est mort, de même la foi sans les œuvres est morte »*[9]. Là encore, le directeur de conscience permettra ainsi au discernement de s'exprimer.

La *confession,* quant à elle, écoute marquée comme sacrement, connaîtra plusieurs étapes (Examen de conscience, repentir, confession, absolution,

---

7. *Ibid.*

8. Pythagore, « Les vers d'Or », in Hiéroclès, *Commentaire sur les vers d'or des pythagoriciens,* trad. Mario Meunier, L'artisan du livre, 1930.

9. *La Bible* - Jacques 2, 26.

pénitence) au terme desquelles la personne se réconciliera avec son Dieu et avec elle-même. Elle nécessite la présence d'un confesseur habilité.

1.4. L'écoute laïque, ses théoriciens

Avec l'avènement de la Philosophie des Lumières et le recul de la religion, de nouveaux écoutants apparaissent qui n'ont plus pour projet l'amélioration de la seule vie spirituelle et religieuse des personnes, mais, plus largement, de leur vie dans toutes ses dimensions. L'individu est alors considéré non plus dans sa seule relation à Dieu, mais dans la conquête de sa liberté, la reconnaissance de ses pulsions, de son désir. Et l'écoute a pour projet de lui permettre de **s'accomplir lui-même,** dans les domaines et selon les croyances qu'il choisit de rejoindre.

Freud (1856-1939)

Curieusement, ce n'est que d'une manière oblique, tangentielle qu'est défini le concept d'écoute psychanalytique dans l'œuvre freudienne. Le thérapeute fournit une *attention flottante* à son analysant (personne en cours d'analyse), son écoute « décentrée » constituant un outil thérapeutique.

Termes paradoxaux que ceux *d'attention flottante* puisque le premier évoque une vigilance, une concentration, et que le second, à son opposé, exprime une superficialité fluctuante et indécise.

L'écoutant (ou analyste) ne demande pas à celui qu'il écoute un récit, une anamnèse circonstanciée, une description des symptômes qui l'amènent à le consulter. Il le laisse aller où bon lui semble.

L'écouté (ou analysant) tente quant à lui de dire avec ses mots tout ce qui lui vient à l'esprit comme tout ce qu'il ressent. Par ses interventions comme par ses silences, le thérapeute favorise l'émergence d'éléments jusqu'alors inconscients et dont l'analyse devrait permettre une amélioration chez la personne en analyse.

Naturellement, le thérapeute suit une formation qui lui permettra d'acquérir un plus grand espace de liberté psychique personnelle. Dans son article de 1912, « Conseils aux médecins », Freud conseille dans l'écoute d'un analyste ce qu'il faut éviter plutôt que ce qu'il faut réaliser : *« Éviter de prendre des notes, ne pas attacher d'importance particulière à ce qui est entendu, ne pas fixer son attention sur des points précis, ne pas se conformer à ses propres expectatives, ne pas obéir à ses inclinations, ni se préoccuper de savoir si l'on va retenir quelque chose. »*[10] Mais également, il met en garde

10. Maurice Khoury, *Figures de l'écoute en séance et conséquences techniques*, *www.aldep.org/article.php?index=19*.

contre « l'orgueil thérapeutique » et « l'orgueil éducatif » et considère comme « contre-indiqué de donner des directives au patient telles que de rassembler ses souvenirs, de penser à une certaine période de sa vie »[11].

L'apport considérable de Freud comme de ses disciples à cette science nouvelle de l'écoute qu'est la psychanalyse a connu de nombreuses déclinaisons (Jung, Adler, Lacan...) et préside aujourd'hui à bien des écoutes bénéfiques.

Carl Rogers (1902-1987)

Psychologue humaniste, Carl Rogers élabore le concept d'une écoute centrée sur la personne. Pour la mettre en œuvre, il préconise une approche dans laquelle la relation entre le thérapeute et le patient s'établit sous le mode de la non-directivité (Counseling rogerien). Les conditions nécessaires à ce que cette écoute se réalise sont triples : une *attitude d'empathie,* une *authenticité dans la relation,* un *postulat de non-jugement.*

Dans la conception rogerienne, l'empathie du psychothérapeute se manifestera en grande partie par la reformulation des éléments apportés par son interlocuteur.

> *« Pour Carl Rogers, l'empathie consiste à saisir avec autant d'exactitude que possible les références internes et les composantes émotionnelles d'une autre personne et à les comprendre comme si l'on était cette autre personne. »*[12]

L'authenticité ou congruence dont le thérapeute sera l'exemple pour son interlocuteur lui signifiera qu'il est une simple personne, pareille à lui. Et non pas un expert, un conseiller qui possède la solution à toute question comme à toute souffrance.

Enfin, l'absence de tout jugement *« consistera en l'accueil inconditionnel du patient/client. La personne est acceptée telle qu'elle est, dans l'Ici et Maintenant, avec le cadre de référence qui lui est propre. Une attitude humaine, chaleureuse et encourageante est le point clé de cette dimension. »*

Dans cette écoute contemporaine, la question « Pourquoi écouter ? » trouvera ainsi une tout autre réponse que dans l'écoute religieuse évoquée ci-dessus : il s'agira de favoriser la **réalisation personnelle** de l'individu.

Dans cet espace de vingt-cinq siècles, nous avons pu ainsi observer que la notion d'écoute a considérablement varié tant dans ses intentions que dans ses méthodes.

---

11. *Ibid.*

12. Roland Doron, Francoise Parot, *Dictionnaire de psychologie,* PUF, 1998, nouvelle édition, 2011.

1.5. La place du bénévolat d'écoute dans sa perspective historique

Création récente que celle du bénévolat d'écoute : si nous retournons deux siècles en arrière, en dehors des proches et de la famille, la fonction d'écoute était essentiellement dévolue au seul clergé. La société chrétienne (et surtout catholique) réservait à cet interlocuteur privilégié, normatif et légitimé qu'est le prêtre l'écoute des passions et de la souffrance individuelle afin qu'il les réintègre dans leur dimension spirituelle. L'homme d'Église, à peu près exclusivement, était habilité à remplir cette mission. La souffrance se trouvait ainsi pourvue d'un sens. Confession et consolation occupaient dans cette rencontre une place centrale. (Faut-il attribuer la considération dont jouit le bénévole d'écoute d'aujourd'hui au reflet du sacré de cette fonction d'alors ?) N'oublions cependant pas l'existence d'une écoute caritative non confessionnelle exercée par celles que nous nommons bien trop rapidement « dames patronnesses ». La création en 1634 de l'Œuvre de la Visite des Malades dans les Hôpitaux s'est maintenue jusqu'à nos jours sous le nom de Visiteurs des Malades dans les Établissements Hospitaliers (VMEH). Elle est l'exemple de cette écoute pluriséculaire.

Par contre, le bénévolat de service, médiateur de l'écoute, a toujours occupé une position sociale centrale dans l'espace du soin, en particulier sanitaire, apporté aux malades ou aux déshérités. Rappelons qu'à leur origine, au Moyen-Âge, les hôpitaux, fondés et administrés par l'Église, accueillaient indifféremment malades, vieillards, pauvres, orphelins. L'esprit de charité, pratiqué autant par le clergé que par des laïques (essentiellement des femmes) dans ces hôpitaux et hospices d'autrefois, a pu organiser ainsi un espace social sécularisé, *« bien commun qui n'a plus besoin de son soutien religieux »*[13].

2. Les diverses écoutes

Si l'écoute nous est familière, quotidienne, c'est cependant dans différents cadres que nous serons amenés à la pratiquer. Pour aborder leur diversité, nous pourrions prendre l'image de cercles successifs dont nous serions le centre. Ils sont au nombre de *quatre* autour de nous, concentriques, s'élargissant selon des différences de degré dans la force du lien affectif que nous entretenons avec la personne écoutée : *naturel, de proximité, bénévole, professionnel*. Chacun de ces différents types d'accompagnement nous pro-

13. Catherine Fino, *L'hospitalité, figure sociale de la charité – Deux fondations hospitalières à Québec*, Desclée de Brouwer, 2010.

pose d'entrer dans une écoute particulière, possédant ses codes, ses repères, ses caractéristiques propres.

C'est pourquoi, lorsqu'il s'agira de pratiquer les différents types d'écoute auxquels nous serons conviés au cours de notre vie, c'est sur des registres bien différents que nous nous placerons.

2.1. L'écoute naturelle

C'est celle qui nous lie à notre famille, à nos tout proches, à nos amis, et nous semble aller de soi. Elle constitue la trame même de nos jours. Elle nous implique au plus intime de nous-même. Elle bâtit notre histoire. C'est par elle que se construisent et concrétisent nos *alliances familiales et amicales*. Spontanée, s'imposant du seul fait des sentiments qui lient les personnes entre elles, cette écoute occupe une place centrale dans nos relations.

Elle nous semble avoir été de tout temps et en tous lieux immuable, mais la réalité est tout autre : elle a connu de notables modifications culturelles. D'importantes variations l'ont marquée, surtout depuis quelques décennies. En effet, la cohabitation des différentes générations sous un même toit, comme des familles élargies dans un même village, qui prévalait dans les sociétés rurales du siècle dernier a peu à peu laissé place à des habitats urbains séparés, éloignés. De ce fait, les relations fortement marquées d'obligations sociales et de fréquentations quotidiennes se sont distendues et l'écoute mutuelle a souvent subi le même sort.

Ce n'est que pour des occasions particulières, par exemple lorsqu'une difficulté survient — maladie invalidante, soudaine vulnérabilité de l'un des membres de ce petit cercle — qu'une relation soudain plus suivie se met en place.

Souvent alors, l'écoute semble dévolue par une sorte de désignation-cooptation à un volontaire désigné par la famille. Certes, le groupe humain tout entier fait corps autour de sa personne fragile, mais un seul de ses membres semble porter l'accompagnement et lui assurer une écoute privilégiée. Tant pour la personne accompagnante que pour la personne accompagnée, cet état de fait ne manque pas alors de mobiliser d'intenses émotions et des injonctions contradictoires.

2.2. L'écoute de proximité

C'est celle qui s'établit avec un collègue de travail, un compagnon de sport, un voisin de palier, des amis plus lointains. Elle nous est moins habituelle.

Parfois, nous l'évitons, ne souhaitant pas entretenir avec autrui une familiarité qui risque de se révéler invasive. Nous préférons rester dans la superficialité de rituels sociaux protecteurs. Alors que nous sommes impliqués dans l'accompagnement naturel d'un parent, nous ne sommes que concernés[14] dans celui d'un étranger dont seules des circonstances aléatoires nous ont rapprochés. L'anonymat inhérent à la grande ville, l'atomisation des liens sociaux, le délabrement des mécanismes intégrateurs forts que constituaient tant les villages que les Églises ou l'école, autant de causes pour déserter les espaces sociaux autrefois partagés.

Si l'écoute de proximité nous pousse à entendre la demande latente (parfois explicite) de se confier d'un voisin, d'une personne sur un banc public, d'un homme partageant le même *Open Space* de travail, elle n'en demeure pas moins un **lien fortuit** qui naît de la conjonction d'une proximité et d'un besoin reconnu et satisfait. Lien d'une écoute souvent limitée dans le temps, accidentelle, où prévalent les caractères de gratuité comme de liberté. Ainsi, l'accompagnement de proximité suppose que nous gardions les yeux ouverts sur les personnes qui nous entourent au quotidien, que nous choisissions d'endosser à leur égard un **rôle d'acteur** et non pas de simple spectateur.

C'est à titre personnel et en notre nom propre que nous pratiquons l'écoute naturelle comme celle de proximité. Ceci à la différence de l'écoute bénévole associative dans laquelle l'association prend le pas sur la personne et demeure l'interlocutrice à travers le bénévole.

2.3. L'écoute bénévole associative

Elle s'exerce dans un **cadre organisé** et possède des spécificités particulières, des règles, des obligations dictées par le contrat moral et éthique qui lie le bénévole à son association. C'est un sentiment personnel de responsabilité et de solidarité qui invite ce bénévole à pratiquer cette écoute. Il n'existe aucun lien préexistant à la rencontre avec la personne que ce bénévole écoutera. Comme il sera longuement question de ce type d'écoute dans de nombreux chapitres du présent ouvrage, nous nous bornerons ici à rapporter quelques particularités concernant ce type de bénévolat :

– tout d'abord, rappelons qu'il existe une différence essentielle entre le bénévolat de service (consistant à la réalisation de tâches et services matériels rendus aux personnes) et le bénévolat d'écoute, exclusivement réservé à l'écoute. Même s'il existe parfois des interférences entre ces deux aspects du bénévolat ;

14. Quelle meilleure métaphore pour illustrer le rapprochement de ces deux termes : dans l'omelette au lard, la poule est concernée, le cochon est impliqué.

– ensuite, des différences culturelles importantes existent entre les pratiques des différents bénévolats : rhénan (Allemagne, Autriche, Belgique, Pays-Bas), anglo-saxon (Grande-Bretagne, États-Unis), scandinave (Suède, Norvège, Finlande) et méditerranéen (Italie, Espagne, Grèce) ;

– enfin, la question de la professionnalisation du bénévole apparaît de plus en plus fréquemment : la seule bonne volonté du bénévole saurait-elle suffire à la bonne fin de sa mission ? Est-il nécessaire qu'il se forme pour posséder la maîtrise de techniques indispensables à l'écoute et jusqu'à quel point ? Ou bien des exigences qualitatives de sérieux, d'éthique, de régularité, de respect de la confidentialité sont-elles suffisantes ?

2.4. L'écoute professionnelle

Concernant cette écoute, elle s'exerce dans un **cadre institutionnel,** de salariat ou d'une activité libérale. Qu'il s'agisse de psychologues, de thérapeutes ou de prêtres, ils pratiquent tous l'écoute dans le protocole d'un contrat de service, dans un objectif déterminé et ils en sont rémunérés, symboliquement ou non.

Le médecin généraliste ou spécialiste, le soignant dans quelque fonction qu'il remplisse, occupent une place toute particulière parmi les écoutants professionnels. Interlocuteurs privilégiés, ils sont pourtant souvent non préparés à cette attitude, ni conscients de leur importance. Alors que leur écoute s'avère essentielle.

Bien sûr, à chaque type d'écoute correspondra un ensemble complexe de motivations. Aucune écoute sans contrepartie ! Le chapitre 7 du présent ouvrage consacre une large part à ce sujet.

3. Les accès à l'écoute

3.1. La conversation, tête-à-tête informel

Entretien, palabre, parlotte, bavardage, dialogue, aparté, tête-à-tête, conciliabule, conférence, colloque, concertation, pourparlers, badinage, papotage, débat, explication, causerie, ragotage, radotage… la conversation, échange de paroles entre deux ou plusieurs personnes, est-elle une simple façon de passer le temps ou s'inscrit-elle dans le champ de l'écoute ? Entamer, amorcer, engager la conversation permettra-t-il d'aller plus loin ? Vers une réelle écoute. À moins qu'il ne s'agisse d'un dialogue de sourds où monologues, duologues et langue de bois prévalent ?

À la suite de Jankélévitch, nous pourrions dire que, dans la conversation, *« l'essentiel est un presque-rien, un je-ne-sais-quoi, une chose légère entre toutes les choses légères »*[15]. C'est un théâtre au présent entre acteurs eux-mêmes, *« … un dialogue sans utilité directe et immédiate, où l'on parle surtout pour parler, par plaisir, par jeu, par politesse »*[16]. Elle ne se veut pas lieu de pouvoir, mais d'échange. Elle ne vise pas un enseignement, ni un discours, ni une tribune. La conversation terminée, chacun se retire en emportant ses propres convictions.

La conversation possède son rythme et sa vie propre, ses respirations, ses accélérations comme ses ralentissements, ses acmés comme ses temps morts. Une forme de société miniature et utopique s'y compose par l'effort de ses participants. Elle peut constituer un lieu de contre-culture ambiante, un lieu de reconquête du temps libre, de l'ajustement de différents points de vue contradictoires, de maturation personnelle. Elle n'a pas à proprement parler d'utilité, n'installe pas de pouvoir, se veut gratuite. Dans la vraie conversation, les statuts sociaux chancellent, car les causeurs ne se présentent pas dans leur image sociale. La vraie conversation annule les positions d'autorité ou de savoir. Lieu de construction et de reconstruction, c'est un espace de dialogue autant avec les autres qu'avec soi-même. La conversation, espace d'apprentissage de la sociabilité, espace de production, d'élucidation, de coopération, espace d'ajustement à l'autre : *« Évaluer, ajuster, doser, tenter, reprendre, louvoyer, biaiser : la conversation est une leçon de modalisation, d'accommodement. »*[17]

La conversation, espace de codes, mais également d'improvisation, connaît des règles implicites d'interactions verbales complexes qui permettent par exemple la gestion de l'alternance des tours de parole et la régulation des échanges. Elle se distancie donc assez radicalement de bien des formes d'écoute.

3.2. Le tête-à-tête formel

Nous entendons par formel l'existence d'un cadre et d'un contrat plus ou moins implicite ou tacite. Pour mémoire, signalons l'écoute réalisée dans un cadre formel, qu'elle s'exerce à titre gratuit comme la confession, ou à titre payant comme les consultations thérapeutiques de toutes obédiences.

15. Béatrice Berlowitz, Vladimir Jankélévitch, *Quelque part dans l'inachevé,* Gallimard-Folio, 1987.

16. Gabriel Tarde, *L'opinion et la foule,* Éditions du Sandre, 2007.

17. Emmanuel Godo, *La conversation. Une utopie de l'éphémère,* PUF, 2014.

L'écoute, telle que pratiquée à S.O.S Amitié, pourrait trouver ici sa place. Il en sera évidemment largement question dans les prochains chapitres de cet ouvrage.

3.3. Les rubriques de conseil de journaux, le courrier du cœur[18]

Jusqu'au début du XXe siècle, les débats intimes, les conflits conjugaux, les balancements du cœur, la mésentente avec des parents, l'adultère, en un mot, les péripéties que toute vie privée connaît, trouvaient à s'épancher soit dans des conversations personnelles, soit lors de rencontres de direction de conscience avec des prêtres, soit pas du tout. Au-delà de l'expression de la parole et de l'écoute libératrice en soi, des conseils pouvaient être attendus, des directives, des conduites à tenir, une consolation.

Dès l'entre-deux-guerres, avec son *« courrier des lecteurs »* ou *« courrier du cœur »*, un certain type de presse familiale, surtout féminine, a commencé à pénétrer cette sphère. Qu'il s'agisse à l'origine de prêtres, spécialistes de la pastorale des familles, publiant des cas de conscience afin qu'ils servent d'exemples à leurs lecteurs et surtout lectrices, qu'il s'agisse ensuite de « courriéristes » chargés de répondre à des lettres regroupées sous le terme « courrier sentimental ». En France, Marcelle Ségal[19] a ainsi animé durant 40 ans un courrier de cet ordre dans l'hebdomadaire *Elle*.

3.4. Les émissions radiodiffusées d'écoute et partage

L'avènement du téléphone et la large diffusion des émissions de radio a permis à des émissions interactives d'écoute d'apparaître. Ainsi, dès 1967, Ménie Grégoire[20] en France lit à l'antenne quelques lettres, puis entame très vite un dialogue quotidien avec des interlocuteurs et surtout des interlocutrices anonymes. Avec un succès fulgurant : *« Désormais sur les ondes la souffrance privée devient problème collectif »*[21]. Une médiation publique se met en place et connaît une écoute jusqu'alors inégalée. Son contenu : appels au secours, attente de conseils, simple désir de se confier, besoin d'être reconnu ou d'être consolé…

18. Anne-Marie Sohn, *Marcelle Ségal et Ménie Grégoire, les nouvelles intermédiaires médiatiques du couple. halshs.archives-ouvertes.fr*

19. Marcelle Ségal, *Mon métier, le courrier du cœur,* Éditions P. Horay, 1952.

20. Ménie Grégoire, *Comme une lame de fond – 1967-1981,* Éditions Calmann-Lévy, 2007

21. *Ibid.*

Une expertise en matière de vie privée semble parfois être reconnue à ces écoutantes radiophoniques. Et de fait, elles finissent par apparaître comme médiatrices et vulgarisatrices de nouvelles normes. Ainsi, de nos jours, à propos de sexualité, Brigitte Lahaie.

Françoise Dolto[22], dans une émission de conseils et de vulgarisation, *« Lorsque l'enfant paraît »,* étend à un public passionné cette audience.

3.5. Les émissions télévisées d'écoute et partage[23]

Dès 1983, une vague d'émissions basées sur l'écoute par le biais de la télévision surgit et fait réellement s'effondrer les frontières privé/public : ainsi *Psy Show,* émission animée par une productrice et un psychanalyste, permet à des personnes de témoigner d'une difficulté ou d'une singularité particulière et d'être écoutées, tant par les interlocuteurs présents sur le plateau que par les téléspectateurs assis devant leur télévision. Images et sons (et, si besoin, éléments de mise en scène complémentaires), rien n'y manque.

Trente ans plus tard, de nombreuses émissions se sont développées sur ce modèle : *« Expression d'un souci pour le lien, le reality show rappelle en permanence que c'est en étant reconnu par l'autre que l'on trouve le sentiment d'exister. »*[24]

Dans des émissions telles que *Ça se discute* ou *C'est mon choix*, le rôle de l'expert qu'était le psychanalyste trente ans plus tôt recule, décline, jusqu'à n'avoir plus pour mission que *« d'amplifier le discours du témoin pour lui conférer une portée plus générale »*[25].

4. Les sites d'écoute

Depuis plusieurs dizaines d'années, en France comme à l'étranger, un nombre croissant de structures tournées vers l'écoute dans toutes ses dimensions a vu le jour.

En 2008, un *Annuaire des associations*[26] œuvrant dans le domaine de la santé dénombrait 14000 organismes ayant pour objet de fournir des in-

---

22. Françoise Dolto, *Lorsque l'enfant paraît, Anthologie audio en 3 volumes,* Éditions Frémeaux et associés, 2004.

23. Catherine Sellenet, « De Psy-show aux groupes de parole, une scène pour exister. », *Connexions,* n° 82, 2/2004, p. 173-182.

24. Alain Ehrenberg, *L'individu incertain,* Hachette, 1995.

25. Dominique Mehl, « Confessions sur petit écran », *Sciences humaines,* n° 140, juillet 2003, « Les nouvelles frontières de la vie privée », p. 32-39.

26. Annuaire Celtipharm des associations de santé.

formations diverses et d'écouter personnes, familles, proches et malades. Cet annuaire papier présentait en près de 800 pages une cinquantaine de chapitres regroupant des informations précises d'accès à des associations existantes dont certaines consacrées à une maladie particulière (Diabète, VIH, maladies du sang...), d'autres à des questions de société plus larges (Dépendance alcool, drogue ou tabac, entraide, deuil, difficultés de la famille, de l'enfance ou de l'adolescence...). Ce précieux outil indiquait pour chacune des associations concernées objet social, activités, adresse, numéros de téléphone d'appel, et, pour certaines, adresses Internet. Cet outil papier n'existe plus. Seules sous cette forme les Pages jaunes de nos annuaires proposent encore les *Numéros d'Aide et de Soutien* d'une dizaine de sites téléphoniques spécialisés dans l'écoute.

Cette approche-papier a été remplacée par une information diffuse et nombreuse, accessible sur le Net. Des milliers de sites se proposent à la consultation. Les uns nationaux, les autres locaux ; les uns gouvernementaux, les autres d'initiative privée ; les uns laïcs, les autres religieux ; les uns associatifs, les autres fédéraux... La quasi-totalité d'entre eux affiche une ou plusieurs lignes d'écoute, propose des textes à la lecture...

Pour celui ou celle qui veut être entendu, le choix paraît difficile entre ces multiples propositions et nul doute que la notoriété du site, son image de sérieux ou de disponibilité, constituera un des éléments premiers de ce choix. Parfois, la proximité géographique affichée pourra également constituer un critère important.

Bien sûr, les propositions de ces divers sites ouverts à l'écoute sont fort différentes les unes des autres. Il s'agit parfois pour eux de répondre à des questions techniques portant sur les données d'évolution d'une maladie, l'ouverture de droits acquis, l'obtention d'informations d'ordre social. Il s'agit parfois d'alerter sur une maltraitance de personnes âgées, de personnes en situation de handicap, d'enfants, sur des violences, sur un harcèlement, de solliciter une aide concrète... Il s'agit aussi bien sûr de rechercher une écoute face à un deuil, une souffrance, une tentation suicidaire.

Bien que réductrice, il nous a semblé possible d'établir une typologie en six rubriques de sites français d'écoute, et d'illustrer par quelques noms chacune d'entre elles (Voir Document 1)[27].

– Écoute du deuil

– Écoute de la violence ou des maltraitances diverses

– Écoute des risques suicidaires

– Écoute des maladies, pathologies diverses, addictologie

27. Voir en document 1 - Le choix de ces noms a été effectué en septembre 2015, pour une part pour leur notoriété, pour une part de manière purement aléatoire.

– Écoute généraliste, questions de société
– Écoute des familles

Devant une telle profusion et une telle diversité de lieux d'écoute, plusieurs questions peuvent se poser : allons-nous vers une société d'assistance généralisée ? La technicité des réponses attendues impose-t-elle de nouvelles façons d'écouter, de répondre ? Est-ce l'atomisation des rapports sociaux qui pousse à la création de ces si nombreuses microsociétés (Tribus ?) que sont ces associations d'aide ? Une étude diachronique ferait-elle apparaître une accélération récente, ou une amplification, de la création de ces structures de recours à l'écoute ? Existe-t-il un mouvement toujours plus exigeant d'appel à un médiateur pour s'écouter et s'entendre soi-même ?

À ces questions demeurées ouvertes, nul doute qu'une recherche poussée puisse apporter des réponses fort instructives.

La voie est ouverte...

À l'issue de ce rapide état des lieux, nous formulons à nouveau l'espoir qu'un chercheur, sociologue, historien, puisse s'atteler à écrire une « Histoire de l'écoute ». La matière est abondante. Et là encore, la voie ouverte. Parallèlement à celle de l'offre d'écoute, une histoire de la demande d'écoute pourrait utilement être explorée. Au verdict médical, indiscutable et indiscuté, que le médecin d'autrefois prononçait, à la parole d'évangile prononcée *ex cathedra,* a succédé la demande d'explication, de dialogue, d'échange complexe. Une plus grande conscience de l'individualité, de la subjectivité, ainsi que la revendication d'une parole personnelle se sont lentement élaborées.

Nous verrons dans les prochains chapitres combien la création et l'activité de S.O.S Amitié a répondu à ces besoins.

L'histoire de S.O.S Amitié

Pierre Couette

Il n'a pas été aisé de résumer en quelques pages le demi-siècle d'existence d'une association comme S.O.S Amitié. La documentation ne manquait certes pas, car les archives administratives fédérales parisiennes sont en ordre, mais ce n'était pas dans ces cartons que reposait toute sa mémoire vivante. Et il y avait éventuellement cinquante autres villes à visiter où des postes d'écoute sont en activité !

Heureusement d'autres sources s'offraient : l'association, toujours attentive à la cohérence de sa mission, a produit de très nombreux documents qui rendent compte, au fil des années, de ses objectifs, de ses évolutions, et parfois de ses hésitations : une revue trimestrielle dès 1962 à Paris, et en 1974 au niveau fédéral, une « Charte » en 1976, des publications internes, comme le « Livre blanc de la formation » (1996), et bien d'autres. Des Congrès nationaux (S.O.S Amitié) et internationaux (IFOTES) se sont tenus, en France et en Europe, au cours desquels de très nombreux échanges d'expériences ont eu lieu, et où des intellectuels de renom ont apporté leurs éclairages. Divers auteurs et chercheurs ont également écrit des livres d'enquête, d'essai, ou d'analyse[28], sur cette aventure associative novatrice en matière de rapports humains et sociaux, où psychologie et sociologie se sont nourries mutuellement. Enfin, quelques figures emblématiques des origines et des périodes clés ont laissé des traces dans l'actualité de leur temps.

Ainsi, grâce à ces diverses sources, a-t-il été possible de rassembler des éléments, pris sur le vif, ou plus réflexifs, relatifs aux principales étapes qui ont marqué l'histoire du mouvement sur l'ensemble de la France, où, au fil du temps, des dizaines de milliers d'écoutants bénévoles ont répondu, de jour et de nuit, sans interruption, et dans l'anonymat le plus complet, à des millions d'appels téléphoniques cumulés…

28. Voir la liste détaillée en bibliographie.

Quelques chiffres

Progression du nombre de Postes d'écoute

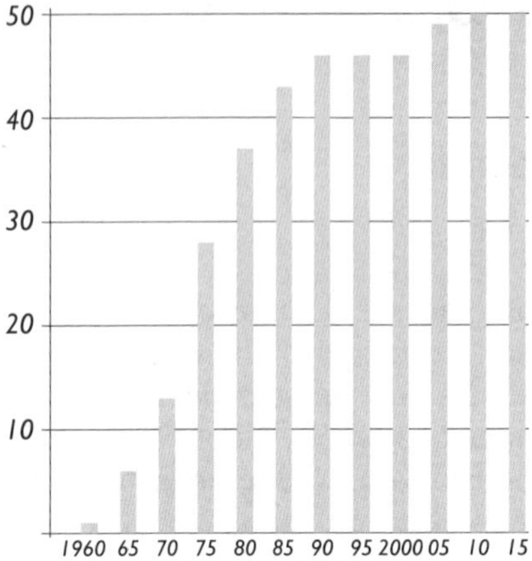

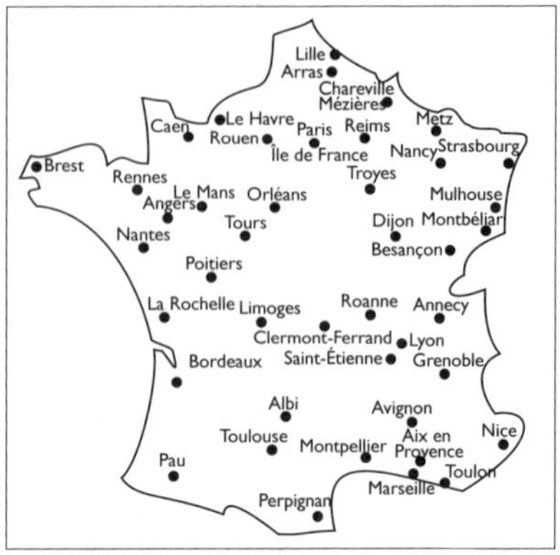

La couverture des 40-50 plus grandes villes de France s'est réalisée progressivement en 25 années environ. Le poste en langue anglaise « S.O.S Help » a été créé à Paris en 1974, et le poste expérimental d'écoute par Internet a fonctionné de 2006 jusqu'à son intégration en 2015 dans les postes.

Évolution du nombre d'appels reçus

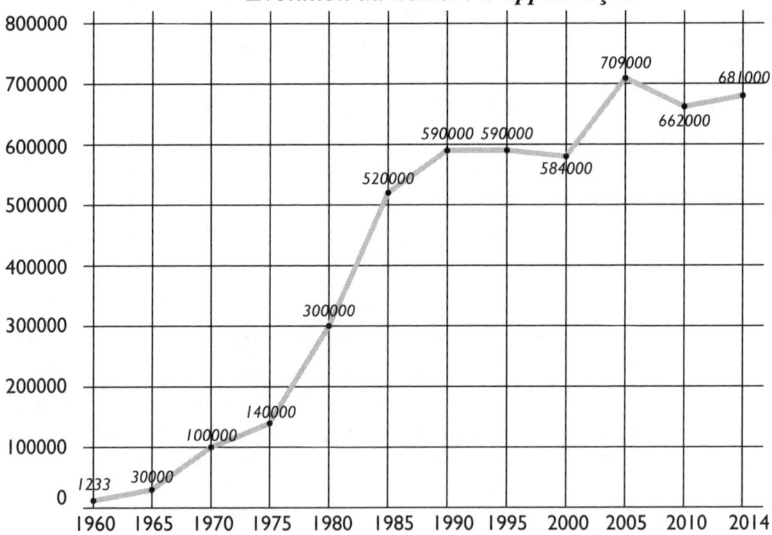

Pendant les trente premières années (1960-1990), la progression du nombre d'appels a été quasi linéaire, puis s'est stabilisée pendant 10 ans à un palier juste inférieur à 600 000 appels par an. L'augmentation de 2000 à 2005 peut être attribuée à la généralisation des forfaits téléphoniques dont ont bénéficié les appelants. La chute en 2010 du nombre d'heures d'écoute offertes a été redressée depuis, grâce en particulier à de nouveaux dispositifs techniques.

D'une manière schématique, trois grandes périodes dans l'histoire de S.O.S Amitié peuvent donc être distinguées, dont les limites ne sont parfois qu'indicatives :

1 - Croissance et interrogations (1960-1982)

2 - Approfondissement et choix (1983-1995)

3 - Modernisations et partenariats (1996-2015)

I. Croissance et interrogations (1960-1982)

Les précurseurs à l'étranger

Pendant l'hiver 1953, un prêtre anglican de Londres, Chad Varah, est bouleversé par plusieurs suicides de jeunes gens de sa paroisse, dont celui d'une jeune fille effrayée par son premier sang menstruel, qu'elle croyait le signe d'une maladie honteuse. Il ose alors écrire lui-même dans les journaux une série d'articles d'information sur la sexualité, qui rencontrent un grand succès dans l'Angleterre encore très prude de cette époque. Il lance aussi un appel dans la presse : *« Avant de vous suicider, téléphonez-moi à MAN 9000 »*[29]. Cet énoncé très concis résume parfaitement la démarche novatrice : il ne dit pas qu'il ne faut pas se suicider, il ne dit pas non plus que l'auteur du message a la solution, il dit simplement qu'il est possible d'en parler à quelqu'un d'inconnu grâce au téléphone... De nombreuses personnes appellent aussitôt, et des bénévoles viennent seconder le prêtre débordé. Les « *Samaritains* » sont nés, et se développent très rapidement.

Peu de temps après, d'autres initiatives similaires apparaissent en Europe, sous des dénominations différentes, mais le plus souvent à l'initiative des églises locales : « *TelefonSeelsorge* » à Berlin-ouest (1956), où la ville alors encerclée est suicidogène, « *Die dargebotene Hand* » à Zurich (1957) puis « *La Main tendue* » à Genève (1959) et enfin « *Télé-Accueil* » à Bruxelles (1959).

29. *The Times*, 2 novembre 1953

Les pionniers d'« Amitié S.O.S téléphone »

Peu de temps après la création de *« La Main tendue »,* Gorges Lillaz, (1911-1989) fervent protestant laïc très fortuné (président directeur général du Bazar de l'hôtel de ville à Paris) souhaite s'investir dans la création d'un service similaire à Paris. Ce n'est pas son premier geste humanitaire, puisqu'en hiver 1954, répondant à l'appel de l'abbé Pierre en faveur des sans-abri, il avait mis à disposition des camions de son entreprise pour transporter les dons en nature collectés. Plus tard, en 1973, il fera même don de son yacht personnel à l'association du Père Jaouen pour la réinsertion des jeunes délinquants et toxicomanes.

Il s'informe alors auprès du responsable genevois, et décide aussitôt d'aider financièrement l'opération, en y associant les autres confessions religieuses, selon les exemples étrangers. C'est ainsi que le 26 octobre 1960 le pasteur Marc Boegner, président de la Fédération protestante de France, monseigneur Jean Rodhain, président du Secours catholique, et le grand rabbin de France Jacob Kaplan signent à Paris un accord pour la *« création d'un service de S.O.S par l'Église protestante de Paris* [...] »

Par ailleurs, le service d'hygiène mentale de la ville de Paris s'est montré aussi très intéressé dès le départ par le projet, et a coordonné les permanences de ses médecins psychiatres pour prendre en charge les suicidaires qui lui seraient signalés éventuellement par les écoutants. Parallèlement à l'exemple londonien, le Poste met aussi en place des équipes d'intervention par quartier pour aller porter assistance à domicile aux appelants les plus en danger qui le souhaitent. Mais ce type d'action, très différente de la seule écoute anonyme, se heurte aux difficultés de formation et de mobilisation des bénévoles nécessaires, et a été abandonné en 1975.

Le Conseil d'administration de l'association 1901 créée comme support est composé de représentants des trois confessions signataires, et est présidé pendant les cinq premières années par un laïc protestant puis un pasteur, et ensuite, de 1965 à 1970, par Georges Lillaz lui-même. Pour installer au mieux le premier poste d'écoute, le philanthrope fait l'acquisition d'un appartement à Boulogne (qui est toujours le siège de l'association S.O.S

Amitié de l'Île de France) et s'engage à prendre en charge le salaire du premier écoutant, le pasteur Jean Casalis, « M. Jean », qui est secondé par son épouse, surnommée « Mamy ». Ils vont assurer tous les deux à plein-temps les premières permanences au numéro Val d'Or 70-50 dès le 8 octobre 1960. Les premiers appels sont nombreux, en provenance essentiellement de Paris et de sa banlieue, de durée très variable, et nécessitent bientôt de porter à quatre le nombre d'écoutants. Au cours de ses trois premiers mois d'activité, le Poste de Boulogne a reçu 1 233 appels, aux 2/3 féminins, et provenant dans la même proportion de personnes âgées de 25 à 60 ans. Un quart des appels concerne de simples demandes de renseignements sur le nouveau service, un autre quart est relatif aux problèmes dits « personnels » (la solitude représentant 17 % du total), et un dernier aux difficultés matérielles. Les souffrances psychiques sont de l'ordre de 8 %, et les contenus suicidaires ne représentent que 3 % de l'ensemble. Malgré l'imprécision de certains libellés, ces tout premiers chiffres - qui connaîtront bien sûr des variations significatives au cours du temps - préfigurent déjà ce que seront les contenus des appels…

Une première à la télévision

Pour tenter de mieux connaître les premières années de la pratique de cette petite équipe, un document télévisuel est disponible : une célèbre émission mensuelle d'actualité de la RTF[30], a consacré le 9 mars 1962 une séquence de 11 minutes intitulée « Appelez VAL 70 50 » à ce qui s'appelle encore « Amitié S.O.S Téléphone ». « M. Jean » y est longuement interrogé par la journaliste France Roche :

— Ainsi, M. Jean, à toute heure du jour et de la nuit, vous répondez à Val d'Or 70 50 à tous ceux qui vous appellent ?

— 24 heures sur 24, nous sommes là.

— Mais vous n'êtes pas seul ?

— Nous sommes une petite équipe de permanents, deux groupes…

— Pour quelles causes vous appellent-ils le plus souvent ?

— … Ce sont des questions de relations, relations entre maris et femmes, relations entre parents et enfants, et enfants et parents, et puis des questions personnelles… Mais, peut-être, celles qui marquent le plus, c'est la solitude.

30. « 5 Colonnes à la Une » du 9 mars 1962.

— Quelle est la plus longue conversation téléphonique que vous ayez eue ?

— La plus longue conversation téléphonique a été tenue par Mamy, un matin, et elle a duré trois heures. C'est une dame qui avait besoin d'expliquer un problème de relation avec son fils, et pour expliquer ce problème de relation avec son fils, elle a expliqué toute l'éducation de son enfant, et pour expliquer l'éducation de son enfant, a expliqué ce qu'était sa vie conjugale, et pour expliquer sa vie conjugale, a expliqué tout ce qu'avait été sa vie, son enfance à elle. Et quand elle est arrivée au bout de cela, elle a trouvé elle-même la réponse à la question qu'elle posait, et, depuis, elle n'a jamais donné signe de vie, sauf une fois, pour dire « la maman de Marc va très bien, dites merci à Mamy ».

— D'après vous, quelle est la qualité essentielle de quelqu'un comme vous qui doit répondre au téléphone ?

— Je pense que la qualité essentielle est de pouvoir se taire, et de savoir écouter [...]

— Est-ce que quelqu'un qui a envie de se suicider et qui vous appelle ne montre pas, en vous appelant, que son envie n'est pas si forte qu'il le croit ?

— On pourrait le penser. Mais vous savez que quelqu'un a dit que celui qui veut se suicider pense qu'il est tout seul. En réalité, il est deux : il y a celui qui veut donner la mort, et puis il y a celui qui va subir la mort... Et il y a toujours un dialogue qui s'établit entre les deux. Et il est probable que si on nous appelle, c'est celui qui va subir la mort qui nous appelle au secours pour essayer de convaincre celui qui veut la donner...

— Et votre victoire, c'est d'essayer d'éliminer celui qui veut la donner ?

— Nous n'avons jamais de victoire! Notre joie est de pouvoir aider celui qui veut vivre [...]

— Est-ce que, depuis un an et trois mois que vous faites ce drôle de métier, vous avez senti en vous quelque chose changer ?

— Oh, beaucoup de choses se sont profondément changées! D'abord je pense que la connaissance de la souffrance du monde m'a été révélée d'une façon encore plus profonde que je ne l'avais pu connaître... Et puis, l'envie d'aider, et d'une façon aussi désintéressée que possible, ça veut dire aider la personne à s'exprimer elle-même, à se trouver elle-même. Pas à lui imposer une idée, mais l'aider à trouver sa voie, sa vérité à elle, même si quelquefois j'ai un peu de peine à admettre cette vérité comme personnelle... Et puis, voyez-vous, c'est très lourd de penser à toutes ces personnes qui tous les jours nous téléphonent [...]

Dans ces quelques extraits se trouvent déjà présents les thèmes majeurs qui feront la spécificité de l'association : l'écoute de toutes les difficultés relationnelles, qui peuvent conduire à la solitude et parfois au suicide ; l'appelant, après avoir pu parler en confiance de ses difficultés, peut découvrir en lui-même le chemin pour en sortir ; un suicidant qui téléphone est souvent quelqu'un qui cherche encore à dialoguer avec lui-même ; il n'y a jamais de victoire définitive sur le malheur ; un écoutant est d'abord quelqu'un qui sait se taire, et s'abstient de tout conseil ou jugement (l'anonymat de l'écoutant, au même titre que celui de l'appelant, ne sera affirmé comme *« principe essentiel du service »* que dans la première version de la Charte en 1976).

Au cours de cette même émission de télévision, Georges Lillaz fut également interrogé, mais sans dévoiler son identité, son visage demeurant dans l'ombre. Il y a expliqué en ces termes les raisons de son engagement humanitaire :

> *« — Vous consacrez une partie de vos journées à vos affaires, et une partie de vos journées à des organisations comme S.O.S Téléphone, ou d'autres. Est-ce que vous faites ça en fonction de vos convictions religieuses, ou pour d'autres raisons ?*
>
> *— Je fais ça parce que je suis un homme comme tout le monde, et qu'on a besoin de s'employer pour les autres. Et qu'il serait assez inadmissible dans la vie de ne s'occuper que de ses affaires. Je crois que la vérité de soi-même, c'est l'autre. Il suffit de voir ceux qui ne s'occupent que d'eux-mêmes, et le grand désespoir qui les frappe au bout de peu de temps. »*

Ainsi, deux années à peine après sa création, et par son fondateur lui-même, l'inspiration chrétienne de départ de l'entreprise n'est plus évoquée, ouvrant ainsi la voie à la vision altruiste, laïque et humaniste qui sera son véritable fondement éthique.

Georges Lillaz ne s'est pas contenté de créer et d'animer ce qui est devenu S.O.S Amitié. Il a aussi œuvré dès 1961 à la mise en place d'une structure internationale appelée IFOTES *(International Federation of Telephonic Emergency Services)* qui a été, depuis lors, un lieu international utile d'échange et de coopération.

Un nom toujours en question…

La première association s'appelait « L'Amitié, S.O.S par téléphone », pour tenter d'évoquer le sens complexe du néologisme anglais *« befriending »*, qui qualifiait le rôle d'« accompagnement amical » des Samaritains. Rapidement, en 1965, le nom fut simplifié en « S.O.S Amitié », mais le téléphone, outil privilégié de communication de l'association, demeurait toujours présent dans les logos successifs des années 1960 et 1970.

S.O.S et Amitié, sans trait d'union : la tension féconde entre les deux mots s'installait. Comment concilier l'urgence et la permanence, l'aide et la non-directivité ? Le paradoxe d'un dispositif qui accueille la parole la plus intime dans un anonymat collectif ne cessera depuis lors d'être interrogé et approfondi.

Une croissance rapide : postes, écoutants, appels…

Pendant ces mêmes années de début, d'autres villes ont créé des postes d'écoute, assez proches du modèle parisien : Nice en 1962, Marseille en 1963, ouvrant la voie à une croissance rapide. Les statuts de ces associations précisent que leur objet est de mettre en œuvre :

> *« Un service d'aide par téléphone au bénéfice des personnes confrontées, notamment, à la tentation du suicide. Ce service est à la disposition de tous, 24 heures sur 24, du 1er janvier au 31 décembre. Il est assuré par des bénévoles appelés "écoutants", respectueux de la personne qui appelle, quels que soient ses origines, ses convictions et son comportement, et par là même, ils sont non directifs. Ceci implique que S.O.S Amitié soit indépendante de tout mouvement politique ou confessionnel. Grâce au téléphone, les personnes qui s'adressent à S.O.S Amitié, ont la possibilité de conserver l'anonymat. Les écoutants sont eux-mêmes tenus à l'anonymat et à une parfaite discrétion. »*

Pour coordonner les activités de ces nouvelles structures, une association fédérale est fondée en 1965 qui sera reconnue d'utilité publique en 1967. De plus, un premier Congrès fédéral se tient à Paris en mai 1970, avec outre les trois premiers postes, ceux de Strasbourg, Rouen, Bordeaux, Lyon-Caluire, Grenoble, Lille, Rennes et Toulouse, créés entre-temps.

Mais qui sont donc ces écoutants ? Un journaliste a répondu à sa façon dans un livre d'enquête[31] sur la jeune association à propos de ses bénévoles :

> « *Tous ceux que j'ai rencontrés tiennent à souligner qu'ils sont tout simplement des hommes et des femmes « comme les autres ».* [...] *L'on pourrait dire que dans S.O.S Amitié l'on trouve de tout. Mais pas de surhommes, de génies, de saints.* [...] *En France du moins, ce ne sont pas les opinions religieuses des écoutants qui comptent. Chacun peut rester des mois, des années même sans y faire la moindre allusion. La plus totale liberté règne à ce sujet. Souvent même la plus entière discrétion.*
>
> *Ce n'est pas non plus sur des critères professionnels que sont jugés ceux qui s'offrent à participer à l'écoute. Si nous acceptons parmi nous des médecins, des assistantes sociales ou des infirmières, tient à préciser un dirigeant, ce n'est pas en fonction de leur compétence professionnelle. Ce qui seul nous intéresse, ce sont leurs qualités humaines.*
>
> *Pas de critère d'âge non plus, ni de sexe. Il est des jeunes qui, d'instinct, trouvent les mots simples, les mots justes, qui mettent en confiance un désespéré accroché à eux comme à la dernière bouée. Il est des retraités, parce que leur cœur et leur esprit ne se sont pas sclérosés, qui peuvent comprendre le cri de détresse d'une jeune femme au bord du suicide. Il n'existe aucune règle en la matière. D'où, finalement, cette extraordinaire diversité des écoutants, dont l'éventail est tout aussi ouvert que celui des appelants.* »

Mutations avec la prise en compte des sciences humaines

La réflexion de S.O.S Amitié avait porté jusqu'ici essentiellement sur la nature inédite et complexe des liens qui unissaient appelants et écoutants au cours des appels. Mais pour recruter, former, et superviser des centaines de nouveaux bénévoles, il avait fallu creuser bien au-delà des motivations empiriques de chacun. Les psychologues, psychiatres, psychanalystes, qui étaient appelés au sein des postes ou de la fédération pour accompagner ces processus, y apportaient aussi leurs propres références théoriques et pratiques. Parmi celles-ci, les écrits d'un psychothérapeute américain, Carl Rogers (1902-1987), proposaient une approche qui semblait la plus compatible avec celle de l'association. Sa notion de *« counselling »*, c'est-à-dire de relation d'aide « centrée sur la personne », faite d'écoute empathique, d'authenticité et de non-jugement, et donc de non-directivité, entrait en effet en résonance avec les intuitions et les expériences de S.O.S Amitié. Elle a ainsi

31. Georges Ras, *Ce soir je me suicide*, Fayard, 1971, p. 145-146.

peu à peu servi de modèle principal pour élaborer les outils propres à l'institution qui seront consignés plus tard, en particulier dans la Charte éthique[32] et le *Livre Blanc de la formation* (1996). Les premiers Congrès nationaux de l'institution ont également été consacrés à cette approche psychologisante de la personne écoutée : *« Vie et Mort »* (Lyon, 1974), *« Écoute et sexualité »* (Dijon, 1977), *« Desserrer l'angoisse »* (Bordeaux, 1996).

Par ailleurs, en 1972, forte de ses premiers acquis, l'association ne pouvait rester insensible aux changements en cours de la société autour d'elle : la loi Neuwirth (1967) sur la contraception, les subversions culturelles multiples de mai 1968, le code civil substituant l'« autorité parentale » à la « puissance paternelle » (1970), la militance des mouvements féministes, etc., faisaient bouger fortement les mœurs anciennes, et évoluer en conséquence le contenu des appels reçus.

De plus, créée au milieu des années de prospérité des Trente Glorieuses (1945-1975), au début de la Ve République gaullienne, l'association, plongée par la mission qu'elle s'était donnée au cœur des réalités humaines et sociales de son époque, devait aussi s'efforcer de situer son action au sein des forces en présence. Cette réflexion nouvelle s'exprimait alors de diverses façons, faisant référence par exemple à Émile Durkheim, le fondateur de la sociologie française, qui avait souligné, dans son livre novateur sur le suicide (1897), que celui-ci n'était pas un pur acte individuel, mais le signe d'un certain état de la société en perte de repères. Alain Touraine (né en 1925), sociologue auteur de nombreux ouvrages d'analyse sur les sociétés contemporaines, incarnait aussi ce courant de pensée. Il fut le principal invité du Congrès IFOTES tenu à Reims en juin 1979 sur le thème central de *« Solitude et suicide »*. Son intervention trouva un large écho parmi les écoutants, comme le rapporte le témoignage suivant :

> *« Je n'avais pas encore quitté une vie professionnelle très prenante dans le monde de l'entreprise lorsque je suis entré en formation initiale en 1979. Alors que je me posais encore la question "à quoi ça peut bien servir d'écouter sans agir et que viens-tu faire là", me demandant si j'allais persévérer, j'ai eu la chance d'obtenir en direct une réponse "choc" d'Alain Touraine, invité à Reims au Congrès IFOTES la même année :*
>
> *"Vous saisissez l'acteur social au plus bas, lorsqu'il n'est plus défini par des relations, lorsque toutes ses communications, tous les fils qui le rattachent au monde sont coupés et vous lui envoyez un fil avec lequel il va communiquer non pas avec vous, mais communiquer en soi, c'est-à-dire retrouver la capacité de communiquer."*

32. Voir le chapitre 7 : « Quel en est le cadre ? La Charte ».

Une réponse qui a été un déclic. Elle m'a aidé à découvrir progressivement que l'écoute selon S.O.S Amitié était une démarche singulière, à la fois très humble et extraordinairement ambitieuse. »[33]

Faire évoluer la société ?

En raison de cette ouverture au social, les écoutants ont-ils été tentés de se « politiser » ? Joseph Haeringer, qui fut secrétaire général de l'association de 1974 à 1979, et futur chercheur en sociologie, écrit par exemple qu'il serait peut-être souhaitable de chercher *« à repérer dans les appels ce qui est dit au sujet du logement, du quartier, des réalités professionnelles de l'appelant ? »*[34] Car *« les urbanistes, les architectes, les pouvoirs publics, les promoteurs, les médias et les habitants eux-mêmes jouent un rôle dans le processus qui aboutit à la solitude et la dépression »*[35]. Mais ceux des écoutants qui se sont sentis alors attirés par l'action sociale ou civique l'ont fait à titre individuel, sans jamais engager l'association, statutairement apolitique. Donc, de même que la foi religieuse des fondateurs n'a engendré le moindre prosélytisme, pas plus que l'étude et la pratique de l'approche rogérienne n'ont transformé les écoutants en psychothérapeutes, l'attention portée aux analyses sociologiques ne les a fait devenir des militants actifs d'un changement social.

Cette position équilibrée a été évoquée en 1976 dans la Charte en ces termes :

« S.O.S Amitié entend développer dans notre pays une attitude d'écoute mutuelle qui permette une entraide réelle entre les personnes de tous les milieux. »

Joseph Haeringer, de son côté, croit alors pouvoir résumer la situation en ces termes, qui reflètent bien les enjeux psychosociaux élaborés au cours des années 1970 :

« Ainsi, S.O.S Amitié apparaît comme une écoute organisée, un courant social, une volonté collective en vue de promouvoir un certain type de rapports sociaux où les individus ne sont pas dépossédés de leur capacité d'initiative dans le choix de leur existence. »[36]

Cette thématique sociétale sous-jacente a été constamment retravaillée, en particulier à l'occasion de plusieurs Congrès nationaux, dont les inti-

33. Jean Nicolas, texte paru dans la *Revue Fédérale*, n° 144, mai-juin 2010 (50e anniversaire).

34. Joseph Haeringer, « Appels à l'inconnu, l'aide téléphonique par S.O.S Amitié », Privat, 1980, p. 95.

35. *Ibid.*, p. 19.

36. *Ibid*, p. 71.

tulés étaient par exemple *« Écouter pour vivre ensemble »* (Nantes, 1999), *« S.O.S Amitié, acteur pour une société plus humaine »* (Clermont-Ferrand, 2002), *« Le Lien »* (Saint Étienne, 2011).

Cependant, quelques bénévoles présents à l'origine, et qui ne se sentaient plus en accord avec cette orientation d'écoute généraliste, ont alors créé des associations plus spécialisées, comme « S.O.S Suicide Phénix » en 1976, ou « S.O.S Chrétiens à l'écoute ».

C'est aussi à cette période que d'autres initiatives d'écoute par téléphone, associatives ou parapubliques, ont vu le jour, au service de problématiques plus ciblées, et associant écoutants bénévoles et professionnels : « Inter Service Parents » dès 1971, puis « S.O.S Enfants » (1977), « Écoute Gaie » (1979), « Sida Info Service » (1989), etc., qui ont constitué plus tard la grande famille de la « Téléphonie sociale et de santé », dans laquelle S.O.S Amitié a fait figure de précurseur et de modèle. Cette multiplication des initiatives, qui a été suivie de nombreuses autres, pouvait faire craindre qu'elle raréfie peu à peu les appels reçus, ce qui n'a pas été du tout le cas, mais elle a permis en réalité à l'association de renforcer son image d'écoute généraliste ouverte à toute problématique.

Un président député : Eugène Claudius-Petit (1971-1983)

En 1971, à la fin des cinq années de présidence de Georges Lillaz, un prêtre catholique, le Père H.-G. Motte, assura une année de transition. À son départ, l'association eut donc à choisir le véritable successeur de son fondateur. Elle porta à sa tête Eugène Claudius-Petit (1907-1989). D'origine modeste, ébéniste puis professeur de dessin, Eugène Petit milita dans sa jeunesse dans la mouvance du catholicisme social. Il occupa ensuite d'importantes responsabilités dans la Résistance (sous le nom de Claudius), et fut élu à la Libération député de centre gauche, et le demeura presque sans discontinuer jusqu'en 1978. Il fut plusieurs fois ministre sous la IVe République, en particulier en charge de la Reconstruction de l'après-guerre.

Le choix de cette personnalité politique pourrait surprendre, pour une association qui avait affirmé progressivement son indépendance par rapport aux églises, et à toute idéologie, comme garantie de son écoute non directive. Mais il peut sans doute aussi s'expliquer par son désir diffus d'être mieux reconnue comme acteur spécifique de changements au sein de la société de son temps.

C'est en tout cas ce type de témoignage que son nouveau Président, et toujours député, apporta à l'Assemblée nationale, en 1974, au moment du débat difficile sur la légalisation de l'Interruption volontaire de grossesse (Loi Veil). Eugène Claudius-Petit évoqua en effet clairement - pour la première fois à une telle tribune - l'écoute de S.O.S Amitié, tout particulièrement celle des femmes en détresse à cause d'une grossesse non désirée :

> « *La détresse,* [...] *c'est celle que l'on découvre à l'écoute de ceux qui n'ont pas de confident et qui se raccrochent, certains soirs, ou certaines nuits, à un téléphone et qui font découvrir tout un monde inconnu, ce monde dans lequel, ou plutôt au-dessus duquel, nous vivons sans le voir. C'est alors que nous découvrons ce qu'est la détresse de la personne isolée qui a le sentiment d'être seule sur terre, en butte à l'hostilité de tous. C'est à l'écoute de ces voix que l'on découvre combien il est facile, pour ceux qui sont oubliés, d'accomplir les gestes qui conduiront soit au suicide, soit à l'avortement.*
>
> *Pourra-t-on sortir de cette solitude tous les êtres abandonnés ? Voilà la question!* [...] *Car le moyen de libérer de la solitude, c'est de faire parler et d'écouter, mais non pas pour donner ensuite des leçons de vertu* [...] »[37]

Le Président en exercice de S.O.S Amitié fut le dernier orateur à s'exprimer avant le vote. Une large majorité se prononça ensuite en faveur de cette législation emblématique d'un changement social, spécialement pour les femmes.

« *S.O.S Détresse Amitié* »

Au tournant des années 1970 et 1980, une pièce de théâtre écrite et jouée par la troupe du Splendid (1979), puis un film (1982), intitulés *Le Père Noël est une ordure,* ont plagié d'une manière outrancière les pratiques de l'association, lui apportant une publicité gratuite mais bien ambiguë. En réalité, cette tragicomédie loufoque révélait bien plus les divers fantasmes de ses auteurs, et les goûts du public, que les réalités de la vie d'un poste de S.O.S Amitié à l'écoute des suicidaires ! Depuis, ce film souvent rediffusé au moment des fêtes de fin d'année, est devenu très populaire parmi la jeunesse, grâce à certaines de ses répliques cultes, à l'humour très noir. Cependant, avec ce grand succès d'audience, le nombre d'appels a augmenté significativement à l'époque, même en décomptant les blagues de mauvais goût inspirées par la satire... En effet, si la parodie a connu un tel succès, c'est que l'institution parodiée était déjà très connue médiatiquement...

37. *Journal Officiel* du 29 novembre 1974, p. 7193.

2. Approfondissements et choix (1983-1995)

Devises et logos…

En 1984, pour renouveler les thèmes habituels de communication, plutôt moroses, l'association sollicita les conseils bénévoles de Jacques Ségala, le grand publiciste du moment. Son agence proposa alors - peut-être en écho de la popularité grandissante du *Père Noël est une ordure* - le slogan *« S.O.S Amitié, Rire, c'est Vivre »* décliné sur des affiches arborant des visages très souriants. Cette campagne très décalée ne contribua guère à relancer l'association, qui connut ensuite une grave crise financière et de recrutement de bénévoles, qui faillit lui être fatale…

En 1986, une nouvelle devise, « Un mal. Des mots. » plus évocatrice des pratiques de l'association, lui est rapidement substituée, et est toujours en usage. Le vert, couleur de l'espérance, lui est associé, ainsi que le nœud entortillé d'un fil téléphonique.

Un mal. Des mots.

Cette formule lapidaire est devenue désormais fondatrice, affirmant avec force - et un jeu de langage emprunté au psychanalyste Jacques Lacan - que le seul « dire » de l'appel est susceptible de dénouer un blocage, et donc de soulager le mal-être jusqu'ici mutique de la personne en souffrance.

Deux présidents à nouveau issus de l'entreprise

Pour sortir de ses difficultés financières, l'association fit appel, de 1987 à 1990, à une personnalité du monde des affaires, comme l'avait été Georges Lillaz, son généreux fondateur. Ce *« sauveur de la dernière chance »,* Guy Crescent (1920-1996), était le dirigeant de la société de transports routiers Calberson. Mais atteint de la poliomyélite depuis l'enfance, et se déplaçant en fauteuil roulant, il s'était forgé une résistance physique et morale peu commune, qui l'avait conduit à s'engager dans la Résistance, puis à militer de diverses façons en faveur des jeunes handicapés ou des toxicomanes, et même à créer le club de football Paris-Saint-Germain…

C'est peu après son départ en retraite qu'il fut contacté par S.O.S Amitié. Dans un livre de souvenirs, Guy Crescent a raconté son arrivée et son action à la tête de l'association :

> *« Cette si belle entreprise se débat depuis quelque temps dans d'inquiétantes difficultés pécuniaires à la suite de décisions antérieures et pour le moins téméraires dont elle a fait l'objet en toute naïveté.* [...] *Or la situation telle que l'on me la décrit est menacée par un dépôt de bilan imminent s'il n'y a pas miracle. Qu'attendait-on de moi ? Que j'accepte de prendre les rênes du siège fédéral parisien pour redresser la tendance. Dire que cela m'enchantait serait travestir un peu mes ambitions de l'époque, mais, d'un autre côté, laisser s'effriter cet organisme uniquement consacré au service du prochain, au service d'une communauté souffrante, était un crime moral dont je ne pouvais plus, puisque j'étais au courant, ignorer les conséquences.*
>
> [...] *Je me rends donc à deux reprises au conseil d'administration pour connaître l'étendue du désastre : désastre il y a... On me scrute, on m'ausculte du regard, on finit par me proposer la présidence avec les pleins pouvoirs, si j'y consens, bien sûr. Je suis piégé. L'assemblée générale a lieu en mai et je suis élu sans restriction comme le sauveur de la dernière chance.* [...]
>
> *J'ai commencé par exercer un véritable droit de péage sur l'ensemble de mes amis, fournisseurs, collègues du transport (dont Calberson, bien sûr), instaurant un S.O.S de solidarité pour un "S.O.S Amitié" en péril, qui a très rapidement fonctionné. Et comme le gouffre financier à combler était sérieux, j'ai décidé d'étendre ma collecte au-delà du cercle amical en m'adressant au plus grand nombre possible par le meilleur des porte-parole modernes : la télévision.*
>
> *TF1 s'est proposé aussitôt* [...] *Le jour de l'émission* [...] *j'ai exposé nos besoins, l'urgence, j'ai rappelé l'immense travail entrepris par l'association et les moyens dont nous manquions, par exemple, pour recruter et former les "écoutants"* [...] »

Une nouvelle communication

La grande campagne de communication qui en est résultée, avec de nombreuses affiches de 4 mètres sur 3 bien en vue, a centré le message de l'association sur la joie de vivre d'anciens appelants suicidaires dans la force de l'âge : une femme croque à pleines dents une pizza, un homme rit en se douchant...

Elle a permis de redresser l'image de l'association, et de remettre au vert tous ses indicateurs. Guy Crescent poursuit :

« Sûr désormais de la solidité des rails sur lesquels je m'étais engagé, j'ai fait la tournée des grands offices de l'État, je veux parler du ministère de la Jeunesse et des Sports, de la Caisse nationale d'assurance maladie, de la Fondation de France, du ministère de la Santé, rappelant à chacun que "S.O.S Amitié" n'a pas de ressources propres [...] *et qu'aucun des administrateurs ne reçoit quoi que ce soit pour la mission qui lui incombe à part la reconnaissance de ses pairs* [...] *Nous avons remonté la pente, payé les dettes, équilibré les comptes.*

Rassuré sur ce point, j'ai pu me consacrer alors à la meilleure partie de mon devoir de président fédéral, celle d'organisateur [...] *Je savais d'expérience qu'une bonne comptabilité ne suffit pas à entraîner une entreprise et qu'il faut aussi comprendre, donc écouter. Et dès que j'en ai eu le loisir, je me suis penché sur le rôle des « écoutants ».*

J'ai passé des journées avec eux et, croyez-moi, des journées captivantes. On ne s'improvise pas "écoutant", c'est presque une technique. Mais il faut surtout avoir en soi une belle dose d'amour à donner, sans retour, sans autre réponse qu'un fragile mieux-être au bout du fil, le tout début d'un redémarrage. L'« écoutant » ne parle pas et pourtant doit être présent [...] *Les anonymes qui appellent dans le malheur ont en général depuis longtemps abandonné l'idée d'être entendus. Ils ont crié « au secours », pour la plupart sans réponse. C'est révoltant, absurde, peu glorieux pour notre société de communication et de progrès, mais c'est ainsi. Et de voir ces hommes et ces femmes décrocher leur téléphone et se mettre à la disposition de leurs semblables des heures entières est encore un cadeau que m'a fait la vie.*

Je suis resté trois ans à la tête de "S.O.S Amitié" qui avait retrouvé son rythme de croisière, jusqu'à ce que la raison (et mon âge) me dicte le choix d'un successeur. [...] *J'ai appelé à mes côtés l'un de mes bons camarades, Jean-Nicolas Mory, lui-même à peu près dégagé de ses obligations professionnelles, mais en pleine possession de ses moyens physiques et de onze ans mon cadet. »*[38]

Le livre blanc de la formation

Les cinq années de présidence de Jean-Nicolas Mory (1990-1995) ont poursuivi le mouvement précédant, permettant en particulier d'initier la longue préparation collective du document interne primordial que fut le « Livre blanc de la formation », paru en 1996, qui se présentait comme :

38. Guy Crescent, *Ma vie que je vous souhaite*, Fixot, 1992.

« Un tremplin, destiné à maintenir vivante et vigilante l'interrogation sur l'adaptation de S.O.S Amitié à sa mission [...] *La formation à l'écoute met l'écoutant au travail et lui en indique le cadre : c'est un processus d'auto-formation dans un contexte collectif. On « se forme » à l'écoute, on n'y est pas formé ! Cette manière de concevoir la formation, assez inhabituelle, nécessitait d'être située et développée. Personne ne peut prétendre à un savoir sur l'écoute et l'expérience n'est pas transmissible. Dans le processus formatif, chacun aide l'autre à remettre en question ses certitudes ou ses hypothèses du moment. La permanence du cadre institutionnel contient ce questionnement et le rend possible, sans qu'il devienne déstabilisant. »*

3. Modernisations et partenariats (1996-2015)

Avec ou sans l'apport inattendu généré par le succès du spectacle *Le Père Noël est une ordure,* la notoriété de l'association a été rapidement très élevée, puisque d'après une étude [39] publiée en 2004, 62 % de la population française connaissait le nom et l'action de S.O.S Amitié, ce qui est un score digne d'une grande marque commerciale... Certains professionnels de l'urgence (hôpitaux, pompiers, police...) qualifient même d'*« appels S.O.S Amitié »* ceux qui ne requièrent qu'une écoute bienveillante, et qu'ils transfèrent parfois directement au poste le plus proche, car ils s'écartent de leur mission. Ainsi, une écoute type *« S.O.S Amitié »* est-elle devenue, progressivement, un adjectif, presque une référence...

Trois présidents élus en interne

Une crise de gouvernance, due aux démissions en cours de mandat de deux présidents successifs (1999 et 2001) a affecté le fonctionnement de l'association au tournant du nouveau millénaire. Elle s'est résolue, au sein du Conseil d'Administration lui-même, par l'élection à cette responsabilité, pour la première fois, d'un administrateur issu d'un poste de province, Sylvie Galardon, de Rennes (2001-2007), qui avait déjà exercé des responsabilités au sein de son association régionale. Ce type de choix s'est poursuivi avec Daniel Boissaye, de Tours (2007-2011), puis avec Jean-Pierre Igot, de Strasbourg (élu en 2011). Ainsi prit fin le paradoxe du mouvement, qui cherchait à promouvoir à l'écoute l'autonomie des personnes, et la responsabilité associative locale des bénévoles, mais qui avait jusqu'ici fait appel, à son sommet fédéral, à des personnalités extérieures parisiennes...

39. « La santé au bout du fil », n° 373, Revue *La santé de l'homme,* septembre-octobre 2004.

Évolutions techniques

En une vingtaine d'années, le réseau téléphonique français a connu une progression considérable, passant de seulement 5 % de la population raccordée en 1960 à près de 40 % en 1980, jusqu'à la quasi-saturation actuelle. Tout au long de son développement, l'écoute de S.O.S Amitié a donc accompagné cette croissance et ses diverses mutations techniques : l'appareil fixe familial, rare et peu propice aux confidences, ou la cabine publique, inconfortable et coûteuse, des débuts, puis la baisse des tarifs liée à l'apparition du mobile et de ses forfaits. Cette mutation a certes libéré l'appelant de presque toutes les contraintes anciennes, mais a aussi augmenté la fréquence et la durée des conversations des habitués, décourageant ainsi d'éventuels appels d'urgence. Et, à chaque innovation du service téléphonique, l'association se devait de préserver la spécificité de son écoute : bloquer l'affichage du numéro pour protéger l'anonymat de l'appelant, empêcher l'enregistrement de messages et le rappel automatique en cas d'absence ou d'occupation, pour ne pas favoriser la dépendance des habitués, etc.

Pour la comptabilisation des appels, faite jusqu'alors manuellement, l'informatique a apporté progressivement des moyens très efficaces, du tableur individuel à la base de données centralisée. Les postes ont dû trouver les financements pour investir dans du matériel coûteux et gérer les frais de nouveaux abonnements, tandis que les bénévoles parfois âgés ont ainsi appris l'usage d'un clavier et d'un écran *via* la fonction « wifi » d'une « box »... À partir de 2007, le logiciel « StatAppel » a assuré une saisie directe et une gestion précise de la totalité des appels reçus, et a permis depuis 2011 la publication annuelle détaillée par l'« Observatoire des souffrances psychiques »[40] de l'ensemble de l'activité d'écoute. Ainsi, ce suivi et ce croisement régulier des données des 700000 appels annuels reçus justifient désormais pleinement l'objectif ambitieux formulé dans la conclusion de la Charte :

> « *S.O.S Amitié* [...] *participe à l'étude des problèmes psychologiques et sociaux de notre civilisation.* »

En 1997, la Fédération a ouvert un premier portail Internet[41] purement informatif, cherchant ainsi avec ce média innovant à compléter ses canaux habituels de communication vers le grand public. Quelques visiteurs internautes ont alors utilisé l'adresse courriel administrative qu'il comportait pour y écrire de véritables contenus d'appels... Ainsi est née, presque fortuitement, l'idée d'expérimenter, sur les mêmes principes éthiques que ceux du téléphone, un dialogue écrit par messagerie, et qui allait devenir

40. Consultable à l'adresse : *www.sos-amitie.com/observatoire*

41. *http://www.sos-amitie.com*

« S.O.S Amitié internet », riche d'avenir[42]... Depuis, le site internet s'est développé, et en plus d'une information très détaillée sur l'association et son type d'écoute, il accueille les accès directs aux services de la messagerie et du chat, les pages particulières des associations régionales, le don en ligne, etc., et un « intranet » très complet réservé aux bénévoles.

Une communication en mutation

L'association, dont la Charte indique qu'elle *« est proche de toute forme d'aide mettant en œuvre l'écoute désintéressée de l'autre »,* est donc très éloignée éthiquement des pratiques de commercialisation des données pratiquées par les géants américains de l'internet. Elle a signé néanmoins des conventions avec le réseau social Facebook et le moteur de recherche Google, permettant à tout internaute qui y exprime des préoccupations suicidaires d'être aussitôt informé que tel numéro de téléphone d'urgence de S.O.S Amitié peut être appelé, ou qu'il peut aller sur son site pour y connaître les aides à sa disposition. L'association a également créé un compte public sur Facebook, où chaque poste peut diffuser ses propres informations (échos de presse, textes, vidéos, liens, etc.), et recevoir éventuellement des commentaires déposés par des internautes. De même, sur l'hébergeur YouTube, de nombreuses vidéos propres à l'association ont été chargées, pour tenter de rééquilibrer le flot d'images disponibles, par exemple celles qui banalisent le suicide... S.O.S Amitié a donc adopté avec une certaine prudence les nouveaux médias, en renouvelant la gageure d'y assumer une communication fréquente et variée, tout en respectant au mieux l'anonymat des lieux d'écoute et des écoutants. Elle s'efforce ainsi d'être présente et active là où s'informent, dialoguent et se divertissent désormais les nouvelles générations d'appelants potentiels, qui utilisent en permanence des téléphones « intelligents » et multitâches...

Le routage des appels

La dernière innovation technique en cours de déploiement concerne la répartition automatique des appels téléphoniques reçus vers le poste disponible le plus proche, grâce à un routage par un « réseau IP ». Ce dispositif transparent évite à l'appelant tout échec en cas de ligne occupée ou de non-réponse, et la présence à l'écoute du bénévole ne comporte alors plus de période d'attente. Grâce à cette meilleure organisation, le nombre d'appels immédiatement

42. Voir le chapitre 10 : « Écouter par écrit, est-ce possible ? »

répondus est en sensible progression, offrant donc un service de meilleure qualité aux appelants, même si la notion de « proximité » s'est estompée.

Un logo moderne

À l'occasion du quarantième anniversaire de l'association, en 2000, un timbre postal commémoratif fut émis, dont le dessin de style BD, dû au talent du graveur Stéphane Pécot, illustrait parfaitement l'écoute « centrée sur l'appelant » : son franc sourire se substituait à ses idées noires après avoir parlé au téléphone... Ce logo novateur, décliné ensuite de diverses manières, fut alors adopté comme celui de la charte graphique de S.O.S Amitié, et est toujours en usage, après une modernisation en 2014.

De nouveaux partenariats

Mais la nouveauté la plus notable de cette dernière période est l'ensemble des partenariats que S.O.S Amitié a noué avec divers organismes et services.

En 1997, plusieurs associations s'unissent et se coordonnent pour organiser, chaque 5 février, une Journée Nationale de Prévention du Suicide (JNPS) afin de *« sensibiliser l'opinion publique à la possibilité d'une telle action, et de conduire une réflexion sur l'acte suicidaire et sur l'accompagnement des suicidaires avec tous les acteurs concernés, notamment les professionnels de la santé. »* Cette initiative sera pérennisée ensuite sous la forme d'une Union (UNPS). À l'occasion de la deuxième Journée, en 1998, dont le thème était *« Prévenir le suicide, c'est possible »*, Bernard Kouchner, alors Secrétaire d'État à la Santé, prononça une allocution dans laquelle les positions longtemps défendues par S.O.S Amitié étaient clairement mises en avant :

Union Nationale Prévention Suicide

> *« Face à la distension du lien social, c'est à chacun d'entre nous, comme citoyen d'une même communauté, de montrer sa solidarité à travers l'écoute de l'autre* [...] *Il faut trouver la bonne distance pour écouter ceux qui manifestent par là leur souffrance et pour répondre à leur appel à l'aide* [...] *Les professionnels de santé, comme les professionnels sociaux, doivent être aidés. Il leur faut une formation qui leur permette d'entendre ces signaux* [...]

Notre médecine n'est pas assez préventive, trop tournée sur la technique, pas assez sur l'écoute [...] *Il faut initier une politique de communication pour aider les adultes et les adolescents à lever le tabou qui pèse encore sur cet acte* [...] *C'est d'abord l'écoute qui doit être développée, une écoute spécialisée, au travers de lieux d'accueil et de services téléphoniques, car le risque suicidaire peut être en partie prévenu par ce type de réponse.* »

Dès les années 1990, dans le même domaine, plusieurs postes de S.O.S Amitié ont signé des conventions avec la Mutualité sociale agricole de leur région afin que les agriculteurs *« en situation de détresse psychologique et/ou de crise suicidaire »,* puissent disposer en permanence d'un numéro d'appel d'urgence et de proximité pour y trouver une écoute anonyme et confidentielle. En 2014, un accord national a organisé ensuite « Agri'Écoute », dans lequel S.O.S Amitié est directement partenaire.

Une collaboration unique en Europe s'est établie aussi en 2002 avec l'association sœur « Télé-Accueil » pour mettre en œuvre l'écoute par chat, « Chat-Accueil », initiée à Bruxelles dès 2000. Écoutants français et belges se sont de ce fait réparti en commun les inscriptions au planning des permanences, dialoguant sans frontière avec les appelants francophones des deux pays.

Des reconnaissances officielles

En 2007, l'Académie des Sciences Morales et Politiques de l'Institut de France a décerné à la Fédération S.O.S Amitié *« pour l'ensemble de son action depuis 1960 »* le prix du philanthrope Eugène Salvan, destiné à récompenser *« des actes de courage, de dévouement ou de sauvetage ».* La médaille reçue à cette occasion, en présence de plusieurs anciens présidents, a été dédiée « à tous les écoutants bénévoles qui, par leur dévouement, sauvent des vies et atténuent des souffrances ».

De même, en 2011, les services du Premier ministre ont sollicité le témoignage de S.O.S Amitié, reconnu partenaire, avec d'autres associations caritatives, de la *« Solitude Grande Cause Nationale ».* La préface du livre intitulé *« La Solitude, un combat »* publié à cette occasion se concluait ainsi :

« Que l'on sache faire valoir l'importance de l'échange et de la solidarité pour bâtir un vivre ensemble dont tous les Français ont la responsabilité [...] *et redonner tout son sens à cet impératif de fraternité auquel nous invite notre devise républicaine.* »

Le regard des Pouvoirs publics

S.O.S Amitié, qui fut fondée à l'origine sur des objectifs purement caritatifs, a été d'abord considérée par les pouvoirs publics comme une simple initiative privée, au croisement de l'intime et du médico-social, certes reconnue d'utilité publique dès 1967, mais qui se développait d'une façon autonome dans le cadre du bénévolat habituel aux associations selon la loi de 1901. Le Ministère de la Santé assurait certes par des subventions régulières une partie de ses besoins financiers, mais ne cherchait guère à mieux connaître, et éventuellement infléchir, ce que faisait réellement le réseau d'écoute. La forte implication de l'association, tant à Paris qu'en régions, à l'occasion des JNPS à partir de 1997, a établi des premiers liens plus étroits. Puis la création en 2002 de l'INPES (Institut national de prévention et d'éducation pour la santé – établissement public du ministère de la Santé) a permis de disposer d'un interlocuteur officiel attentif, qui a été conduit peu à peu à reconnaître S.O.S Amitié comme une composante importante d'une politique de santé publique, en particulier en matière de prévention du suicide et de lutte contre la solitude et l'exclusion. Des conventions de financement pluriannuelles ont été élaborées, par exemple pour le déploiement et l'évaluation de l'écoute par internet, puis des réflexions communes ont été menées dans divers domaines.

Afin d'accompagner les dispositifs de « Prévention et aide à distance en santé » (PADS) dans leurs démarches d'amélioration continue de la qualité, et de mieux répondre aux exigences du public, l'INPES a mis ainsi en place un label qualité « Aide en santé ». Après avoir été l'objet d'un audit exigeant, seize dispositifs intervenant dans le champ de la prévention, dont celui de S.O.S Amitié, ont été labellisés en 2014 pour une période de 3 ans. La Charte du label précise que les structures labélisées ont pour but :

> *« D'aider, d'accompagner, d'écouter, d'informer ou d'orienter des personnes confrontées à une question, une difficulté dans les champs sanitaire et social. Ces différentes missions peuvent être assurées par téléphone et/ou internet. Les écoutants adoptent une neutralité bienveillante dans leurs échanges avec les appelants et les internautes. Ils bénéficient d'une formation adaptée à leur mission tout au long de leur activité. Les titulaires du label s'engagent à ce que les échanges restent confidentiels. Les données nominatives qui sont susceptibles d'être recueillies dans le cadre de ces échanges ne font l'objet d'aucun usage commercial et leur traitement est sécurisé. »*

D'autres actions communes à ces différents dispositifs ont été, ou seront, réalisées sous l'égide de l'INPES : modernisation du site Internet, création d'outils informatiques (chat, planning, etc.), formation des écoutants, mutualisation des expériences, recherches avec des équipes universitaires, etc.

Un tel partenariat contractualisé apporte à S.O.S Amitié la reconnaissance officielle qu'elle méritait en sa qualité de pionnière du secteur de « l'aide à distance », et sécurise aussi les financements publics indispensables à son fonctionnement. En contrepartie, sa liberté d'action est désormais encadrée par des politiques de santé publique dont elle ne maîtrisera pas les évolutions éventuelles...

Ainsi, l'inspiration chrétienne et humanitaire mise au service de la prévention du suicide des fondateurs de S.O.S Amitié a su, depuis 1960, approfondir sa réflexion face aux différents défis rencontrés : affirmer progressivement sa laïcité, puis intégrer les apports des sciences humaines pour mieux exercer sa mission d'écoute généraliste dans une société en constante mutation. De plus, grâce à la bonne gestion de ses dirigeants, aussi bien au niveau national que régional, elle a pu trouver, non sans difficultés, les moyens financiers et humains de son développement. Elle a su également adapter sa pratique et sa communication à des techniques totalement nouvelles. Enfin, les pouvoirs publics se sont appuyés en grande partie sur ses expériences pour modéliser un secteur novateur de l'action sociale.

Admirée souvent, moquée parfois, elle a déjà fait vivre pendant plus de cinq décennies, dans un monde chaque jour davantage financiarisé, **l'utopie de la gratuité** du temps bénévole consacré à l'écoute de l'autre.

Une organisation en réseau pour une écoute de qualité

Jean-Pierre Igot

Comme on l'a vu, le premier Poste d'écoute, implanté à Boulogne, a très vite essaimé dans les grandes villes de province à l'initiative d'hommes et de femmes convaincus par le pari lancé par ses fondateurs : prévenir le suicide en proposant d'en parler au téléphone de manière anonyme avec un bénévole, jour et nuit, en toute confiance.

Un concept qui a été décliné dans chacun des lieux d'écoute en prenant appui sur des équipes locales solidement encadrées et relativement autonomes, imprégnées de l'environnement culturel et social propre à chaque région.

Une logique qui a continué de prévaloir quand le réseau s'est développé pour aboutir à ce qu'il est aujourd'hui : cinquante Postes d'écoute répartis dans les principales villes du territoire national et une structure fédérale pour en définir le cadre commun.

C'est l'un des deux points forts du dispositif, l'autre étant que l'ensemble repose exclusivement sur des bénévoles, ce qui lui donne une place singulière dans le paysage de l'aide en santé et restreint sérieusement sa fragilité sur le plan financier.

Actuellement, soixante-cinq ans après sa création, S.O.S Amitié représente :

– environ 1 600 bénévoles écoutants

– près de 200 bénévoles non-écoutants

– 50 Postes répartis sur l'ensemble du territoire national

– environ 700 000 appels reçus et répondus au téléphone et par l'Internet, soit un appel toutes les 40 secondes, mais un seul appel pris pour plus de quatre tentatives.

1. Les Postes

Le Poste est la cellule de base du dispositif. Un local dont l'adresse n'est pas divulguée afin de protéger l'anonymat des bénévoles écoutants qui s'y relayent jour et nuit pour prendre les appels au téléphone ou bien se connecter sur les outils d'échanges par ordinateur (messagerie ou Chat). Il est en effet apparu fondamental que les écoutes se tiennent dans un lieu particulier, dédié à cet effet, dans lequel chaque écoutant se rend pour assurer une permanence dont la durée, variable d'un Poste à l'autre, est le plus souvent de quatre heures.

Un local comprenant généralement un ou deux bureaux d'écoute proprement dits et une petite salle de réunion aménagée de manière confortable pour que l'écoute puisse se faire dans de bonnes conditions de disponibilité et de calme. Afin de mettre en place une couverture optimale des plages horaires à assurer, l'équipe d'écoutants d'un Poste est constituée d'une trentaine de bénévoles qui s'inscrivent selon leurs disponibilités sur un planning d'écoute qu'ils peuvent compléter, y compris à distance, plusieurs semaines à l'avance.

C'est aussi le lieu où se tiennent les réunions des groupes de supervision des écoutants, dont la régulation est assurée par des professionnels et auxquelles les bénévoles sont tenus de participer. C'est enfin le lieu où se vivent la plupart des moments de convivialité de l'équipe.

Une équipe encadrée par un directeur de Poste, choisi parmi les bénévoles, dont la mission est de s'assurer du bon fonctionnement et de la qualité des écoutes conformément à la Charte que S.O.S Amitié s'est donnée pour remplir sa mission de prévention du suicide.

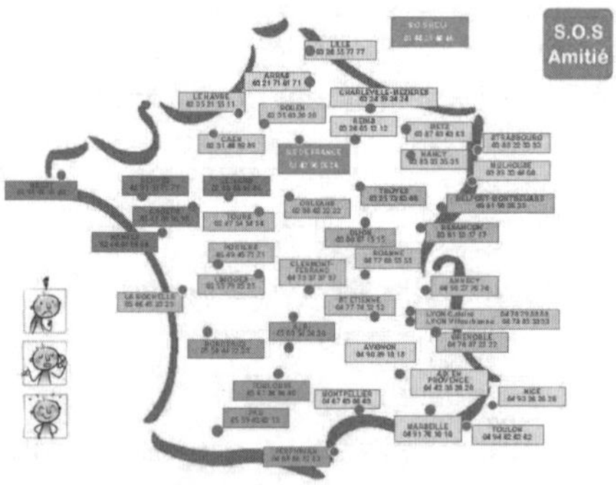

(Pour une version plus lisible de la carte,
rendez-vous sur le site de S.O.S Amitié : *www.sos-amitie.com/carte*)

Pour gérer l'ensemble, le choix a été fait dès les premières années d'existence de S.O.S Amitié, de créer des Associations régionales ayant une personnalité juridique propre dans le cadre de la législation sur les associations. Chacune est donc dotée de statuts personnalisés à partir d'un modèle commun, de bénévoles élus siégeant au Conseil d'Administration pour la durée de leur mandat, ainsi que d'un Bureau dont le Président répond des activités de l'association et dont le Trésorier gère les ressources financières. Toutes les décisions concernant le fonctionnement du Poste, le recrutement et le suivi des écoutants sont prises par ce Conseil, auprès duquel le Directeur du Poste siège à titre consultatif.

D'une manière générale, on peut relever ici que S.O.S Amitié apporte une attention particulière au respect strict des règles qui découlent de ce cadre juridique, notamment les votes à bulletins secrets pour les élections et la durée des mandats, afin d'éviter autant que possible les dérives de toutes natures et la sclérose des structures.

2. Les bénévoles, écoutants ou non-écoutants

La nature de l'écoute proposée par S.O.S Amitié exige qu'un soin particulier soit apporté au recrutement et à la formation des bénévoles écoutants. Le processus de sélection est particulièrement rigoureux, ce qui peut susciter parfois de vives déceptions, mais à l'inverse un sentiment rassurant d'appartenance à une **structure exigeante** permettant de faire face au mieux aux situations difficiles, parfois dramatiques, rencontrées dans les écoutes. La formation initiale, alternant des éléments théoriques et des situations concrètes, s'étale sur plusieurs mois afin de permettre une bonne maturation. Prolongée ensuite par une formation continue, elle permet à chacun un véritable travail en profondeur sur lui-même.

Des bénévoles non-écoutants sont parfois recrutés pour leurs compétences dans différents domaines (communication, finances...) en vue d'accompagner l'activité d'écoute proprement dite. Il est aussi de la responsabilité de chaque structure régionale de veiller à s'enraciner dans son environnement social et de nouer des partenariats avec les autres dispositifs acteurs sur le même terrain.

« Aujourd'hui, c'est une journée importante pour Daniel, le Président. L'équipe des écoutants va accueillir trois nouveaux membres qui viennent de terminer leur formation initiale. Sur une petite dizaine de demandes d'information au départ, c'est un ratio assez habituel ! Les contraintes horaires, la nature des appels, la difficulté à rester non directif, à résister à l'envie de conseiller... Autant de raisons qui conduisent parfois les postulants ou les formateurs à ne pas donner suite.

Pour une quatrième candidate, les avis étaient partagés. Les choses pouvaient peut-être s'arranger avec un peu plus de pratique. Josette, la directrice, était d'avis de lui laisser sa chance. Elle la sentait bien intégrer l'équipe, laquelle a besoin de renforts. Le responsable de formation, quant à lui, a rappelé que bien souvent les doutes initiaux se confirment par la suite. Finalement, le Conseil d'administration a voté contre. Une décision pas facile !

Daniel n'est pas écoutant. On avait besoin d'un président disposant d'un bon réseau de relations. Il a néanmoins suivi la formation à l'écoute, pour mieux se rendre compte de quoi il s'agissait. Finalement c'est une bonne chose, pense-t-il. Il peut parler plus librement de l'association à l'extérieur, au nom des écoutants. Et aussi intervenir avec un certain recul dans les tensions entre les membres de l'équipe. Les relations avec les journalistes, il aime assez ! Même si l'anonymat et la confidentialité des appels ne facilitent pas toujours les choses. Surtout avec la télé qui souhaite disposer d'images…

Cet après-midi, il a aussi rendez-vous avec l'adjointe aux affaires sociales de la Ville. Il va y aller avec le trésorier. L'action de S.O.S Amitié est globalement connue et appréciée, mais il lui faut parler des projets : l'écoute par l'Internet à laquelle le Poste va dorénavant participer, la Journée régionale de l'écoute qui doit se tenir dans les locaux du Centre social avec les autres acteurs dans le domaine, la situation financière du Poste, pas dramatique mais difficile…

Daniel a d'ores et déjà annoncé qu'il ne comptait pas se représenter à la fin de son mandat, l'année prochaine. Il va falloir lui trouver un successeur. Pas évident pour cette fonction qui effraie un peu les bénévoles ! À la Fédération, on apprécie son savoir-faire. Ne pourrait-il pas rejoindre le Conseil d'Administration fédéral lors des prochaines élections ?

C'est toujours comme cela, sourit-il. Quand on donne sa main, on vous prend tout le bras… »[43]

3. La Fédération

Plus ou moins indépendants au départ, les Postes ont assez vite éprouvé le besoin de créer une instance fédérale en vue d'accompagner la création de nouveaux lieux d'écoute sur l'ensemble du territoire, de donner un cadre commun à leur action par des textes fondateurs, de former les responsables des Postes et de faire connaître S.O.S Amitié dans l'opinion publique.

Cette instance, qui a elle-même pris la forme d'une Association, a pour mission d'être garante de la qualité de l'écoute proposée dans les différents Postes, de construire et de maintenir les outils nécessaires et de représenter l'ensemble des Postes auprès des pouvoirs publics.

43. Document interne de S.O.S Amitié.

L'ensemble de ces tâches est assuré, là aussi, par des bénévoles issus des différentes Associations régionales :

– un conseil d'administration fédéral et son bureau ;
– trois commissions permanentes en charge de la formation, de la communication et des questions financières ;
– un comité de pilotage de l'écoute par les outils de l'Internet, transverse aux Postes ;
– un comité de rédaction chargé d'éditer une Revue nationale.

Une des premières avancées fédérales a été d'obtenir la reconnaissance d'utilité publique pour son action dans le domaine de la prévention du suicide. Ce qui s'est fait dès 1967. Un statut qui lui a ouvert les portes des pouvoirs publics au niveau national, particulièrement au ministère de la Santé et des Affaires Sociales, puis à celui en charge de l'Éducation populaire et de la vie associative, en raison de l'activité conséquente de formation de bénévoles et de responsables associatifs, tant au niveau régional que national.

4. Les textes fondateurs

Deux jalons essentiels allaient alors être élaborés au niveau fédéral, en vue de fournir une base solide à l'activité d'écoute : *La Charte* et le *Livre blanc de formation*.

L'élaboration de la Charte de l'écoute a constitué une avancée fondamentale et a fourni un cadre durable à cette activité puisque le tout récent toilettage de ce texte, rendu nécessaire pour intégrer les nouveaux moyens d'écoute par l'Internet, n'a conduit par ailleurs qu'à quelques modifications purement cosmétiques liées à l'évolution de la langue française. (Voir chapitre 5)

Un socle stable donc, qui définit clairement la nature et les objectifs de l'écoute proposée par S.O.S Amitié et qui a souvent servi de référence pour les autres dispositifs d'aide créés au fil des années.

5. La formation

Les paragraphes centraux de la Charte, qui traitent de l'écoutant et de sa formation, ont longtemps monopolisé les énergies afin d'en décliner les outils pédagogiques indispensables.

Les années 1990 ont ainsi vu se construire, pas à pas, le *Livre blanc de la formation* qui constitue d'une certaine manière la bible des formateurs. Lui aussi a gardé après plus de vingt ans toute sa pertinence. Il a été complété peu à peu par des fiches techniques concernant les fonctions des responsables du Poste ainsi que par les incontournables de la formation initiale qui visent à harmoniser au maximum d'un Poste à l'autre les contenus de cette dernière. Actuellement, il subit une relecture en vue d'y intégrer les caractéristiques de l'écoute par l'écrit et aussi de lui donner la forme d'un hypertexte permettant de lui associer différentes annexes et ressources bibliographiques extérieures.

Des journées ou des week-ends de formation sont organisées régulièrement par la Fédération à l'intention des responsables régionaux (présidents, directeurs, responsables de formation et formateurs des postes) en vue d'approfondir des questions liées à l'écoute elle-même ou à son organisation. Ainsi, l'évaluation de la qualité de l'écoute par le biais de la double écoute entre pairs, la pérennisation de l'écoute par l'écrit, la mutualisation des formations initiales ont-elles fait l'objet de conférences et de travaux en ateliers permettant aux participants de s'approprier ces évolutions en vue de les décliner localement. Ces rencontres sont aussi l'occasion d'échanges, informels mais très prisés, d'expériences entre les participants.

Tous les trois ans, un Congrès national rassemble à plus grande échelle les bénévoles et leurs responsables dans l'une des villes hébergeant un Poste.

6. Une meilleure accessibilité : le routage des appels

Il n'est pas toujours aisé pour une personne en difficulté de joindre un bénévole/écoutant, au téléphone. Les développements récents de la téléphonie permettent d'envisager de mieux répondre à cette demande en organisant un routage des appels par cercles concentriques autour du Poste demandé, afin de trouver dans le réseau un écoutant disponible à l'instant de l'appel.

Expérimenté dans un premier temps sur une trentaine de lieux d'écoute, ce dispositif se généralise petit à petit à l'ensemble du territoire. Il devrait permettre d'améliorer l'accessibilité globale du service. Le véritable problème demeure cependant le nombre insuffisant de bénévoles, afin de faire face à une demande qui ne diminue pas, bien au contraire.

7. La régionalisation du dispositif

Bien que s'appuyant sur des textes et des modes de fonctionnement communs, les Postes baignent dans un environnement régional très différent tant au niveau culturel que social. Peu à peu ceux d'une même région ont éprouvé le besoin d'organiser des rencontres entre eux, permettant aussi, du fait d'une meilleure proximité, à un plus grand nombre de bénévoles d'y participer. Par ailleurs, la Fédération a eu le souci de mieux accompagner les Postes et de ne pas les laisser porter seuls le maintien et le développement des équipes ainsi que les actions à mener sur le terrain.

Il a donc été décidé de structurer les cinquante Postes en une dizaine de régions géographiques et de confier l'animation de chacune d'elles à un délégué régional, porteur à la fois d'une parole fédérale à faire circuler et des demandes de soutien et d'animation émanant des Postes de son ressort. Un palier intermédiaire susceptible de mieux coller aux besoins et surtout d'y répondre à un niveau plus adapté que celui de la fédération tout entière.

Organiser des rencontres régionales, mutualiser des savoir-faire et des ressources humaines entre des Postes voisins, tant au niveau du recrutement et de la formation des bénévoles que de la communication sur leur activité. Soutenir tel ou tel Poste momentanément confronté à une difficulté pour laquelle un apport extérieur sera précieux. Autant de facettes d'une véritable animation régionale qui en est encore à ses débuts, mais apparaît comme essentielle pour l'avenir de l'institution.

8. La communication

Plus récemment, le dernier paragraphe de la Charte, qui traite du rôle de S.O.S Amitié au niveau sociétal a donné lieu à de nouvelles initiatives dans ce domaine. Il a fallu pour cela que la question de la communication externe de S.O.S Amitié soit traitée en profondeur, afin de transcender les contradictions qui la traversaient. Comment communiquer en préservant l'anonymat, tant des appelants que des écoutants, et plus encore la confidentialité du contenu des échanges ? Une confidentialité au cœur de l'écoute proposée, qui permet aux personnes en grande difficulté de s'exprimer en toute confiance. De fait, S.O.S Amitié a longtemps véhiculé l'image d'une société fermée et extrêmement discrète sur elle-même. L'élaboration d'un Guide de la communication au début des années 2000 et plusieurs formations sur son contenu ont permis de lever maintes inhibitions, de favoriser une ouverture au monde extérieur, singulièrement aux médias, et ce dans le respect de l'éthique qui prévaut en son sein.

Depuis 2011, la publication annuelle *de l'Observatoire du Mal-être et des Souffrances psychiques* permet, en s'appuyant sur les caractéristiques des quelque 700 000 appels reçus tout au long de l'année, de faire connaître à la société les lignes de tension de cette partie de la population française qui va mal. Il permet aussi de mettre en évidence les conséquences d'une absence fréquente d'écoute véritable de l'autre dans les multiples échanges de la vie courante.

Les *Journées nationales de l'écoute*, organisées depuis 2010 dans les régions en partenariat avec les autres acteurs de terrain, participent de cette même démarche.

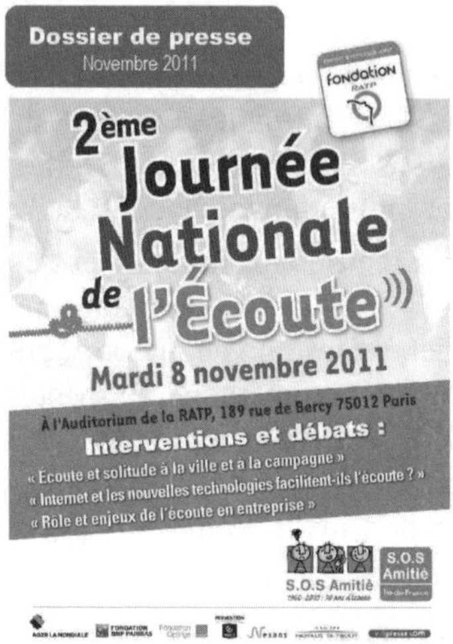

Les Journées Nationales de la Prévention du Suicide et l'UNPS

Par ailleurs, et ce depuis bientôt vingt années, S.O.S Amitié participe chaque début février aux Journées nationales de la prévention du suicide. S.O.S Amitié est l'un des membres fondateurs de l'Union nationale pour la prévention du suicide, la structure porteuse de ces manifestations, qui regroupe une vingtaine d'acteurs impliqués dans les différents aspects de la problématique du suicide. C'est le lieu d'un travail de fond et de recherches sur les causes et les caractéristiques de ce lourd problème de société.

S.O.S Amitié

Communiqué de presse

Pour distribution immédiate

18e Journée Nationale de Prévention du Suicide

5 février 2014

Le suicide : une mort annoncée ?

Avec deux à trois fois plus de décès par suicide que par accidents de circulation, la France se situe dans le groupe des pays européens à taux élevés.
Pourtant le suicide est une mort lente qu'il est possible de prévenir avant même qu'elle soit annoncée.

S.O.S Amitié participe activement à l'**Observatoire national du suicide** créé en 2013 par la Ministre de la Santé, Marisol Touraine. Sa mission est d'améliorer la connaissance des mécanismes liés aux suicides. Deux commissions ont été mises en place : l'une statistique, qui recense les données chiffrées autour du suicide ; l'autre est axée sur un projet de recherche sur les moyens de sa prévention.

Depuis plus de 50 ans, S.O.S Amitié, association reconnue d'utilité publique et membre de **l'UNPS (Union Nationale pour la Prévention du Suicide),** a pour objectif premier, la prévention du suicide. Libérer la parole est une première nécessité pour empêcher l'envie de mort. Les écoutants de S.O.S Amitié, **par téléphone ou par internet (messagerie, chat)**, sont en première ligne pour favoriser l'expression des idées morbides.

L'univers de la personne en détresse se rétrécit. Il lui paraît impossible de trouver des solutions. Elle se sent envahie, étouffée par sa problématique avec la crainte de blesser son entourage ou d'être incomprise. Cet isolement conduit au silence et à la rupture du lien social, ce silence qui tue et fera que l'entourage se demandera, inlassablement, si l'irréparable devait arriver : « comment a-t-elle pu en arriver là ? ». Pour éviter que ce silence s'installe, S.O.S Amitié grâce à l'écoute de ses bénévoles, permet de mettre ***des mots sur les maux »*** et de renouer le lien social.

L'**Observatoire des Souffrances Psychiques,** mis en place par **S.O.S Amitié** en 2010, comptabilise **11000** appels par an concernés par le suicide, soit **1** appel toutes les **47 mn** en moyenne, de jour comme de nuit.

L'écoute à S.O.S Amitié offre un espace de parole à toute personne en détresse, sans jugement, dans l'anonymat et la plus stricte confidentialité. Elle accueille cette souffrance, ce mal-être qui peut être encore verbalisé avant même que l'idée suicidaire n'apparaisse. La tentative de suicide, estimée 10 à 20 fois plus élevée que le suicide abouti, survient lorsque cette expression n'est plus possible. Plus encore, libérer la parole permet aussi d'apprécier le degré de gravité de la situation.

UN MAL. DES MOTS.

S.O.S Amitié

La Revue de S.O.S Amitié

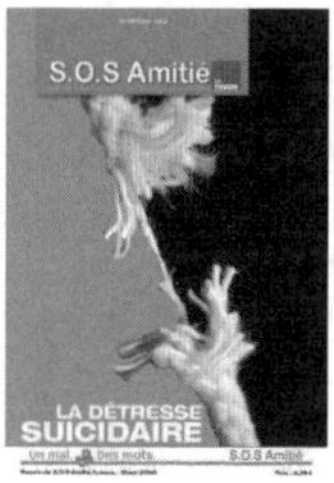

Initialement voulue comme un outil de formation continue pour les bénévoles écoutants, la Revue s'est peu à peu ouverte à l'ensemble des acteurs sociaux en situation d'écoute de la personne, y compris dans la vie courante.

Elle aborde donc les différentes facettes des relations entre les individus et les problèmes qu'elles génèrent, en alimentant des dossiers sur des thématiques aussi variées que la détresse suicidaire, la solitude, le corps à l'écoute, les troubles psychiques, l'écoute des « habitués », les difficultés d'ordre sexuel…

D'une trentaine de pages, dans une impression de qualité, aérée par des illustrations et des encarts, ce magazine donne la parole à des auteurs reconnus dans le domaine abordé, mais aussi à des hommes et des femmes du terrain, qui l'enrichissent de leur expérience ou de leurs témoignages.

9. Les relations avec les pouvoirs publics et les partenariats

En raison de son ancienneté et du nombre d'appels reçus et répondus, S.O.S Amitié occupe une place importante au sein des acteurs de la prévention du suicide en France et, plus généralement, de l'aide aux personnes en grande difficulté. Que ce soit au niveau local ou au niveau national, les pouvoirs publics ont donc très tôt accompagné le développement de ses activités. Par le biais de soutiens financiers ou de mises à disposition de locaux, les villes qui accueillent des lieux d'écoute s'emploient à faciliter à ce service d'aide aux publics fragilisés de continuer à remplir sa mission, dans un contexte de rigueur budgétaire croissante. Il en est de même au niveau régional où se développent des partenariats avec, notamment, les Agences Régionales de Santé.

Au niveau national, directement ou *via* ses agences (INPES, INVS), le ministère en charge de la Santé et des Affaires sociales entretient des liens étroits avec S.O.S Amitié qui contribuent notamment à la collecte des données de l'Observatoire national du suicide créé en 2013 en vue de rassembler le maximum d'informations sur les caractéristiques du suicide en France et d'orienter sa politique de prévention en la matière.

S.O.S Amitié participe également au Programme d'aide à distance en santé, piloté par l'INPES et visant à coordonner plus étroitement les différents acteurs concernés, que ce soient les structures de bénévoles ou celles reposant sur des salariés. L'objectif étant à la fois de mutualiser entre ses membres des ressources et des outils communs et donc de réaliser des économies d'échelle, mais aussi de doter chacun de moyens d'évaluer la qualité et l'efficacité des services qu'il propose. Un label a été créé à cet effet, attribué à la suite d'un audit réalisé par un organisme indépendant. S.O.S Amitié en a été l'un des premiers bénéficiaires.

Cette collaboration a incidemment permis que se nouent des contacts plus étroits avec des structures comme S.O.S Suicide Phénix et Suicide Écoute, qui œuvrent dans ce même champ de la prévention du suicide par l'écoute et selon une éthique proche de celle de S.O.S Amitié. Un rapprochement qui a permis l'émergence d'une ligne d'écoute dédiée au monde agricole, en partenariat avec la Mutualité sociale agricole, à laquelle collaborent les Postes de S.O.S Suicide Phénix et de S.O.S Amitié.

10. Les finances

Bien que reposant du haut en bas de l'échelle sur des bénévoles, le service offert par S.O.S Amitié a un coût.

Louer et entretenir des lieux d'écoute, recruter et former ses bénévoles, rémunérer les formateurs, réunir les différents responsables lors de rencontres nationales ou régionales, fournir et entretenir des outils (plannings de permanences, portail Internet, logiciel de messagerie, de Chat, de statistiques sur les appels, de routage de ces derniers). Autant de lignes budgétaires à alimenter, tant au niveau des associations régionales qu'au niveau fédéral.

Le budget moyen d'un Poste est d'environ 25 000 € dont la moitié sert à faire fonctionner le Poste, l'autre moitié étant destinée essentiellement à la formation. Ses ressources proviennent en partie des soutiens publics (ARS, collectivités territoriales…), des soutiens privés et des dons pour le reste.

Le budget fédéral, lui, s'établit à environ 230 000 €, dont une bonne part de frais de déplacements, et se répartit dans des proportions similaires entre le fonctionnement et la formation. Ses ressources proviennent pour les deux-tiers des soutiens publics ou privés, le solde provenant des contributions des Postes et des dons.

Un équilibre fragile est un souci constant pour ses responsables, les collectivités publiques et les ministères étant soumis à de fortes contraintes budgétaires. Dans ce contexte, la recherche de soutiens privés devient au fil des années une préoccupation croissante, pour laquelle il s'avère indispensable de disposer d'un bon carnet d'adresses.

S.O.S Amitié, association reconnue d'utilité publique, peut recevoir des dons et des legs dans des conditions fiscalement intéressantes pour les donateurs. À noter que ses comptes font l'objet d'un contrôle annuel par un Commissaire aux Comptes agréé.

Une Fondation des Amis de S.O.S Amitié, placée sous l'égide de la Fondation de France, vient d'être créée par ailleurs en vue de soutenir l'aide aux personnes en détresse et de contribuer à la lutte contre le suicide.

11. L'activité internationale

La prévention du suicide prend des formes très différentes d'un pays à l'autre, selon le contexte politique, culturel ou religieux.

Les expériences des différents pays apportent des informations précieuses, notamment lorsque l'on souhaite réfléchir à l'action à plus long terme.

Ainsi, le choix de l'anonymat des échanges, celui des lieux d'écoute, le statut des écoutants, la position juridique en ce qui concerne l'assistance ou la non-assistance à personne en danger, l'intérêt ou non d'un suivi des personnes qui appellent, sont autant de questions auxquelles les réponses varient énormément d'un pays à l'autre et ce pour des raisons elles-mêmes intéressantes à décoder.

Des contacts fréquents et réguliers sont ainsi noués, notamment avec les homologues de S.O.S Amitié dans les pays regroupant des communautés de langue et de culture française, comme la Suisse, la Belgique et le Québec.

Au niveau régional, les Postes alsaciens entretiennent des relations suivies avec leurs homologues allemands de *Telefon Seelsorge,* implantés dans le *Land* du Bade-Wurtemberg.

C'est aussi la raison pour laquelle il a paru utile à S.O.S Amitié d'adhérer à une fédération internationale, IFOTES (International federation of telephone emergency services) dont la mission est de faciliter et d'encourager l'échange d'expériences entre *les services de soutien émotionnel et psychologique,* de soutenir les initiatives pour la création de ces services, d'informer sur les dernières recherches dans le domaine de la santé mentale et de l'écoute.

S.O.S Amitié participe, aux côtés des plus de 20 pays affiliés, à des groupes de travail sur des problématiques communes et à des projets européens, contribuant ainsi à une Europe d'échanges et de dialogue.

La Fédération y délègue deux représentants qui prennent part aux réunions bisannuelles du Comité International et qui se tiennent dans un des postes des pays affiliés. Ces réunions sont l'occasion d'un enrichissement et d'un regard nouveau sur nos pratiques face à l'autre, dans la bienveillance et le respect mutuel des différences.

Cette confédération organise tous les trois ans un Congrès international qui, par sa dimension et sa diversité, est une manifestation très instructive et enrichissante pour les écoutants qui y participent.

Ses organisateurs déplorent toutefois la relativement faible participation de la France. Ce qui est sans doute dû, entre autres, au peu de soutien financier qui peut être apporté à ceux qui souhaitent y participer.

Une fédération nettement moins riche que celles de certains pays voisins !

La pratique de l'écoute à S.O.S Amitié

Alain Le Corre

1. Écouter dans un monde de bruit

Une remarque souvent faite par les personnes qui appellent porte sur des caractéristiques de notre univers social dans lequel la communication (ne faudrait-il pas dire « pseudo-communication ? ») est devenue le nec plus ultra de la relation entre les personnes, qu'il s'agisse du milieu familial ou du milieu professionnel.

Un échantillon de ce que nous disent ces personnes :

> *« On ne m'écoute pas, du moins pas vraiment ; on fait semblant, on a l'air d'écouter, mais au fond, on ne m'entend pas. »*
>
> *« Je vois bien que j'ennuie mon entourage avec mes histoires, on me fuit, on ne veut pas s'encombrer de mon mal-être. »*
>
> *« Quand j'essaie de les joindre par téléphone, je tombe toujours sur le répondeur, je laisse des messages, mais on ne me rappelle jamais. »*
>
> *« Mon supérieur direct se targue d'instaurer une bonne communication dans le service, nos échanges sont plutôt agréables et sympathiques... à condition de ne jamais aborder de sujets qui fâchent, car alors, il se ferme comme une huître ou bien ne répond pas aux questions que je lui pose, ou noie son apparence de réponse dans des considérations générales qui témoignent de son refus d'écouter réellement »...*

La pratique d'entretien de beaucoup d'animateurs de radio ou de télévision présente souvent, et de manière parfois caricaturale, des exemples quasi parfaits de l'absence d'écoute véritable. Ils posent des questions (qu'ils développent parfois longuement), ne laissent pas à l'interviewé le temps de développer sa propre pensée, coupent la parole pour poser une autre question qui ne tient aucun compte de l'amorce de réponse faite à la précédente.

Dans la sphère médiatique, il y a des gens qu'on entend tout le temps, des polémistes qui saturent les ondes d'une parole envahissante, assourdissante, qui inhibe la pensée plutôt que d'en favoriser le déploiement. Cette logorrhée omniprésente dévalue l'acte de langage et donne le sentiment que l'essentiel, pour ces occupants des chaînes, est de discourir, même s'ils n'ont pas grand-chose à dire. Peu semble leur importer qu'ils soient écoutés et entendus puisqu'eux-mêmes ne s'écoutent pas entre eux.

Dans ce climat de surdité si répandue, une écoute modeste et humble comme celle qu'offre S.O.S Amitié a sa raison d'être dans le seul fait qu'elle tente de **restaurer,** chez chaque appelant et pour chaque appel, un **lien d'humanité** au cours de ce moment où une personne en écoute une autre sans lui faire barrage, sans la harceler de questions, sans l'écraser de jugements à l'emporte-pièce.

2. Ce qu'écouter veut dire

S.O.S Amitié promeut l'idée qu'une *écoute authentique* n'est possible qu'à un certain nombre de conditions :

A. la personne qui écoute doit délibérément modérer ses échanges avec l'interlocuteur : elle se met en retrait, elle s'efface partiellement pour laisser l'essentiel de la place à celui qui a la parole ;

B. pour employer une image, elle conçoit son écoute comme un cheminement accompli de concert avec l'interlocuteur et sur ce chemin, elle se place à côté de lui, voire légèrement en retrait, pour ne surtout pas risquer de le précéder, de lui ouvrir une voie qui ne serait pas la sienne, mais celle que l'écoutant voudrait inconsciemment lui faire prendre ;

C. elle se rend disponible aux propos de l'appelant en se laissant guider sans résistance ;

D. elle s'autorise, avec beaucoup de retenue, à intervenir par la parole pour demander un éclaircissement, risquer une reformulation en la proposant comme possible et en sollicitant le point de vue de l'autre.

Grâce à l'anonymat, de surcroît, la personne qui écoute rend possible chez l'appelant (pour peu qu'il le veuille ou en sente la nécessité) une parole de vérité (sa vérité !).

Elle est bien sûr convaincue que sa disponibilité au bout du fil, à toute heure du jour ou de la nuit, vaut la peine d'être offerte à un être humain comme elle, qui en a besoin, quelle qu'en soit la raison.

Elle est tout autant convaincue qu'elle ne peut s'ériger en sauveuse de l'humanité souffrante et qu'une partie du travail à faire sur elle-même, notamment dans les groupes de parole, conduit à **l'acceptation de l'impuissance** et à une **indispensable humilité.**

Un principe cardinal de l'écoute est celui d'*empathie,* en référence à Carl Rogers. Il s'agit en quelque sorte d'essayer de se mettre à la place de l'appelant, de saisir non seulement ses mots et ses phrases, bref son propos explicite, mais aussi d'entrer dans sa représentation des choses, de la vie, sa manière « d'être au monde », de ressentir ce qu'il évoque comme si on était « à sa place ».

Principe assurément fondamental et dont plusieurs décennies d'écoute téléphonique montrent toute la valeur et toute la pertinence.

Mais qui ne va pas jusqu'à aborder une question pourtant importante : comment intégrer dans l'échange de l'appel la représentation que l'appelant se fait de la situation de l'écoute elle-même et comment cette représentation est susceptible de donner à son appel une teneur, une coloration, une tournure qui n'apparaîtraient pas dans un entretien d'une autre nature.

En d'autres termes, le dispositif créé par S.O.S Amitié qui offre, mais simultanément fixe aux appelants, un cadre, une manière de faire, tout un protocole non formulé dans les situations les plus courantes, pourrait être interrogé comme potentiellement inducteur de comportements d'adaptation des usagers. Il n'est pas rare en effet que des appels semblent construits comme des récits à rebondissements dont chaque épisode renouvelle une sorte de captation d'attention en direction de l'écoutant, comme si l'appelant s'efforçait de coller à la représentation qu'il se fait de S.O.S Amitié, sorte de service d'urgence en prise permanente avec le drame. Dans cette situation, l'écoutant doit alors amener, par petites touches et progressivement, l'appelant qu'il a au bout du fil à délaisser son « rôle d'appelant » pour redevenir, en quelque sorte, lui-même, la personne qu'il est, dans son authenticité. C'est en quoi il est possible de penser que le cadre influe sur le contenu même des appels. Cette question surgit parfois de manière inattendue ou déconcertante, et cette fois, hors de toute velléité de tenir un « rôle », quand un appelant sollicite un véritable échange et attend de l'écoutant qu'il s'implique totalement dans cet échange, dans une conversation de bon aloi, au nom peut-être d'une amitié à faire vivre.

D'une manière générale, le cadre est interrogé lorsque des appelants ne connaissent pas la règle ou bien, la connaissant plus ou moins, n'ont pas envie de s'y conformer, certains allant jusqu'à trouver anormal que ce soit toujours à eux de parler alors que cet « autre », au bout du fil, se contente d'écouter.

Une fois ce cadre posé, qu'en est-il de la question du langage et de la langue ?

Les écoutants sont certes formés à écouter. Par définition, tel est leur rôle. Mais écouter n'est pas simplement se taire. Leur présence se manifeste à travers un ensemble de signes sonores qui peuvent aller de la respiration, dont les modulations sont d'une grande variété, à des expressions peu articulées mais qui font partie du code de la communication ordinaire. Il y a mille et une manières de faire savoir à l'appelant qu'ils sont bien là au bout du fil sans avoir à prononcer le moindre mot signifiant.

Ils ne s'interdisent d'ailleurs pas de prendre la parole et le font chaque fois qu'ils pensent pouvoir accompagner l'appelant dans son cheminement intérieur. Ce peut être, par exemple :

- en reprenant tels quels un mot, des mots, une phrase entière, voire plusieurs, comme une invitation faite à poursuivre tout en manifestant verbalement une présence ;
- en posant une question destinée à permettre à l'appelant de clarifier sa propre pensée tout en s'interdisant toute intrusion, tout jugement implicite, qui constitueraient une emprise sans violence (apparente, car une simple question peut être manipulatrice !) ;
- en utilisant les reformulations, c'est-à-dire la reprise des propos de l'appelant avec ses mots à lui (d'écoutant), « technique » qui exige beaucoup de tact et de respect car, de la reformulation à l'interprétation, la marge est étroite. Une reformulation se fait toujours au risque d'une interprétation qui peut être hasardeuse. Sur ce point, encore, ce que renvoient les appelants sur les manières de faire est parfois très éclairant : « Ne jouez pas les psys, j'ai déjà mon compte avec ceux du CMP ! ».

Pour reprendre une notion que le sociologue Pierre Bourdieu a bien explorée dans ses travaux de recherche, celle de *capital linguistique,* la relation qui s'instaure entre appelant et écoutant met aussi en jeu la confrontation de deux « capitaux linguistiques » qui sont la plupart du temps inégaux, celui de l'écoutant étant souvent « supérieur » à celui de l'appelant. Qu'on ne se méprenne pas ! Il ne s'agit nullement d'affirmer qu'existe une supériorité sociale de l'un des interlocuteurs sur l'autre. Mais l'expérience montre que la majorité des appels vient de personnes éprouvant des difficultés ponctuelles ou durables, souvent démunies, notamment sur le plan des ressources langagières, souvent socialement désinsérées et que par rapport à elles, l'écoutant, quelles que soient ses origines sociales, est au contraire, quant à lui, tout à fait inséré, ne serait-ce que parce que l'appartenance à S.O.S Amitié est en soi un **processus de socialisation.**

De manière plus globale, la question de la *proximité sociale* entre appelants et écoutants pourrait sembler relever d'une pure spéculation. Elle reposerait sur le présupposé selon lequel, pour être en mesure d'écouter les plus démunis, par exemple, il faudrait avoir été soi-même démuni ou l'être encore. Mais c'est une idée qu'il vaut la peine de travailler tant on observe une homogénéisation du corps des écoutants qui, de plus en plus, à l'image de ce qui se passe au sein de la société, proviennent des catégories socio-professionnelles dites supérieures. Et ce n'est pas sans poser problème.

« Vous ne pouvez pas comprendre » dit cette appelante qui a vécu à la rue pendant plusieurs années et n'a jamais réussi vraiment à oublier ce long épisode de son existence. « Il faut être passé par là pour saisir quel ravage ça a produit dans ma vie ». D'une certaine manière, sans doute a-t-elle raison. L'écoutant peut tenter de se représenter abstraitement ce qu'avoir été à la rue veut dire... Quant à s'en approcher mentalement pour se le figurer, c'est ce vers quoi il peut espérer tendre, en se gardant bien de l'illusion qui lui ferait croire en sa possible réalisation.

3. Aider ? Oui, mais comment ?

Écouter, ce n'est pas converser...

Il n'est pas rare qu'un .appelant souhaite engager une conversation avec l'écoutant *« Pourquoi est-ce toujours à moi de parler ? Je voudrais aussi vous entendre parler de vous. Dites-moi ce qui vous intéresse dans la vie... »*

Or là n'est pas l'objet du dispositif que S.O.S Amitié a imaginé pour soutenir la parole des personnes qui viennent se confier dans l'espoir de se sentir un peu mieux (ou un peu moins mal) après avoir raccroché.

La conversation implique une proximité minimale qui n'est pas une caractéristique des entretiens offerts aux appelants car l'écart entre les deux interlocuteurs — la dissymétrie objective — est censé constituer une condition importante de la démarche à l'œuvre. Cet « autre » auquel s'adresse l'appelant est certes un être humain comme lui, mais pas tout à fait, ne serait-ce que parce que ce dernier est celui qui écoute, au nom d'un collectif, d'une association, et d'une institution, ce qui l'amène à faire la part, dans sa présence, de ce qui relève de son « être profond » et de ce qui ressortit à une méthodologie. Le cadre institutionnel à l'intérieur duquel s'exerce la relation appelant-écoutant forme une *enveloppe protectrice*, tant pour la personne qui appelle que pour celle qui accueille sa parole. Car les deux se trouvent en quelque sorte liées par un « contrat implicite » d'écoute dont les principes énoncés dans la Charte constituent le cadre.

Que l'appelant souhaite engager une conversation, rien de plus compréhensible. Mais il appartient à l'écoutant de ne pas accéder à ce souhait parce qu'alors il sortirait de ce cadre. L'emploi du mot entretien peut d'ailleurs être problématique si on le considère dans son acception la plus courante. Mais la référence à Carl Rogers est sans doute suffisante pour lever toute ambiguïté : un **entretien n'est pas une conversation.**

Est-il possible d'aider par l'écoute ?

Contrairement à d'autres associations de solidarité, S.O.S Amitié n'offre pas une aide directe à ceux et celles qui l'appellent. Point de distribution de repas, point de soutien dans des démarches administratives, point non plus de conseils (Ce qui provoque la surprise de certains postulants qui se demandent alors « à quoi on sert »).

La personne qui appelle, souvent en état de grande souffrance, n'est pas à même de saisir tout à fait ce qui est à la source de cette souffrance. En s'adressant à S.O.S Amitié, elle recherche en quelque sorte un interlocuteur qui sera capable de restaurer en elle un espace de parole. Écouter, c'est donner ou **redonner la parole à quelqu'un** qui, d'une manière ou d'une autre, l'a perdue. Mais pour y parvenir, il ne suffit pas à l'écoutant de s'appuyer sur sa bonne volonté et son désir de bien faire. Allons même jusqu'à affirmer que ce seul désir de bien faire serait contre-productif dans la mesure où il pourrait réveiller un prurit narcissique qui gauchirait le positionnement. Il faut se méfier des intentions généreuses et des bons sentiments. Le désir d'aider autrui peut revêtir toutes les apparences du don de soi qui serait, par nature, sans contrepartie. Or les choses sont plus complexes et non sans ambiguïtés. Si « vouloir aider » se fait au risque d'une satisfaction égocentrique (aimer se contempler en train d'aider l'autre), on n'est peut-être pas loin alors du désir d'emprise.

Un très bref détour par la théorie va permettre de caractériser ce qu'une écoute centrée sur la personne cherche à installer dans la relation avec l'appelant, par le biais d'une citation extraite d'une conférence faite par le psychanalyste Guy Lavallée, prononcée dans le cadre d'un séminaire organisé par S.O.S Amitié.

> *« Si la personne appelle S.O.S Amitié, c'est qu'elle a encore un espoir. L'espoir pour moi est un concept, il consiste à placer devant soi dans l'avenir un objet secourable aux origines de la vie. L'avenir devient l'espoir de l'espoir dans un fonctionnement objectalisant qui permet de trouver-créer un objet secourable à la fois interne et externe, aux origines de la vie psychique. Fondamentalement l'Espoir c'est celui des retrouvailles hallucinatoires avec l'objet à jamais perdu de la satisfaction. C'est cela qui est transféré sur l'écoutant, ce transfert c'est l'éros, de « l'amour de transfert » écrit Freud, même si le patient vous dit qu'il veut en finir avec la vie, ou qu'il vous déteste parce que vous le regardez du haut de votre prétendue normalité pendant que lui, il se tord de douleur par terre comme un ver de terre. Vous êtes en charge de soutenir cette illusion amoureuse, l'espoir vital, l'Eros, l'amour qui lie le moi à la vie. Pour soutenir cette illusion, votre écoute est une clé. Une « présence » discrète, sensible, effaçable par le patient est indispensable. Une intimité distante, une implication désimplicante sont difficiles à créer et à maintenir, mais ce sont des clés.* [Votre attitude c'est un] *accueil inconditionnel des investissements narcissiques du patient. Autrement dit : c'est lui, c'est à lui, c'est de lui,*

ça ne se discute pas. Parce que, à cet accueil inconditionnel des investissements narcissiques, je vais pouvoir opposer dialectiquement la fonction tierce. C'est-à-dire une possibilité de décentrement de l'écoutant, un déplacement. C'est-à-dire que, tout en restant dans les logiques narcissiques de l'appelant, donc, sans lui faire violence, je vais pouvoir lui ouvrir un autre chemin inconnu de lui au plus près de sa propre route (« Je n'y avais pas pensé » dit alors le patient étonné »).

4. Positionnement et posture de l'écoutant

Dans le droit fil des propos de Guy Lavallée, on peut essayer de mieux cerner ce que peuvent être positionnement et posture de l'écoutant. Écouter exige d'adopter une *posture complexe :* les méthodologies élaborées dans de nombreux domaines professionnels, pas seulement touchant à des métiers dans lesquels les savoir-faire sont assez bien identifiés et peuvent être l'objet d'une énumération précise, mais aussi en matière de formation à la relation humaine, ne sauraient inspirer la formation à l'écoute. Celle-ci relève d'une autre approche qui renvoie davantage au savoir-être qu'au savoir-faire pour reprendre deux éléments du classique trépied de toute formation professionnelle : savoir/savoir-faire/savoir être.

Mais que peut-on entendre par *savoir-être* lorsqu'il s'agit de l'écoute selon S.O.S Amitié ? Celle-ci se veut résolument hors projet thérapeutique. Et ce pour deux raisons au moins :

– les écoutants ne sont pas des professionnels, mais des bénévoles qui reçoivent une formation ;
– chaque appel est considéré dans son unité de temps : il a un début, il se déroule dans un laps de temps plus ou moins long, il a une fin. Il est donc abordé dans son caractère unique de l'ici et maintenant, même lorsqu'il émane d'une personne qui s'adresse souvent à S.O.S Amitié. Dans ce cas d'ailleurs, l'expérience montre que si les propos peuvent sembler répétitifs, ils ne sont jamais tout à fait identiques, ne serait-ce que parce que la personne qui évoque son mal-être, ses souffrances… le fait avec ce qu'elle est au moment où elle appelle.

On peut intégrer dans le domaine du savoir-être cette sorte d'exercice spirituel que l'écoutant s'efforce de mettre en œuvre lorsqu'il suspend, le temps de l'écoute, un certain nombre de caractéristiques de sa propre nature, sa manière d'être au monde, ses opinions personnelles, en matière politique, par exemple, ses propres convictions, etc.

On peut y ajouter l'extrême attention qu'il doit porter à ses « surdités psychiques », mélange de prénotions, d'idées toutes faites et stéréotypées, pour autant qu'il soit en mesure de les repérer.

À ces éléments qui renvoient à la posture de l'écoutant *in situ,* c'est-à-dire à son poste, dans le local réservé à l'écoute, il convient d'ajouter le positionnement plus institutionnel qui le conduit à écouter, non en son nom personnel, mais au nom de l'association, collectif qui a ses principes de fonctionnement, ses règles particulières, sa déontologie et son éthique.

Positionnement et posture sont la double face d'une réalité complexe, point d'articulation entre la singularité de l'être (chacun a son style d'écoute) et l'appartenance à un ensemble construit, cohérent, organisé, qui prétend promouvoir à tout moment et en tous lieux une offre d'écoute homogène.

5. Une relation sociale et socialisatrice

La relation d'écoute est une relation sociale qui, quoi qu'on en dise, et quoi qu'on souhaite en faire, se trouve au cœur de l'échange. Et comme toute relation sociale, elle s'opère presque inévitablement au risque de la violence, celle-ci fût-elle évidemment purement symbolique. En guise d'illustration, voici *deux situations concrètes*.

A. Une écoutante stagiaire, un appelant régulier (« habitué ») dont les écoutants du poste savent qu'il est fragile sur le plan psychologique. L'appel se déroule en *deux phases distinctes :* une première, sans difficultés particulières, l'écoute est bien centrée sur la personne, ce qu'elle dit d'elle et de ce qu'elle vit, dans le respect de ses hésitations, de ses silences aussi... Puis une deuxième phase radicalement différente qui laisse l'écoutante désarmée et pantelante, tant les propos véhéments à son encontre, voire les insultes particulièrement ordurières, se déversent en flots continus. La raison de ce revirement ? L'écoutante a cru que le propos de l'appelant, à un moment donné, s'était teinté d'humour, qu'il souriait de lui-même et s'est alors crue autorisée à surenchérir en faisant elle-même de l'humour sur son humour à lui.

L'effet catastrophique de cette « bévue » a permis, dans le *débriefing* qui a suivi entre cette stagiaire et le formateur, de souligner à quel point la situation d'écoute ne met pas en relation deux personnes qui se trouveraient en quelque sorte à égalité de position et de statut, mais, bien au contraire, deux interlocuteurs aux positionnements nettement dissymétriques, d'une *dissymétrie structurale,* dont l'un est du côté de l'Institution S.O.S Amitié avec tous les attributs que confère une légitimité quasiment labellisée et l'autre dans une posture de « demandeur » d'aide, laquelle contient de manière plus ou moins marquée, les traces d'une infériorité (que celle-ci soit réelle ou simplement fantasmée). Sans aller jusqu'à dire qu'on a là une relation de type dominant/dominé, on peut avancer que la structure même de la relation ainsi construite comporte objectivement une certaine dissymétrie. C'est bien sûr à l'écoutant d'en prendre conscience (notamment par la formation) et de faire en sorte que celle-ci crée le moins de distorsions possible. L'écoutant est « supposé savoir »…

B. Un appelant évoque un épisode particulièrement douloureux et tragique de sa jeunesse (agression sexuelle par plusieurs hommes) et raconte comment, littéralement tétanisé, paralysé par la peur, il n'a pas esquissé le moindre geste de défense et que c'est cette passivité qui actuellement, bien après les faits, ne cesse de le tarauder. L'écoutant qui accompagne son récit de manière discrète et retenue, fait néanmoins en cours d'entretien la remarque suivante : *« Pourquoi devriez-vous vous sentir coupable alors que vous avez été victime ? »*

L'intention de l'écoutant est bien sûr positive, sa remarque se veut aidante et bonne, sauf qu'il se place alors d'un point de vue moral, du point de vue de celui qui examine la situation en surplomb, sans laisser à l'appelant la possibilité d'aller le plus loin possible dans le déploiement de ce qui le tourmente. En pensant l'aider à se libérer d'une culpabilité qui semble le faire immensément souffrir, il lui interdit de garder la maîtrise de son propre discours et par là, il lui « fait violence » sans s'en rendre compte.

On pourrait aller jusqu'à dire que la *vision subjectiviste du monde social* que peut véhiculer un écoutant, à son corps défendant et en toute bonne foi, le porte à ignorer l'effet que les structures objectives de ce monde social exercent sur les interactions à l'œuvre, au cours d'un appel. Effet qui peut d'ailleurs se renforcer, paradoxalement, du fait qu'il s'agit d'une écoute téléphonique, c'est-à-dire d'une structure d'échange dans laquelle les corps ne sont présents que par la voix et dont le cadre physique semble apparemment absent. Précisons : on peut comprendre que dans le cabinet du médecin ou celui du psychanalyste, les effets du cadre sont objectivement perceptibles à travers de multiples signes tout à fait concrets et matériels (table d'examen, bureau, instruments, divan, etc.).

S'agissant de l'écoute à S.O.S Amitié, en revanche, aucun de ces signes n'est présent dans la relation d'entretien elle-même… sauf que… l'appelant sait qu'il communique avec quelqu'un qui se trouve dans un local (et non chez lui !), l'écoutant sait que la personne qui appelle le fait de chez elle (le plus souvent), qu'elle est dans sa cuisine, dans son salon, dans son lit… qu'elle appelle parfois en baissant la voix pour qu'on ne l'entende pas d'une autre pièce… Bref, il y a du concret, du matériel, du réel, certes non visible, mais néanmoins très présent de part et d'autre.

6. Écueils et embûches : de quelques pièges de l'écoute

Il n'est pas rare que des appelants s'étonnent que l'écoutant ne puisse rien dire de lui. Celui-ci est parfois amené à préciser que l'écoute qu'il offre suit un certain nombre de principes énoncés dans une Charte et que cette Charte est valable pour l'ensemble des écoutants qui œuvrent pour S.O.S Amitié, quel que soit le poste dans lequel ils exercent. Il lui arrive de s'entendre suggérer par l'appelant qu'il y aurait peut-être une contradiction entre le mot « amitié » de son titre et ce refus présenté comme non discutable.

Ces situations où le cadre est questionné par l'appelant peuvent être une source d'embarras, voire de réelle difficulté pour l'écoutant, sommé qu'il est de justifier ce silence sur son être et sa vie. Au fond, quel mal y aurait-il à laisser entendre que oui, il est marié, que oui, il a des enfants, que oui, il est à la retraite ou en activité, que oui, il aime manger « bio », que oui, il sera encore présent à l'écoute tel jour de la semaine, à la même heure, etc. ?

Certains appelants aimeraient savoir, mais n'insistent pas et admettent parfaitement cette règle interne à l'association.

D'autres se font plus entreprenants, accusent, argumentent, jusqu'à chercher à déstabiliser l'écoutant qui peut se trouver ainsi, malgré lui et à son corps défendant, amené à livrer quelques bribes d'informations sur la vie du poste ou sa vie personnelle.

On voit bien que les exemples « d'envie de savoir » ci-dessus mentionnés ne sont pas tous de la même nature et qu'il y aurait un véritable saut dans les degrés de révélation, entre le fait d'admettre qu'on aime manger « bio » et celui d'annoncer sa présence à l'écoute à telle heure de tel jour à venir. Dans le premier cas n'est livrée qu'une information manifestement anodine (du moins apparemment), dans le second s'ébauche une sorte de rendez-vous, aux antipodes des principes fondamentaux de l'écoute selon S.O.S Amitié et qui veulent, d'une part, que chaque appel soit considéré dans son absolue singularité, même s'il émane d'une personne qui a l'habitude d'appeler, d'autre part que l'écoute proposée soit celle de l'Association et non celle de tel écoutant en particulier.

Il est important de préciser à cet endroit qu'une distinction très nette est à opérer entre ces demandes d'appelants :

- dans la plupart des cas, « l'envie de savoir » est aisément compréhensible, voire légitime, manifestement formulée sans curiosité malsaine, ce qui ne signifie pas que l'écoutant, s'il en reconnaît la raison d'être, ait à la satisfaire ;
- dans d'autres cas, plus rarement, l'écoutant subodore assez rapidement une *intention pernicieuse* chez l'appelant, peut-être manipulatrice et sans doute malintentionnée. Il s'avère que l'appelant cherche, parfois très subtilement, à obtenir des informations non seulement sur l'écoutant au bout du fil, mais aussi sur d'autres écoutants, sur la vie du Poste, informations dont il cherche à se servir pour jeter le trouble.

Ces quelques remarques sur des embûches possibles de l'écoute montrent à quel point positionnement et posture, au cœur desquels l'anonymat, font partie du socle sur lequel l'ensemble de l'édifice « L'écoute à S.O.S Amitié » est construit.

7. Ambiguïtés

Comme toute relation d'aide, l'écoute, si désintéressée, sincère, authentique soit-elle, ne renferme-t-elle pas les germes de désirs quelque peu suspects de domination, d'emprise, sur l'appelant ? La compassion qu'entraînent parfois des appels extrêmement émouvants, des récits de vie dramatiques, peut enfermer l'écoutant dans le piège de la générosité et des bons sentiments. Le risque de se donner bonne conscience à faible coût n'est pas négligeable et les profits narcissiques pour l'écoutant, en jeu dans la relation qui s'instaure avec l'appelant, peuvent tout à fait parasiter l'écoute, du moins lorsque celle-ci n'est pas travaillée dans ce temps réflexif que constitue le groupe de partage.

Il arrive que des appelants se répandent en compliments sur la qualité de l'écoute de celui qu'ils ont au bout du fil, allant jusqu'à souhaiter explicitement le retrouver lors d'un prochain appel. Paroles séduisantes, dont la sincérité n'est pas nécessairement à mettre en cause, mais qui peuvent produire un effet d'emprise, symétrique de celui que l'écoutant peut lui-même exercer sur l'appelant. S'opère alors un jeu d'influence qui risque de corrompre la nature de la relation et la détourner de sa **dimension émancipatrice :** l'écoute vise à **aider l'appelant…** à s'aider lui-même.

Avoir clairement conscience de cette ambiguïté latente et en faire un motif de vigilance, c'est ce qui permet à l'écoutant d'atténuer les risques de mettre sous emprise, ou, inversement, d'être sous emprise. La réflexion collective, conduite par un « psy » en groupe de partage, est à coup sûr le moyen méthodologique qui garantit l'élaboration et la mise en œuvre d'un juste positionnement, d'une juste posture, lesquels ne sont jamais acquis mais toujours à retravailler.

Écoute et éthique La Charte S.O.S Amitié

Sylvie Galardon

Écouter sans éthique ?

À S.O.S Amitié, on prononce assez peu le mot « éthique ».

Et pourtant… Depuis l'origine, l'association s'est toujours attachée à proposer des actions qui participent à rendre la vie humaine meilleure, plus supportable ensemble. L'association s'oblige à penser chacun des temps consacrés à l'écoute, à la formation initiale et continue, à la vie associative, comme toujours à travailler et à interroger. De même que Monsieur Jourdain faisait de la prose sans le savoir, S.O.S Amitié ne pratiquerait-elle pas l'éthique sans toujours la nommer ?

S.O.S Amitié, contrairement à bien d'autres, ne se cache pas derrière « l'appellation éthique » pour la faire vivre, partager, construire.

En effet, que serait l'écoute sans éthique ? Comment imaginer cet objet qui serait une proposition tournée vers les autres, qui leur offrirait de dévoiler de manière anonyme, certes, leur ressenti, leur vécu, leur intimité, au sens le plus profond du terme, et qui n'offrirait en retour aucune garantie de cadre, aucun engagement des personnes et de la structure ?

Dans la vie courante, se mettre en position d'écoute oblige à une attention à l'autre, entraîne une implication personnelle et, par là même, engage. Serait-il concevable qu'il en aille différemment pour une association ?

1. Éthique de l'écoute, l'éthique à l'écoute

Lorsque l'association S.O.S Amitié s'est attachée à développer l'écoute, elle ne l'a pas fait en conscience comme une finalité en soi. L'écoute a été le moyen choisi, à une époque, dans un contexte donné : la suite de l'expérience anglophone initiée par Chad Varah[44] pour tenter d'enrayer les passages à l'acte suicidaire. Au départ, cette écoute par téléphone était essentiellement définie comme une présence au moment d'une tentative de suicide.

44. Pasteur anglican à l'origine des Samaritans anglais, voir Chapitre 2, page 35.

L'écoute elle-même était expérimentale ! La sollicitude, une forme de chaleur un peu condescendante parfois, le conseil éventuel, faisaient partie de la panoplie de l'écoutant. Il y a même eu la possibilité, un temps, de donner rendez-vous aux personnes qui appelaient. Cela s'inscrivait dans une société où le téléphone était extrêmement peu répandu dans la population, où les appels autres que locaux étaient d'un coût exorbitant, sélectionnant par-là même une typologie particulière d'appelants.

Petit à petit, l'association a évalué l'efficience de différentes approches et s'appuyant en particulier sur les travaux de Carl Rogers, a réfléchi à ce que signifiait « être à l'écoute », a construit une vision de ce que pouvait être une écoute respectueuse des personnes et privilégie, car gage d'efficacité, l'anonymat réciproque.

L'éthique de l'écoute a commencé à voir le jour : travail commun pour se donner les « bonnes règles », à la fois pour uniformiser la réponse apportée à la société, pour donner aux écoutants des repères dans leur pratique et pour pérenniser, en se donnant des outils pour les transmettre, les compétences et les acquis engrangés par l'association.

Ce qui était un choix moral : « Comment ne pas se sentir concerné par des personnes qui attentent à leurs jours ? » est devenu une manière d'envisager la vie, ou au moins une partie de celle-ci, en mettant en avant des valeurs permettant de définir une **action humaniste** et de poser les principes d'une **relation totalement inédite.**

1.1. Une éthique pour soi

Tant que la seule « bonne volonté » est en jeu, la liberté d'agir est quasi totale.

Si chaque écoutant avait été en capacité d'intégrer seul les valeurs et les pratiques de S.O.S Amitié, en s'appuyant sur des références partagées, et de construire une éthique personnelle pertinente au regard de l'objet choisi par l'association, il n'y aurait pas eu besoin d'aller chercher plus loin ! Mais était-ce envisageable et suffisant ?

Comme l'écrivait Alfred Vannesse[45], en 1983, dans la revue de S.O.S Amitié :

> *« Que nous le voulions ou non, ce n'est pas à tel écoutant que l'appelant a recours, c'est à S.O.S (Amitié). L'écoutant lui-même ne peut offrir n'importe*

45. Alfred Vannesse, docteur en Psychologie et Sciences de l'éducation, psychothérapeute. Il a formé et supervisé, pendant plus de 25 ans, des écoutants de services sociaux, médicaux et psychologiques, en Belgique et en France. Il était à l'époque directeur de Télé-Accueil, équivalent belge de S.O.S Amitié. Auteur, entre autres, d'*Écouter l'autre, tant de choses à dire,* Chronique sociale, 2016.

quoi. Son écoute est cadrée par les objectifs de S.O.S Amitié, même s'il reste ainsi de la place pour sa créativité personnelle... S.O.S Amitié, c'est d'abord un certain nombre de principes auxquels il importe de confronter les appels concrets et la manière dont chacun y fait face... Si l'écoute offerte et la qualité de cette écoute étaient laissées à la seule initiative de l'écoutant, il en résulterait un morcellement des perspectives et aussi des types de relations offertes aux appelants. Le label S.O.S Amitié ne constituerait plus qu'une étiquette sans contenu. Ce serait sa mort à plus ou moins courte échéance. »

1.2. L'association, construction d'une éthique collective : un cadre ou la Loi ?

Au moment où se construit un cadre commun de « bonnes pratiques » se pose toujours la question du « hors cadre », voire de la transgression. Il devient nécessaire de passer à l'écrit, à la rédaction plus ou moins formalisée.

L'association s'est donc donné les moyens de poser de façon claire ce qui la constitue et, dès 1973, une première Charte a vu le jour.

Un tel document peut constituer soit le chemin balisé pour parvenir à être le plus efficace possible au service de la prévention et de l'écoute, soit un répertoire de règles incontournables et parfois intransgressibles, sauf à risquer l'exclusion de la communauté qui les a rédigées.

S.O.S Amitié a choisi (*Livre blanc de la formation* de S.O.S Amitié, E.24 -17) :

> *« L'éthique est à distinguer de la morale avec ses règles et ses interdits. On peut dire que l'éthique s'adresse plutôt à l'intention : au pourquoi ; alors que la morale s'intéresse plus aux moyens qu'au comment. L'éthique indique un projet, une visée, un état d'esprit. Là où la morale impose, elle suscite. Elle indique le sens, mais elle laisse place au sujet, à sa responsabilité, à ses choix et à sa décision. C'est l'âme de l'engagement de l'écoutant.*
>
> *Délicat enjeu que de rester cohérent avec ce que l'on croit ! La distance entre le croire et le faire est souvent difficile à franchir. En ouvrant la porte à la parole, l'écoute touche la profondeur la plus existentielle de l'être humain, ce qui lui confère une dimension d'absolu, de sacré qui relève plus d'un "tendre vers"... que d'un but à atteindre, ou déjà rejoint ! »*

2. La Charte

C'est donc en 1973, plus de 10 ans après la naissance de S.O.S Amitié, que la première Charte a été rédigée. L'association s'était agrandie, elle était reconnue d'utilité publique depuis 1967, la réflexion s'était creusée, le contexte social libéré engageait à poser des cadres moraux dans certains milieux : il était temps de positionner clairement l'action de S.O.S Amitié.

2.1. La première et la deuxième Charte - Des auteurs

Cette première Charte a été le travail d'un certain nombre d'auteurs, mais n'a pas fait l'objet d'une construction collective. Cela s'inscrit dans une époque.

En 1983, à la suite du Congrès de Nancy où un temps avait été consacré à « S.O.S Amitié dans un monde en devenir », la revue de S.O.S Amitié publie un texte d'Yves Orvain. Celui-ci propose la Charte, texte de référence, comme outil pour définir le point de vue de S.O.S Amitié. Il en rappelle les limites — toujours d'actualité — en introduction :

> *« S.O.S Amitié a eu une* [...] *intuition qui s'est charpentée au fil des années pour se profiler à travers une charte, un écrit, un document avec tout ce que cela véhicule de sentiment de sécurité, de solidité, de force, mais aussi avec les revers, par exemple avec le risque de stratifier, de dessécher l'intuition originelle, en la gelant en habitudes, en règles, en codes de bon fonctionnement... en quelque chose de normatif. »*

Il met en avant les deux tâches complémentaires que S.O.S Amitié s'est données :

- l'écoute, en tant que moyen pour la prévention du suicide, avec une formulation datée et qui n'a pas été reprise dans les Chartes suivantes : *« (1.5) : l'écoute doit permettre à l'appelant de découvrir ses propres raisons de vivre et de voir ainsi plus clair en lui. » ;*
- le projet social, exprimé peut-être avec plus de brièveté, est indiqué (2.6) : *« Une vigilance est à maintenir pour chacun des membres de S.O.S Amitié d'une ouverture sociale »*, et une invitation en (5.3) : *« à participer, avec d'autres associations, à l'étude des problèmes psychologiques et sociaux qui se posent à notre monde. »*

Et nous voilà interpellés sur la dimension collective de notre tâche toujours à reprendre, puisqu'en (5.1) :

> *« Le développement de S.O.S Amitié incite notre association à redéfinir son rôle... Si, dans cet énoncé, les rédacteurs de la Charte ont pris soin de maintenir une porte ouverte pour inciter l'association à redéfinir éventuellement son rôle, c'est qu'ils pressentaient qu'entre le moment où S.O.S est né, où la charte a été rédigée, et maintenant en 1983, bien des choses allaient changer. »*

Ce regard nous confirme à la fois l'importance de posséder un document, dont l'orientation reste visionnaire et donc valide, et le besoin récurrent qu'il y a à, régulièrement, en proposer une relecture pour en vérifier à la fois la pertinence et la formulation afin qu'elle reste adaptée, compréhensible et vivante.

Ce sera chose faite une première fois en 1989 avec la deuxième Charte, écartant ce qui dans la première était du ressort du fonctionnement matériel, repris dans un autre texte. Elle sera plus complète, plus adaptée à l'évolution sociale. Elle aussi sera le fruit du travail de plusieurs rédacteurs, dont Jean Nicolas, de Reims, qui accompagnera pendant plusieurs années sa diffusion dans les différents postes et associations régionales. Il reste pour l'association une référence forte, à la fois pour sa connaissance de ce que peut être l'écoute et pour sa profonde humanité.

2.2. La troisième Charte - un travail collaboratif… éthique ?

En 2005, la mutation de la société a entraîné l'évolution des propositions faites par S.O.S Amitié. S'est alors posée la question de son adéquation à la Charte de 1989.

En réalité, au-delà de la simple question pratique posée (Internet peut-il être un des moyens choisi par S.O.S Amitié pour participer à l'écoute et à la prévention du suicide ?), cela a été une extraordinaire opportunité pour s'interroger sur l'actualisation de notre Charte et commencer un travail collectif, impliquant toutes les associations régionales et un maximum de membres, écoutants ou non. Les précédentes Chartes même si, bien entendu, elles avaient été discutées et validées en Assemblée générale n'avaient pas atteint ce niveau d'engagement.

Le Conseil d'administration fédéral de l'époque a souhaité travailler à une appropriation par chacun de ce texte qui paraissait parfois lointain, « administratif », peut-être dépassé ou, en tout cas, à améliorer et à rendre plus contemporain.

Une méthodologie a été proposée et des allers et retours, avec des temps forts lors de journées fédérales, ont été initiés. Parallèlement, un travail sur le graphisme était mis en place pour accentuer la modernité du document.

Les changements visibles ont été relativement minimes : ouverture à l'utilisation de « tout autre moyen technique » capable de répondre, lui aussi, aux exigences d'anonymat permettant l'écoute telle que définie par l'association et reformulation de quelques points pour les rendre plus accessibles, la langue ayant évolué. Mais ce qui se montre passionnant, c'est que les débats, vifs, riches, argumentés qui ont eu lieu ont conduit à une confirmation de la Charte, c'est-à-dire de la vision de l'écoute pratiquée et des engagements qu'elle implique. À ce moment-là, pratiquement 2000 écoutants se sont réapproprié leur Charte, l'ont revalidée, approuvée et ont pris conscience « de l'intérieur » qu'elle était la manière la plus fine et exacte d'énoncer ce qui était leur tâche, celle de l'association et son positionnement dans la société. Il aura fallu deux ans pour mener ce travail à bien et c'est en 2007 que l'Assemblée générale approuvera la nouvelle Charte.

Il semblerait bien que ce soit la définition même d'une démarche éthique : la **coconstruction** d'une vision du monde, de la manière et des moyens que l'on se donne afin de parvenir à le faire exister.

S.O.S Amitié

CHARTE

LE SERVICE D'AIDE PAR L'ÉCOUTE

S.O.S Amitié est une association "reconnue d'utilité publique", dont l'objectif premier, mais non exclusif, est la prévention du suicide.

Ouvert à la parole de toute personne en état de crise, S.O.S Amitié offre une aide sous la forme d'une écoute attentive et sans idée préconçue.

Le **TÉLÉPHONE** est le premier moyen choisi pour répondre à l'urgence des situations. S.O.S Amitié s'engage à respecter l'anonymat de la personne, celle qui appelle et celle qui écoute. Tout autre moyen technique utilisé répondra à cet engagement.

S.O.S Amitié met tout en œuvre pour assurer une présence et une disponibilité dans tous ses postes d'écoute, 24 heures sur 24, du 1er janvier au 31 décembre.

L'écoute est non directive. Elle est centrée sur la personne qui appelle S.O.S Amitié. Elle vise à desserrer son angoisse. Elle tente de lui permettre de clarifier sa situation et de retrouver sa propre initiative.

Elle est assurée par des bénévoles, respectueux de la personne qui appelle, quels que soient ses origines, ses convictions, son comportement.

Cela implique que S.O.S Amitié soit indépendant de tout mouvement politique, confessionnel, idéologique, social ou caritatif.

Les permanences d'écoute sont assurées en un lieu anonyme, réservé à cet effet. Le caractère confidentiel des propos et l'anonymat des écoutants sont les impératifs absolus du service qui tendent à favoriser la libre expression de celles et ceux qui appellent S.O.S Amitié.

L'ÉCOUTANT

La qualité de l'écoute individuelle s'enracine dans un travail d'équipe. Être écoutant requiert des aptitudes. Il y a donc nécessité de sélection et de formation.

La **SÉLECTION** a pour objet de s'assurer :

- de l'aptitude du candidat à l'écoute,
- de ses dispositions à travailler en équipe,
- de sa faculté de remise en question personnelle, indispensable à l'exercice de la fonction.

Le **RECRUTEMENT** large et varié, puisant dans tous les milieux de la société, constitue un facteur d'équilibre de l'association.

La **FORMATION INITIALE**, dont les objectifs sont définis par l'association, est indispensable et obligatoire. Elle est organisée en groupe, avec des formateurs qualifiés.

Elle est centrée sur les critères essentiels de S.O.S Amitié : anonymat et non-directivité dont elle intègre la pratique dans une écoute de qualité.

Au terme de la formation initiale, le candidat précise son engagement, en accord avec les exigences du service :

- assurer une écoute fréquente et régulière,
- participer obligatoirement aux partages supervisés,
- participer avec assiduité à la formation continue,
- contribuer à la vie de l'association.

La **FORMATION CONTINUE** mise en place par l'association s'impose en permanence à l'écoutant comme un besoin et une nécessité. Elle est effectuée en situation, avec les apports théoriques jugés utiles.

L'écoutant s'oblige à une évaluation régulière de son parcours. Selon les modalités fixées par l'institution, et au moins tous les quatre ans, il participe à une réflexion quant à la poursuite de son activité d'écoutant.

ÉCOUTE, SOLIDARITÉ, SOCIÉTÉ

Phénomène de société, les moyens de communication se développent sans cesse et, paradoxalement, l'individu – en l'absence d'une écoute de sa parole – est plus que jamais confronté à la solitude.

Cette situation engage S.O.S Amitié et ses membres à promouvoir une attitude d'écoute mutuelle au sein de la société.

Dans le respect de son éthique, S.O.S Amitié est proche de toute forme d'aide mettant en œuvre l'écoute désintéressée de l'autre. S.O.S Amitié participe à la réflexion sur les problèmes psychologiques et sociaux de son temps et développe des échanges aux niveaux régional, national et international, notamment au sein de l'UNPS (Union Nationale pour la Prévention du Suicide) et de l'IFOTES (International Federation of Telephone Emergency Services).

Un mal. Des mots.

S.O.S Amitié France

Siège Fédéral : 11, rue des Immeubles Industriels, 75011 Paris - Tél. : 01 40 09 15 22 - Fax : 01 40 09 74 35 - www.sos-amitiefrance.fr

C.C.P. 11409-45N - Association loi 1901 reconnue d'utilité publique par décret du 15 février 1967

Assemblée Générale 2007

2.3. Une Charte : affichage et engagement

Si la Charte a été pensée comme ouvrant la pratique de l'écoute sur un espace de liberté, sans vouloir la normer, mais en considérant que chaque personne écoutante nourrit et enrichit celle-ci de sa personnalité, de son vocabulaire, de son point de vue, de sa culture propre, elle en rappelle aussi les limites : limites dans la relation à la personne qui appelle, mais également limites du cadre associatif. Elle signifie en creux que la transgression ne peut être admise par l'association lorsqu'elle met en danger l'intégrité des personnes appelantes ou la vie même de l'association.

Un exemple : il est facile de comprendre que la rupture de l'anonymat de l'écoutant (donner des coordonnées personnelles, proposer ou accepter une rencontre physique avec l'appelant…) qui remettrait en question tout le travail de S.O.S Amitié sur l'utilité de cette discrétion, ne peut être acceptée. De même, un écoutant qui se positionnerait systématiquement du côté du conseil, de l'intrusion, voire d'une forme d'intimité déplacée avec l'appelant, et qui serait dans l'incapacité ou n'aurait pas la volonté de revoir son comportement, ne pourrait rester. Le prosélytisme qu'il soit religieux, politique ou social produirait le même effet.

La formation initiale, si elle permet la plupart du temps de repérer des tendances aux comportements inadéquats, ne peut pas toujours préjuger d'une évolution.

La Charte (comme tout autre texte fondateur) est un indispensable guide pour estimer le « dedans et le dehors » de l'écoute telle que promue par S.O.S Amitié et pour borner ce qui fait la spécificité de l'association.

Lorsque l'on s'intéresse à l'écoute, qui touche à l'intime et engage les personnes à dévoiler leur ressenti, on ne peut faire l'impasse sur les dérives, maladroites ou volontaires. Poser un cadre clair, accessible à tous, affiché à l'extérieur comme à l'intérieur est incontournable et constitue une sécurité pour qui veut utiliser ce service.

Oui, une Charte engage. Elle est le contrat moral que l'association signe avec les personnes qui vont faire appel à elle ; elle contient aussi celui de l'écoutant avec l'association et réciproquement, et positionne les actions de l'un comme de l'autre, dans et envers la société.

2.4. Un engagement envers les personnes écoutées

L'association postule que l'écoute, dans le cadre proposé de disponibilité 24 heures sur 24, d'anonymat, de respect, de non-jugement, a un effet de soulagement, de clarification, voire de désamorçage de la souffrance. Elle a montré depuis longtemps qu'elle s'inscrivait dans plusieurs temps de la prévention du suicide. Pour parvenir à cela, l'association s'engage à la fois dans le taux de présence en ligne (téléphonique ou autre), la forme de l'écoute offerte, la qualification de ses écoutants, la confidentialité et la neutralité.

2.5. *Un engagement de chaque membre comme de l'association*

Chaque membre de l'association, en reconnaissant la Charte de S.O.S Amitié, est caution de cet engagement ; il en est coresponsable, à sa place et à son niveau. Si S.O.S Amitié lui offre la possibilité extraordinaire d'être initié à l'écoute, de pouvoir la pratiquer dans un cadre sécurisé et chaleureux, l'écoutant, lui, se doit de contribuer avec assiduité autant aux formations qu'à la vie associative.

2.6. *L'engagement social et la promotion de l'écoute désintéressée*

Au-delà de l'action première de S.O.S Amitié, l'association se positionne sur ce qui peut rendre notre société moins rude pour ses membres et s'oblige à apporter son regard et son soutien à des actions, aides ou études qui peuvent la compléter.

C'est un signe fort de proposer à ses écoutants, au-delà du temps consacré à l'association, de continuer à s'engager dans une attitude d'écoute mutuelle. Comme le colibri qui apporte sa goutte d'eau et espère peut-être ainsi changer le cours de l'incendie, soutenir que l'écoute a un rôle important à tenir dans le réenchantement du monde même si cela paraît minime, bouscule les idées reçues et interroge. Cela inscrit l'association, comme chacun de ceux qui la composent, dans une démarche humaniste et solidaire.

Une Charte pour toujours ?

Nous avons vu que rien ne devait être définitif, que la plus grande valeur de cette Charte venait de la capacité et de la volonté de l'association à l'interroger régulièrement. Il est vraisemblable que ce questionnement constant soit un authentique gage de qualité.

Les écoutants

Gillonne Rocher

1. Qui sont-ils ?

Faire un portrait de ceux qui s'engagent à écouter les autres à S.O.S Amitié relève de la gageure tant ceux-ci sont différents dans leurs âges, leurs convictions, leurs origines sociales, leurs formations et leurs motivations. En effet, il est frappant de constater au premier contact la diversité de ceux que l'on nomme et qui se nomment les écoutants. Cela va de la petite jeune fille encore étudiante qui arrive en trottinette à la retraitée aux cheveux très blancs et à la démarche hésitante qui n'a plus que la voix d'à peu près jeune, de l'employée de bureau à l'ex-cadre à la retraite, de l'infirmier aux horaires déjà compliqués à l'ancien universitaire qui poursuit ses recherches.

Pour être plus précis, il y a un peu plus d'écoutantes que d'écoutants : 70 % de femmes et 30 % d'hommes. Leur âge relativement élevé s'explique par l'importance de l'engagement demandé en termes de temps, ce qui rend difficile, mais non impossible, l'implication de personnes ayant un travail par ailleurs, comme nous le montre le tableau ci-dessous.

	Total	Femmes	Hommes
0-30 ans	2.25 %	2.12 %	2.57 %
31-40 ans	4.10 %	4.62 %	2.87 %
41-50 ans	6.67 %	6.55 %	6.95 %
51-60 ans	17.35 %	19.01 %	13.44 %
61-70 ans	41.51 %	40.91 %	42.90 %
71-80 ans	21.81 %	20.23 %	25.53 %
81 et plus	5.32 %	5.46 %	4.98 %
Total		70.17 %	29.83 %

Tout ce petit monde qui n'aurait pas ailleurs l'occasion de se rencontrer cohabite sans aucun problème et se réjouit de cela. Cohabite n'est pas vraiment le terme car les contacts entre les écoutants ne sont pas très fréquents : toutefois lorsque l'on arrive pour faire sa plage d'écoute, on croise celui ou celle qui vient de finir la sienne et là, il y a souvent un bref moment d'échange qui peut parfois se prolonger un peu si un appel a été difficile. On en parle, non pour parler de l'appel en lui-même, mais surtout pour exprimer ce qui nous a gêné, choqué, troublé peut-être et que l'on est content de pouvoir partager avec un confrère. De même, l'écoutant qui arrive le matin tôt a souvent un rôle réconfortant envers celui ou celle qui vient de faire une très longue plage d'écoute de nuit souvent difficile et en tous les cas fatigante.

En dehors de ces rencontres qui peuvent tisser des liens particuliers entre deux personnes, les écoutants se retrouvent au cours des partages[46] dans lesquels ils restent généralement deux ans et où se nouent des liens très spéciaux élaborés par le travail réalisé ensemble sur le ressenti des appels et la mise en commun de certains sentiments qui peuvent traverser tous les écoutants à un moment ou à un autre : découragement, inutilité, fatigue…

Des réunions plus conviviales sont également organisées, mais la plupart du temps les écoutants sont assez ignorants de ce qui fait la vie de leurs collègues. L'habitude de l'anonymat en est peut être la cause. Mais malgré cette ignorance qui pourrait passer parfois pour de l'indifférence, il y a le sentiment très profond qu'ils partagent tous une même conviction : celle que l'écoute dans l'anonymat le plus total peut permettre à l'autre de dire ce qu'il ne dirait pas ailleurs et par là même l'aider à retrouver sa « propre initiative ».

2. Pourquoi sont-ils là ?

2.1. Motivations de l'écoutant

Pour illustrer cette variété des écoutants, on peut s'interroger sur les motivations qui ont amené certains à rejoindre S.O.S Amitié. Et là on s'aperçoit que les raisons sont très diverses. Certains sont venus car dans leur vie ils ont eu, à travers un événement douloureux, à regretter que personne ne se soit trouvé là au bon moment. C'est ce que nous explique Louise :

> **“**
>
> *Je ne pense pas que l'on devienne écoutant à S.O.S Amitié pour une seule raison, je pense que les épreuves et les rencontres que l'on peut faire*

46. Le partage organisé régulièrement entre des écoutants du même poste est un espace où la parole s'exprime en toute liberté en vue de leur permettre d'interroger leur relation à l'appelant.

durant sa vie nous ouvrent les yeux sur l'importance de l'écoute et un jour, S.O.S Amitié croise notre route et nous ne pouvons nous retenir de poser notre candidature.

Je suis née dans une famille où le mot suicide n'était jamais prononcé. Se suicider, c'était faire une connerie. À 20 ans, à la fac, j'ai rencontré Anna. Elle me parlait souvent de sa difficulté de vivre en France alors que le reste de sa famille était resté en Pologne, derrière le rideau de fer. Un jour, elle a traversé l'autoroute qui passait près du campus. Je m'en suis voulu de ne pas l'avoir croisée ce jour-là.

À 24 ans, je suis allée vivre à Paris. Un soir d'hiver, j'attendais le dernier métro. Un SDF m'a parlé de sa solitude, de sa sensation de n'être rien face à moi. Instinctivement, je l'ai aidé à se trouver des qualités. Arrivée chez moi, je n'ai pas pu dormir.

À 25 ans, j'ai dû faire face à une tentative de suicide ratée de mon amoureux, apprendre à vivre avec la peur qu'il recommence.

Deux ans plus tard, j'étais écoutante à S.O.S Amitié.

Mais d'autres avouent des raisons beaucoup plus personnelles et beaucoup moins tournées vers les autres. Ainsi Pascal :

“

Un ami m'avait dit que sa belle-sœur connaissait S.O.S Amitié et que la formation était vraiment très intéressante et j'avais gardé cela dans un coin de ma tête depuis longtemps. Quand un jour, en attendant le métro, j'ai vu une affiche de S.O.S Amitié, je me suis dit « Tiens, mais j'ai un peu de temps actuellement, je ferais bien cette formation » et c'est ainsi que j'ai pris contact pour rencontrer quelqu'un de l'association. Vingt ans plus tard, j'y suis toujours et même si je peux témoigner que la formation est très intéressante, je peux surtout témoigner que j'ai vraiment découvert et j'en suis depuis longtemps persuadé tout ce que l'écoute peut apporter aux gens qui ont des problèmes mais aussi à ceux qui les écoutent.

D'autres enfin sont venus là un peu par hasard mais ont découvert un monde que souvent ils ignoraient. Hervé nous raconte :

“

Lorsque j'ai pris ma retraite, je voulais faire quelque chose pour les autres : j'avais du temps libre, je me sentais encore jeune et les responsabilités professionnelles que j'avais eues me faisaient penser que de nombreuses associations seraient ravies de mon aide. Je suis allé au forum des associations de ma ville et j'ai rencontré quelques associations dont plusieurs m'ont tenté. Mais j'ai pensé qu'à S.O.S Amitié je pourrais mettre en œuvre tout ce que j'avais développé dans ma profession. Je faisais des audits auprès des entreprises et j'avais donc l'habitude de trouver des solu-

tions pour les personnes qui me demandaient conseil. J'ai donc postulé et j'ai tout de suite été très surpris lorsque l'on m'a dit qu'il ne s'agissait pas de donner des conseils, mais d'aider les appelants à retrouver leur propre initiative. Je dois dire qu'au soir de la première journée de formation, je pensais abandonner tellement cela ne correspondait pas à l'idée que je me faisais de l'écoute. Mais j'étais quand même intrigué et décidais de continuer. Aujourd'hui, 6 ans plus tard, je reconnais que je ne savais pas du tout écouter en profondeur quelqu'un et ce que j'ai appris et mis en pratique depuis m'a ouvert aux autres — y compris à mes proches — de manière étonnante. J'ai de plus découvert un monde qui m'était totalement étranger, celui de tous ceux qui souffrent dans leurs têtes, dans leurs relations, dans leur vie ; et tout ce que j'ai entendu m'a ouvert au monde comme rien d'autre n'aurait pu le faire.

2.2. Engagement

Au-delà de cette motivation première, vient le moment de l'engagement en lui-même, c'est-à-dire le moment où l'on fait la démarche de postuler. C'est une démarche qui n'est pas souvent évidente. Elle se fait forcément par courrier ou par courriel, l'adresse des postes d'écoute étant tenue secrète, et donc la plupart du temps, on ne peut pas dans un premier temps rencontrer quelqu'un pour demander des renseignements. Il faudra donc un premier contact écrit qui va déclencher une prise de rendez-vous pour une ou deux rencontres. Ces rencontres ont pour but de répondre à toutes les questions que peut se poser le candidat sur le fonctionnement de l'association, mais aussi de comprendre ses motivations, de lui préciser en quoi consiste l'engagement et déjà de développer les grands principes de notre écoute. Ces prises de contact sont toujours complétées par une rencontre avec un professionnel : psychologue ou psychiatre, et ont lieu de façon un peu espacée afin qu'un temps de réflexion soit laissé de part et d'autre.

Si tout le monde en est d'accord peut alors commencer la formation initiale qui, elle aussi, doit se dérouler sur un temps assez long au cours duquel chacun peut très librement décider d'arrêter si cela est jugé préférable.

2.3. Formation initiale

Ce temps de la formation initiale est un moment très fort dont l'écoutant garde la plupart du temps un souvenir particulièrement précis. Cela représente pour beaucoup un saut dans l'inconnu qui peut être très déstabilisant.

Le texte de référence qui présente la formation la définit ainsi : « Se former, c'est rechercher sa propre vérité à partir d'expériences personnelles élucidées en commun et s'autoriser à devenir autre, en vue d'un engagement dans une institution à la finalité de laquelle on s'apprête à collaborer. »

On comprend bien combien ce temps de formation initiale est la plupart du temps un important moment de travail sur soi et de questionnement sur ses émotions et sa capacité à se remettre en cause. La conséquence visible de ce moment fort se manifeste dans les relations étroites qui se perpétuent entre ceux qui ont suivi ensemble leur formation initiale. C'est bien là le signe qu'ils ont partagé un moment important pour eux.

3. Que vivent-ils ?

3.1. Formation continue

Quelles que soient les motivations qui ont poussé les écoutants à franchir le seuil de l'association et à faire la formation initiale, arrive le moment redouté où, pour la première fois, on se retrouve seul en face du téléphone, la boule au ventre en redoutant la sonnerie fatidique. Tous les écoutants se rappellent leur première plage d'écoute prise en solitaire. Elle peut se révéler être relativement facile avec des appels importants certes mais pas trop dérangeants, mais elle peut aussi recéler un ou deux appels dont on se souviendra longtemps car ils ont été perturbants. Et cela va durer tout au long de ces années d'écoute. L'expérience n'y fera rien, il y aura toujours de temps à autre un appel qui va complètement vous déstabiliser, faire comme si vous aviez reçu un uppercut ou vous laisser avec une sensation douloureuse de n'avoir pas pu ou pas su dire ce qu'il fallait quand il le fallait.

Car l'écoutant à S.O.S ne sera jamais quelqu'un de « blindé » ; il restera tout au long de son parcours à l'écoute quelqu'un de vulnérable. Et d'ailleurs il est souhaitable qu'il le reste car cela veut dire qu'il est tout simplement quelqu'un d'**humain** capable d'être touché et même retourné par un appel ou une situation.

Mais, pendant tout son parcours, l'écoutant sera conforté par la formation continue qui est dispensée régulièrement dans les associations régionales ou au niveau national. Ces formations sur des sujets divers ont pour but d'aider l'écoutant à tenir au mieux sa place à l'écoute et de le soutenir dans sa recherche — qui n'est jamais terminée — de toujours mieux accueillir l'autre.

3.2. Juste distance

Pour ce faire, il est important qu'il ne se laisse pas submerger par la difficulté des appels et qu'il sache garder la juste distance.

En effet, pour avoir une « bonne écoute », il ne faut pas être une éponge ou être sourd. Être une éponge consisterait à pratiquer une écoute surinvestie par peur de ne pas être suffisamment aidant, par souci d'avoir réponse à tous les problèmes. Cette écoute est dommageable et n'atteint en aucun cas le but escompté. Elle conduit à surmotiver celui qui aurait besoin de s'auto motiver pour s'en sortir. L'écoutant n'est alors pas réellement présent à la personne qui parle, mais projette déjà dans l'avenir la situation qui lui est soumise.

L'autre tentation serait, à l'inverse, de ne pas écouter et d'être sourd à la détresse qui lui est exposée. Cela par peur d'être trop touché ou tout simplement par excès d'humilité. On ne veut influencer d'aucune manière son interlocuteur et, du coup, on reste en marge de son histoire.

Ces deux postures extrêmes nous montrent comme il est important de trouver la distance qui est très singulière et qui dépend de chaque appel. Elle se trouvera plus ou moins facilement selon que l'appel nous touche au plus profond ou qu'au contraire, parce qu'il est un appel maintes fois répété, il nous importune et que pour cette raison, nous n'arrivons pas à être dedans.

3.3. À l'écoute de soi

Cette bonne distance à trouver implique pour l'écoutant d'être en permanence à l'écoute de lui-même. Il doit petit à petit apprendre de mieux en mieux à se connaître pour savoir quelles sont les situations par exemple qui le rendent plus vulnérable à l'écoute de tel ou tel problème, pour savoir sur quel point précis il doit travailler afin d'améliorer son écoute.

Cette écoute de soi est même en quelque sorte un préalable.

> *« S'occuper de soi avant de s'occuper de l'autre me paraît indispensable, car il faut être suffisamment bien avec soi-même pour être en mesure de faire du bien à l'autre. »*[47]

Ce travail sur soi-même débouche naturellement sur une remise en question périodique qui passe par une autoévaluation de sa pratique. C'est une démarche qui n'est pas facile car elle peut être déstabilisante et demande beaucoup d'humilité, mais elle est la condition incontournable d'une évolution personnelle dont on devrait constater les fruits.

47. Johann Jung.

Pour les aider dans ce travail exigeant, S.O.S Amitié a mis en place pour tous les écoutants les partages qui se déroulent dans chaque lieu d'écoute une ou deux fois par mois. Les participants aux partages sont les mêmes pendant deux ou trois ans et sont accompagnés d'un professionnel de la psychologie.

Parler aux autres dans un partage ne veut pas dire raconter avec maints détails la teneur de l'appel, parler aux autres consiste à essayer avec eux de comprendre ce qui dans cet appel précisément a fait que nous en sommes ressortis troublés. L'exercice est difficile car il demande une totale confiance envers ceux du groupe et il nécessite d'oser se dévoiler un peu pour comprendre ce qui nous a déstabilisés.

Jacqueline nous raconte sa propre expérience :

> **“**
>
> *J'ai un jour rapporté en partage un appel qui m'avait tout spécialement bouleversée. La situation était difficile certes mais je n'arrivais pas à comprendre pourquoi là je m'étais sentie particulièrement atteinte. Après un travail assez long avec la psy, aidée de mes camarades, j'ai finalement compris que j'étais singulièrement sensible à certaines voix — peut être celles qui me rappelaient un peu celles de mes enfants — et que, dans ces cas-là, ma réaction était sans commune mesure avec la gravité de l'appel.*

Et nous voyons là le bien-fondé des partages et leur intérêt. En nous aidant à travailler sur les appels qui nous ont été difficiles et en essayant de comprendre la raison de cette difficulté, nous pouvons mieux connaître et comprendre nos limites et les accepter. Il nous sera alors possible, même au cours d'un appel, de repérer que nous avons atteint cette limite et que nous ne sommes plus en capacité d'être pleinement à l'écoute de l'autre. Il nous sera alors envisageable de le dire tout simplement à notre interlocuteur et de mettre fin à l'appel en s'excusant de ne pouvoir personnellement continuer et en l'invitant à retenter son appel avec quelqu'un d'autre.

3.4. Comment se voient-ils ?

Lorsque ces écoutants sont formés et pratiquent l'écoute depuis quelque temps, ils sont souvent amenés à réfléchir à leur rôle et à l'image qu'ils ont d'eux-mêmes.

Certains ne supportent plus d'être là pour que l'on déverse dans leurs oreilles tout ce que l'on ne peut pas dire ailleurs.

C'est ainsi que Gérard me disait :

> **“**
>
> *Je quitte S.O.S Amitié, je n'en peux plus d'être pris pour une poubelle.*

Même si cette réaction peut se comprendre et doit être entendue, chaque écoutant décrit la place qu'il occupe de manière différente.

Louise :

> **“**
>
> *Je vois les appelants comme des voyageurs avec des bagages trop encombrants pour eux et les écoutants comme des employés de consigne. Ils appellent parce que ça ne va pas, ou plus assez bien et ils nous déposent ce poids. Le temps passé à écouter varie selon la taille du bagage et la difficulté à trouver le casier adéquat. Parfois, il est plus lourd que ce que l'on imaginait.*

D'autres comme Dominique nous ont dit :

> **“**
>
> *Pour moi, je suis l'ami qu'on n'aura jamais, mais qu'on rêve d'avoir : un ami qui vous écoute sans vous interrompre, qui ne dit pas « à ta place je ferais cela », qui ne juge pas et qui ne sait pas de moi tout ce que je voudrais qu'il ignore. Je peux lui parler quand je veux, quand j'en ai besoin, il est toujours disponible et quand on aura raccroché, il oubliera tout ce que je lui ai dit.*
>
> *Pour moi, je suis content quand je peux être pour quelqu'un cet ami-là.*

3.5. Les écueils

Tout écoutant n'est bien sûr pas à l'abri d'un certain nombre d'écueils dans lesquels il peut tomber s'il n'est pas vigilant pour respecter les précautions citées plus haut.

Mais il est d'autres situations qui guettent l'écoutant.

Tout d'abord *l'habitude*. Il peut en effet arriver qu'au bout d'un certain nombre d'années d'écoute intervienne une certaine lassitude, l'impression d'avoir tout entendu et le risque est alors de ne plus du tout « entendre » ce qui se dit. On est blasé et on est devenu incapable d'empathie. Ce sentiment peut d'ailleurs intervenir assez rapidement face à des appels « pas très importants ». On oublie que l'on écoute **ici et maintenant** et que ce qui nous est exprimé là, même si cela nous paraît mineur, est le problème à l'instant précis pour la personne qui nous appelle.

Cela peut également se produire dans le cas des appels répétitifs où l'écoutant entend ce qu'il a déjà entendu maintes fois. Même dans ces cas-là, il faut bien se dire qu'à cet instant précis la personne a eu besoin d'appeler pour redire une autre fois ce qui la tracasse et qu'il convient de l'écouter comme si nous l'entendions pour la première fois ou du moins, car cela est bien difficile, que nous l'écoutions avec **autant d'empathie que la première fois.**

Un autre écueil contre lequel il faut se prémunir est celui de *donner des conseils*. Bien souvent à l'énoncé de la situation, nous constatons de manière évidente que l'attitude de l'appelant ne fait qu'augmenter le problème et que la solution est ailleurs ; c'est alors que nous pouvons être tenté de le lui faire comprendre.

Il en est de même pour la *rupture de l'anonymat*. Cette distance est parfois difficile à tenir, soit que l'on s'inquiète de la suite de l'appel dans le cas d'un appel particulièrement désespéré par exemple, soit que peu à peu, il s'établisse un lien entre l'appelant et l'écoutant, lien que l'on souhaiterait consolider. Dans ces deux cas, où d'ailleurs la bonne distance n'a pas été respectée, la rupture d'anonymat est très déstabilisante pour l'appelant tout comme pour l'écoutant — au-delà du fait qu'elle contrevient de manière grave aux principes de l'association. Mais cette rupture d'anonymat fera en sorte que l'écoute deviendra très différente. Ce ne sera plus l'écoute de quelqu'un par une association qui représente en quelque sorte un groupe de personnes prêtes à écouter, mais deviendra petit à petit une écoute plus intimiste ne laissant plus aucune place à l'imagination de l'un et de l'autre et à leur possibilité de représentation. Et, de ce fait, limitera à coup sûr la spontanéité des échanges.

4. Et après ?

4.1. Le départ

Lorsqu'on a été écoutant à S.O.S Amitié, depuis très longtemps ou même depuis un an ou deux, envisager de partir est souvent bien difficile. Que ce soit ou non en raison d'une circonstance extérieure, quitter l'association est souvent vécu comme une rupture douloureuse. Le tableau ci-dessous qui précise l'ancienneté des écoutants nous montre bien que pour certains, c'est vraiment tout un pan de leur vie qui a été vécu à S.O.S Amitié.

Ancienneté	Total	Femmes	Hommes
0-5 ans	48.02 %	46.40 %	51.81 %
6-10 ans	27.10 %	27.57 %	25.98 %
11-15 ans	12.62 %	12.60 %	12.69 %
16-20 ans	5.59 %	6.04 %	4.53 %
21 ou plus	6.45 %	7.20 %	4.68 %

Il est vrai qu'on ne quitte pas facilement l'écoute à S.O.S Amitié. Avec son départ, tout d'abord, on quitte un groupe de personnes avec lesquelles même si des amitiés ne se sont pas scellées, on a partagé des choses très fortes et très profondes et surtout on a partagé une même conviction que la parole reçue dans une écoute bienveillante et empathique qui laisse toute la place à l'autre peut permettre de libérer une étreinte, d'aider à une prise de décisions, de faire avancer un peu sur le chemin de la vie.

4.2. Ce qui change

Tous les écoutants vous le diront : leur passage à S.O.S Amitié les a profondément changés. Il est vrai que la formation initiale ainsi que toutes les formations continues, les partages ou autres, vous font réfléchir sur vous-même, sur votre rapport aux autres et, pour cela, vous changent en profondeur. C'est en effet un bienfait dont il est souvent difficile de faire état comme peut le faire pour nous Francis :

> **"**
>
> *À S.O.S Amitié, on ne sait jamais à cause de l'anonymat si on a apporté à ceux qui nous appellent un peu de réconfort ou une aide quelconque. Par contre, ce que l'on sait, c'est que tous ceux qui nous appellent nous ont apporté énormément par ces contacts brefs mais en profondeur avec des gens qui parlent enfin de ce qui les touche vraiment et pas de choses superficielles. J'en garderai un sentiment de responsabilité envers les autres qui sont tout simplement d'autres moi-même. Cela m'a aussi aidé à être vraiment moi-même.*

De même Louise :

> **"**
>
> *Écouter à S.O.S Amitié m'a appris les différentes vérités, m'a permis dans la vraie vie à mieux accepter les opinions des autres, au risque parfois, de paraître consentante, par mon silence. Cela m'a permis aussi de sonder les limites des appelants. J'ai souvent été admirative de femmes sur qui le sort semblait s'acharner et qui pourtant continuaient de se battre et ne demandaient qu'un peu d'écoute pour retrouver leur élan.*

Il est évident qu'avoir été écoutant à S.O.S Amitié pendant un certain temps change quelqu'un et parfois très profondément. On ne peut plus ensuite ne pas être réceptif à certaines paroles ou à certaines situations même si on ne se retrouve plus en position d'écouter de manière totalement anonyme et non directive.

On ne peut pas ne pas continuer dans sa vie à mettre en pratique tout ce que l'on a expérimenté dans l'association. Si l'on est honnête avec soi-même, on poursuit dans ses rencontres de tous les jours cette **attitude de respect** de l'autre dans le non-jugement, **d'effacement** pour laisser la place à l'autre lorsqu'il a besoin de s'exprimer pour dire ce qui le touche ou le préoccupe vraiment.

Certains anciens écoutants vont même jusqu'à transmettre cette façon d'accueillir l'autre dans les différents cercles qu'ils fréquentent. Cette attitude illustre bien le rôle social dont la charte de S.O.S Amitié fait mention : promouvoir une attitude d'écoute mutuelle au sein de la société.

Nous voyons bien qu'avoir été écoutant à S.O.S Amitié n'est jamais neutre et que cela colore toute votre vie de manière indélébile et de la plus belle des couleurs : celle de la bienveillance.

La formation

Alain Le Corre

Le chapitre 2 dans sa présentation de l'histoire de S.O.S Amitié fait référence à la notion d'écoute centrée sur la personne qui avait été conceptualisée, au milieu du siècle dernier, par un psychologue américain, Carl Rogers. Cette référence reste présente dans l'association, à travers un certain nombre de principes qui constituent le socle même de l'écoute telle que celle-ci en promeut la mise en œuvre.[48]

1. Formation initiale, un mariage entre théorie et pratique

Les candidats à l'écoute sont des adultes qui sont souvent insérés dans une vie professionnelle, ou bien qui, retraités, l'ont été pendant bien des années. Ils « arrivent » donc en formation « avec la totalité de ce qu'ils sont », leur expérience, leur parcours de vie, leurs difficultés, leurs vulnérabilités, leurs richesses, leurs croyances, leurs options politiques, leur vision du monde… Il serait impensable, irréaliste et absurde de croire devoir (et pouvoir) faire table rase de cette complexité vivante et dynamique qu'est un être humain ! Prétendre construire des situations de formation pour ces candidats, c'est nécessairement tenir compte de cet état de fait. C'est aussi miser sur leur intelligence et leur motivation. Après tout, le bénévolat repose sur un préalable : **l'existence du désir.** Pas d'écoute possible sans désir de le faire… Toutefois, le désir, non seulement ne suffit pas, mais il doit être mis au travail pour que le candidat en explore les ressorts.[49]

Cette formation est initiale en ce qu'elle vise à sensibiliser les candidats aux caractéristiques essentielles de l'écoute : respect inconditionnel de la personne qui appelle, centration sur ce qu'elle dit, empathie… Bien entendu, il ne suffit pas de définir ni d'expliquer ces notions pour qu'elles fassent sens. La formation initiale a pour objet de les mettre en acte à travers des

48. Cf. chapitres 1, 4 et 6.

49. Voir les réflexions sur les ambiguïtés, ch 4.7.

exercices très concrets, par exemple des jeux de rôle, qui permettent de faire vivre des situations de relation appelant-écoutant. L'analyse collective qui suit chaque jeu de rôle, sous la supervision du formateur (en général, un psychologue), est l'occasion d'explorer les diverses facettes de ce qu'écouter veut dire.[50]

Surgissent alors des découvertes *(« Je croyais que je savais écouter, mais je m'aperçois que j'ai tendance à donner des conseils. »),* des prises de conscience parfois bousculantes *(« Je crois que je commence à comprendre ma femme quand elle me dit que je ne l'écoute pas, alors que c'est ce que je crois faire »),* des questionnements existentiels *(« Je me demande si ma vie n'est pas en train de prendre du sens… »).*

Peut advenir aussi le plaisir de **se découvrir,** grâce aux autres, sous un autre jour, de commencer à se connaître autrement sous leur regard et leur prise de parole, d'accepter une vulnérabilité qui resurgit à l'occasion d'un mot entendu…

Il va de soi que ce premier temps de la formation ne constitue pas une amorce de thérapie groupale. Il repose sur l'idée que, pour devenir écoutant, un certain travail sur soi est indispensable. Découvrir l'intérêt de ce travail, en accepter les difficultés et les chausse-trappes, mais aussi en recueillir les aspects enrichissants, prépare à ce qui va progressivement permettre à la personne de bonne volonté, pleine du désir d'aider les autres, de s'engager dans l'écoute en étant un minimum armée pour le faire.

L'appel à des psychologues formateurs repose sur ce qui pourrait s'énoncer comme une évidence. Quel champ disciplinaire autre que la psychologie pourrait faire de l'écoute un domaine d'exploration ? Il est incontestable que l'écoute est au cœur de la pratique professionnelle d'un psychologue clinicien et on voit donc en quoi il paraît naturel que la psychologie ait toute sa place dans la formation des écoutants de S.O.S Amitié.

Pour autant, il est admis que cette formation ne relève pas d'une transmission de savoirs. Le formateur ne fait pas de cours de psychologie. Tout au plus peut-il s'autoriser à donner des éclairages qui appartiennent à son domaine, à condition qu'ils offrent une réponse à une question qui se pose dans le groupe, à l'occasion d'un jeu de rôle, par exemple.

Ajoutons que d'autres disciplines pourraient être porteuses de ces éclairages et que bien souvent, dans le cadre de la formation continue organisée par les postes, il est fait appel à des philosophes, des sociologues, des anthropologues…

À cette phase initiale du processus de formation conduite par un professionnel succède une longue période de formation, en situation, par com-

50. Cf. chapitre 4.

pagnonnage. Entendre par là que le stagiaire est amené à assister à des écoutes de compagnons/moniteurs « expérimentés » avant de devenir à son tour écoutant, assisté par un moniteur : d'observateur il devient observé.

Écouter l'autre en train d'écouter, se faire observateur de l'écoute en situation, reprendre après chaque appel, dans un *débriefing,* ce qui a posé question, ce qui a étonné, ce qui déconcerte… tout cela fait partie intégrante du processus de formation. Dans cet échange horizontal entre écoutant et futur écoutant, pas de hiérarchie, pas de point de vue dominant, pas de détenteur d'un savoir surplombant, mais une mise en commun au plus près des ressentis de chacun, que ceux-ci soient ou non partagés.

L'idée de compagnonnage comporte d'ailleurs une limite puisqu'il n'existe pas de modèle de ce que serait une écoute réussie, le stagiaire n'est pas l'observateur des bons « gestes », des bonnes manières de procéder. Il n'y a pas de référentiel de l'écoute, pas de méthodologie élaborée qu'il suffirait d'appliquer correctement pour devenir un écoutant acceptable… Néanmoins, le Livre blanc de la formation[51] constitue bien un ensemble cohérent qui énonce de manière précise les points auxquels S.O.S Amitié invite les psychologues à se référer pour construire leur formation. Si la pratique de l'écoute ne se modélise pas, elle est, malgré tout et heureusement, justiciable de pratiques repérables et descriptibles. Ainsi en est-il de ces quelques comportements à intérioriser, c'est-à-dire à apprendre, à mettre en acte, à conscientiser progressivement pour qu'ils deviennent des modalités d'écoute spontanément mises en œuvre sans qu'il soit nécessaire d'en passer par ce qui s'apparenterait à l'application d'une méthodologie.

Comme une grande part de la formation renvoie davantage aux « savoir-être » qu'aux « savoir-faire », donnons quelques exemples de ces attitudes qu'un écoutant doit s'entraîner à adopter.

Se mettre en retrait, accepter de ne pas occuper le devant de la scène…

Se sentir très modeste, très humble, ne chercher à jouer ni les psys ni les directeurs de conscience. À une époque où les « coaches de vie » développent leurs offres de service *via* Internet, résister à l'illusion du tout savoir et de la toute-puissance…

Se refuser à flatter l'appelant pour se faire aimer de lui et refuser, réciproquement, de prendre ses flatteries pour argent comptant…

Accepter de ne pas tout comprendre de ce que dit l'appelant et résister à l'envie de poser beaucoup de questions qui peuvent être perçues comme inquisitrices…

51. Cf. chapitre 2.

Accepter que l'appelant soit aux antipodes de ce qu'on est soi-même, dans ce qu'il présente des aspects de sa vie, de ses opinions, de ses idéaux…

Accueillir de manière inconditionnelle les paroles entendues, sans jugement, sans idées préconçues…

Recevoir parfois des flopées d'insultes sans en être déstabilisé…

Ces exemples d'attitude ne sauraient caractériser des attitudes exemplaires ! Le stagiaire n'est pas invité à devenir un être d'exception, pas plus que ne l'est son compagnon-moniteur. Rien n'est jamais définitivement acquis, aucune attitude juste, si intériorisée soit-elle, ne prémunit contre les à-peu-près, les flottements, les dérives. Tout appel est une irruption de l'incertitude, un saut dans l'inconnu et la formation des stagiaires a pour seule ambition de préparer ces derniers à devenir des « écoutants acceptables » pour paraphraser le titre d'un ouvrage du psychanalyste Bruno Bettelheim, *« Pour être des parents acceptables »*. Elle les sensibilise aussi à ce qui va devenir pour eux un aspect essentiel de leur formation continue : la *participation assidue à des groupes de parole*.

À travers ces quelques exemples d'attitudes à intérioriser apparaît en filigrane la dimension proprement éthique de l'écoute. L'engagement dans une association telle que S.O.S Amitié passe par une réflexion à la fois personnelle et collective sur **le sens :** que veut dire prétendre pouvoir aider autrui par le seul moyen d'une écoute anonyme ? N'est-ce pas là une ambition démesurée et illusoire ? Qu'est-ce que garder l'anonymat ? À quoi ça sert ? Comment se positionner de manière juste pour éviter d'être dans le conseil et, peut-être, dans l'emprise ? Qu'en est-il de la confidentialité des appels ? Questions essentielles, parmi bien d'autres, qui ne peuvent recevoir de réponse univoque et définitive, du moins sous une forme uniquement prescriptive, mais qui peuvent commencer à être posées, travaillées, élaborées en formation initiale, comme une invitation à l'auto-vigilance.

2. Formation continue : la fonction des groupes de partage et la double-écoute

Les groupes de parole et de supervision appelés groupes de partage à S.O.S Amitié ont une origine et une histoire.

Citons, pour présenter cette origine, la description qu'en fait la Société médicale Balint France sur la page d'accueil de son site Internet :

> *« Les groupes Balint/Une formation à la relation de soin.*
>
> *Dès les années 1945, Michael Balint, médecin psychiatre et psychanalyste anglais d'origine hongroise, persuadé que les relations entre médecins et malades ne pouvaient être enseignées en cours magistraux, proposa une*

formation de groupe. Il s'agissait, à partir d'un cas de patient rapporté par un médecin, de reconnaître les difficultés relationnelles, afin, d'une part, d'améliorer les soins aux malades et, d'autre part, de clarifier le travail des médecins (étude de cas ou "case-work").

Les deux grandes idées enseignées par Balint étaient :

– l'expérience de chaque soignant peut profiter aux autres ;

– la seule façon de transmettre une expérience est de donner la parole et que les autres écoutent. »

Cette présentation énonce, en ce qui concerne la pratique médicale, ce qu'est la fonction des groupes de partage pour les écoutants de S.O.S Amitié : permettre de clarifier l'écoute par la mise en commun de situations vécues par les uns et les autres. Cette mise en commun est « supervisée » par un psychologue dont le rôle est de garantir le respect du cadre et le bon déroulement des échanges. La matière même du travail ne doit pas être la reprise par les écoutants des appels entendus, mais la mise en mots, aussi fine et précise que possible, de ce qu'ils ont pu ressentir, éprouver, au cours de l'appel évoqué. Ce travail d'accouchement de la parole est souvent complexe et difficile parce qu'il exige d'être au plus près de ce qui s'est passé au plus profond de soi. Mais le groupe de pairs et le psychologue en accompagnent l'émergence dans un climat de confiance, de non-jugement, de bienveillance inconditionnelle, à l'image de ce que doit être cette bienveillance de l'écoutant à l'égard de l'appelant. Dans une certaine mesure, le groupe de partage permet à chacun de faire l'expérience de ce qui se joue dans la relation d'écoute : être écouté au sujet d'une écoute passée et rapportée dans un collectif.

D'une autre nature, mais avec la même finalité, ce que S.O.S Amitié appelle la *double-écoute* entre pairs, constitue un autre aspect de la formation continue. Le dispositif est le même que celui qui est mis en œuvre avec les stagiaires en formation initiale. Il s'agit d'être écouté en train d'écouter, avec inversion des rôles, en alternance et bien sûr, analyse en duo de ce qui s'est passé, après chaque appel.

Cette expérience particulière s'avère d'une très grande richesse tant elle offre à chaque écoutant l'opportunité de réfléchir intensément sur sa pratique avec l'aide de son pair. Elle permet notamment de travailler finement le détail de cette pratique dans ses multiples dimensions : les silences, les sons peu articulés, les mots renvoyés à l'appelant, les questions et reformulations, bref toute l'alchimie de la relation en train de se déployer. Elle permet aussi de faire l'expérience concrète de la diversité des écoutes corrélée à la diversité des écoutants. Il n'y a pas une façon unique d'écouter, même si bien sûr, le respect des principes fondateurs énoncés dans la Charte constitue nécessairement le point commun de tous les écoutants. Elle permet encore d'interroger à deux et sans jugement, ces principes essentiels et le cadre dans lequel ils s'inscrivent.

Et puisqu'un cadre délimite un dedans et un dehors, cet entretien entre pairs facilite certaines prises de conscience :

> *« Tu as dit ça à l'appelant… jamais je ne me le serais permis, on ne doit pas donner de conseil…*
>
> *– Pas du tout! Ce n'était pas un conseil, je lui ai simplement ouvert une piste de réflexion pour l'aider à trouver une porte de sortie… »*

Ce petit bout d'échanges imaginaires vise à montrer que l'essentiel du travail qui s'opère au cours du *débriefing* ne porte pas sur « qui a tort, qui a raison ». Il illustre le fait que ce qui est formateur, c'est le dialogue en lui-même, porté par la recherche et la réflexion communes dont chacun va tirer profit dans sa manière d'être à l'écoute.

3. Ce que parler veut dire : les mots sur les maux

Pour prolonger les réflexions du chapitre 4 sur « ce qu'écouter veut dire » et préciser ce qu'il en est de la parole de l'écoutant, développons cette ponctuation grosse de sens de l'écoute qu'on nomme *reformulation*. Celle-ci n'est pas la simple répétition de ce que dit l'appelant. Elle propose une mise en mots, par l'écoutant, de ce qu'il pense avoir entendu et compris. Il s'agit là d'un point capital car, ce faisant, l'écoutant n'est plus passif, il s'engage et, dans une certaine mesure, il engage toute l'association. En proposant des mots sur les maux, il tente **d'ouvrir sur du sens,** un sens que l'appelant n'avait peut-être pas perçu. Par l'écart qu'il donne à entendre entre ce qui a été dit par l'appelant et ce qu'il s'autorise à lui renvoyer, il fait le pari que son interlocuteur va découvrir sur lui-même quelque chose qu'il ne savait pas, bien que ce quelque chose se soit pourtant trouvé dans ses propres paroles, mais en quelque sorte caché, recouvert, brouillé ou encore peu signifiant.

Le poids des mots se manifeste aussi dans les questions posées par l'écoutant, lesquelles ne doivent pas apparaître comme inquisitrices. D'où la nécessité d'en faire un usage discret, strictement limité à l'intention, non pas d'en savoir davantage, mais d'aider l'appelant à clarifier pour lui-même les idées qui sont parfois en deçà d'une formulation possible (« C'est trop compliqué, j'arrive pas à dire ce qui m'angoisse… »). Moment de confrontation à l'éthique en acte, car il ne s'agit surtout pas, pour l'écoutant, dans un repli narcissique, de satisfaire sa curiosité, de « se rincer l'oreille » comme on « se rince l'œil » mais d'avoir hautement conscience que les mots qu'il emploie peuvent aller jusqu'à résonner comme des verdicts.

De plus, la parole de l'écoutant est simultanément une parole singulière et une parole « groupale ». Adossée à l'institution S.O.S Amitié, elle produit du sens en rapport avec un imaginaire qui se forge à travers la pratique de l'écoute et les échanges des groupes de partage. Ce n'est pas un hasard si de nombreux écoutants disent être « transformés » dans leur vie personnelle, leurs relations familiales, leurs relations professionnelles, par cette pratique de l'écoute téléphonique qui, d'une certaine manière, les amène à voir différemment la vie et le monde. Et c'est la conscience aiguë de ce chemin intérieur effectué pour eux-mêmes et avec l'aide des autres qui débouche aussi sur une autre prise de conscience : les mots qu'ils sont amenés à prononcer au cours d'un appel peuvent peser d'un poids d'autant plus important qu'ils se font rares. Que, par rapport à des appelants en grande souffrance, ils ne doivent ni donner de conseils, ni prononcer quoi que ce soit qui pourrait apparaître comme un semblant de diagnostic, tous en sont très vite convaincus en rejoignant l'association, mais que leur parole, si apparemment anodine soit-elle, puisse éventuellement retentir comme un verdict auprès d'appelants dans le désarroi, cela exige, au-delà de la prise de conscience, un entraînement mental qui ne va pas de soi. Dès lors qu'ils ont pour mission de rompre avec cet univers de bruit où tout le monde parle de tout sans s'écouter, il leur faut ressentir au plus profond d'eux-mêmes l'impérieuse nécessité de faire place à l'appelant (toute la place !) en n'intervenant qu'avec la conscience d'une responsabilité majeure : comment dire la moindre parole à l'appelant sans en faire une posture de domination.

Écouter par écrit, est-ce possible ?

Jean-Pierre Igot

1. Une interpellation fortuite

Tout a commencé par un message reçu en septembre 1999 dans une boîte aux lettres *infos@sos-amitie.com* qui avait été rajoutée sur la page d'accueil du site Internet de S.O.S Amitié France. Un site jusqu'alors purement informatif, sans aucune interactivité possible pour les visiteurs.

Cette adresse était destinée à accueillir des demandes de renseignement ou des candidatures de bénévoles.

Bientôt sont arrivés des messages comme celui-ci :

> « *Bonjour,*
>
> *Je vous envoie ce mail car je ne sais définitivement plus vers qui ou peut-être quoi me tourner. Voici mon histoire* [...]
>
> *Auriez-vous un conseil, quelque chose ?*
>
> *Merci pour votre réponse*

Le webmestre s'est alors empressé de répondre :

> « *Bonjour,*
>
> *Nous sommes désolés de ne pouvoir répondre à votre demande dans le cadre de cette messagerie. S.O.S Amitié propose une écoute anonyme au téléphone 24h/24. Pour échanger avec un bénévole écoutant, vous trouvez la carte de France de nos Postes d'écoute en cliquant sur le lien suivant :*
>
> *www.sos-amitie.com/carte*
>
> *Amicalement*
>
> *S.O.S Amitié*

Quand certains interlocuteurs ont alors répondu qu'ils ne pourraient pas dire au téléphone tout ce qu'ils avaient envie d'exprimer, quelques bénévoles se sont interrogés : ne fallait-il pas répondre à cette nouvelle forme de demande d'aide de personnes en détresse ?

Nous sommes au début des années 2000. L'Internet est loin d'être familier des bénévoles, dont beaucoup n'ont pas d'ordinateur et ignorent encore l'usage de la messagerie électronique.

Proposer de répondre à de telles demandes d'aide allait remettre en cause tout le socle sur lequel repose le service d'aide proposé par S.O.S Amitié : le téléphone qui, depuis plus quarante ans à l'époque, permet aux personnes en grande souffrance de parler à un bénévole de manière anonyme, confidentielle et sans crainte d'être jugé. Au-delà de ce qui s'y dit, il y a toute cette émotion qui est perçue dans la voix, en direct. Le débit de la parole, le ton que l'on peut donner de part et d'autre, les silences souvent tellement riches…

Et puis, la messagerie, c'est de l'écrit ! Et ce qui est écrit laisse des traces, tant au niveau de la demande exprimée que de la réponse apportée !

Enfin, les échanges peuvent être imprimés, circuler dans et hors du Poste. Qu'en est-il alors de la confidentialité et du secret dont nous nous prévalons ?

Plein de questions soulevées, qui vont faire débat.

2. S'y risquer !

Quelques écoutants des Postes de Strasbourg et de Paris se portent alors volontaires pour s'essayer à répondre en tentant de transposer à l'écrit les caractéristiques de l'écoute pratiquée au téléphone.

Un écoutant parisien, informaticien, propose de créer un logiciel spécifique permettant de rendre anonymes les échanges par la messagerie.

Une adresse de messagerie *appel@sos-amitie.com* serait proposée sur le site internet fédéral. L'adresse électronique de l'expéditeur serait automatiquement remplacée par un numéro d'identification permettant de retourner automatiquement à ce dernier, et sans qu'il puisse être identifié par quiconque, la réponse rédigée par l'écoutant.

Une réponse qui pourra éventuellement donner lieu à un nouveau message de l'expéditeur initial. Auquel cas, la succession des messages et de leur réponse s'affichera en aval du dernier message reçu.

Le Conseil d'administration fédéral est interpellé sur ces propositions. Un vif débat s'instaure entre les uns et les autres.

Certains pensent que S.O.S Amitié propose une aide qui ne peut se transposer en dehors de l'échange téléphonique et que l'aide par les outils de l'Internet doit être proposée par une structure nouvelle, extérieure à S.O.S Amitié, sauf à y perdre son âme et devoir remettre en cause ce savoir-faire patiemment construit tout au long de son histoire.

Les plus extrêmes craignent même que l'Internet se développe au détriment du téléphone et que les candidats à l'écoute soient bientôt plus attirés par ce média moderne.

Peut-on d'ailleurs parler d'écoute, d'appelants et d'écoutants, puisqu'il n'y a plus de voix ?

D'autres estiment au contraire que S.O.S Amitié doit accompagner l'évolution de la société et des moyens de communication, bousculée en effet par l'émergence de l'Internet.

Ils avancent par ailleurs que seront ainsi touchés des publics nouveaux, familiers de ces outils, notamment les jeunes et très jeunes générations qui ne font que peu appel à S.O.S Amitié.

Ils craignent qu'à se cramponner à l'existant, S.O.S Amitié manque un virage important et apparaisse bientôt comme une structure ringarde.

3. Un dispositif expérimental

Pour finir, il est décidé d'autoriser une expérimentation de cette aide en faisant appel à des écoutants au téléphone volontaires, déjà expérimentés et maîtrisant donc bien les caractéristiques si particulières de la manière d'écouter propre à S.O.S Amitié.

Cette expérimentation sera dotée d'un comité de pilotage qui prendra en charge le fonctionnement du dispositif, l'encadrement des écoutants et leur formation complémentaire aux spécificités de l'écrit.

Une instance d'évaluation indépendante observera cette expérimentation et s'assurera surtout de la conformité de l'aide proposée aux fondamentaux de l'écoute. Elle rendra ses conclusions à **l'Assemblée générale fédérale qui décidera alors des suites à donner.**

Pour ce faire, elle aura accès aux messages et aux réponses faites par les écoutants internautes, qui en acceptent le principe.

Cet accès aux échanges sera également accordé au comité de pilotage afin d'alimenter un important travail de réflexion et d'élaboration en vue de transposer à l'écrit les caractéristiques de l'écoute au téléphone.

Des sessions de formation continue, s'appuyant sur des exemples — positifs ou négatifs — d'échanges entre appelants et écoutants permettront de constituer peu à peu un corpus de règles pour la rédaction des réponses.

En effet, il n'y a plus ici d'échanges en direct, et donc interactifs, puisque la réponse se fait en différé. On est plutôt dans un échange de lettres entre la personne qui demande de l'aide et son interlocuteur qui, d'ailleurs, va varier au fil des échanges.

Ce procédé aura un effet secondaire imprévu : l'écoutant en charge de répondre au dernier message reçu pourra voir ce que ses collègues ont répondu précédemment. Ce qui ne manquera pas de susciter maints débats entre les bénévoles !

La relation duelle instaurée entre l'écoutant et l'appelant va ainsi se trouver bousculée au profit d'une relation plus collective entre l'appelant et l'ensemble des écoutants de S.O.S Amitié.

4. Comment répondre ?

Les volontaires prennent à cœur ce challenge. En règle générale, au moins au début, ils se mettent à deux pour répondre. On découvre l'importance du choix des mots pour tenter d'exprimer le ressenti à la lecture et pour reformuler aussi fidèlement que possible ce qu'écrit l'appelant.

La difficulté majeure réside dans l'irréversibilité du retour fait à l'appelant. Appuyer sur la touche *Enter* qui déclenche l'envoi de la réponse est toujours un bref moment de doute : comment sera perçue cette réponse ? Les mots choisis seront-ils bien compris comme on l'avait pensé ? Quelle conséquence ? Qu'en fera l'appelant, dont on n'a pas la moindre idée de la réaction ? D'autant que du temps aura passé lorsque cette réponse lui arrivera.

Une véritable frustration pour les écoutants, avec parfois la sensation d'avoir peut-être tapé à côté ou mal compris ce que voulait exprimer, parfois maladroitement, la personne qui, en outre, sollicitait un conseil !

4.1. La tentation du conseil

L'absence de conseil, justement, paraît souvent difficile à assumer. Plus qu'au téléphone ! Il semble cruellement faire défaut dans les réponses où il était particulièrement sollicité.

Face à un message se terminant par « aidez-moi ! » ou « que dois-je faire ? », l'écoutant est tenté, plus encore qu'au téléphone, de donner des conseils, voire des solutions. Il s'y sent d'autant plus poussé qu'il n'a pas sur le champ la possibilité d'interagir avec l'appelant et que sa réponse risque de clore l'échange (c'est le cas dans la moitié des échanges). Une des stratégies peu à peu adoptée est alors de pratiquer un questionnement ouvert qui apparaît comme une manière de proposer de poursuivre et d'approfondir le problème :

> *« … Toutes ces questions, non pas pour que vous nous répondiez, mais plutôt pour vous renvoyer des pistes de réflexion personnelles puisque vous seule allez pouvoir résoudre ce problème.*
>
> *Il me semble que votre lucidité à voir les choses bien en face pourra vous y aider. »*

4.2. Entendre la personne derrière son écrit

Il faut aussi faire face à l'absence de la voix. Est-ce un homme, une femme ? Quel âge ? Dans quel contexte émotif s'exprime la demande ? La nécessité s'impose peu à peu de consacrer d'entrée quelques lignes au ressenti de l'écoutant face à ce qui lui est soumis et ce qu'il croit deviner de l'état émotionnel de la personne qui s'adresse à lui.

> *« Je suis touché par votre douleur et votre impuissance face à… », « Je suis sensible à la confiance que vous nous témoignez… », « Il est touchant de lire à quel point votre vie est insipide. »*

Exprimer son propre ressenti permet ensuite à l'écoutant de tenter de mettre des mots sur le vécu de l'appelant, par-delà les faits décrits :

> *« Je comprends combien cette rupture brutale vous a déstabilisée », « J'ai eu l'impression en vous lisant d'assister à la lente « descente en enfer » qu'est une dépression… », « Au fil des différents messages, nous entendons votre dilemme… »*

Beaucoup d'appelants racontent ce qui leur arrive et donnent éventuellement des indications matérielles (âge, sexe, région…). Ils s'expriment cependant assez peu sur eux-mêmes et l'écoutant dispose alors de peu de chose pour reconstituer le contexte psychologique en jeu. La relative pauvreté du média utilisé n'y aide guère.

Comment alors tenter d'aller chercher la personne derrière ce peu de mots écrits ?

> *« L'image que vous avez de vous-même est malade, blessée par le deuil de votre couple qui vous consomme davantage d'énergie et de temps que prévu, sans doute aussi par la solitude qui, en ces temps de vacances, fait que nos repères habituels s'éloignent et s'estompent. »*

« … Vous écrivez "je suis quelqu'un qui pourtant aime la vie et j'ai envie de m'en sortir"… »

« Nous percevons que vous broyez du noir même si vous vous défendez d'être suicidaire. Votre tempérament de « battante » vous pousse à sortir de cette période difficile. »

Quitte parfois à susciter une poursuite de l'échange pour permettre d'approfondir :

« On ressent en tout cas, en vous lisant, d'énormes forces de vie que vous aimeriez mieux maîtriser, mais qui sont votre premier atout pour aller de l'avant. Si vous le souhaitez, n'hésitez pas à poursuivre et approfondir cet échange avec nous. »

A contrario, la nouvelle distance que permet le média amène beaucoup d'appelants à s'exprimer sans ambages, de façon souvent très abrupte sur ce qui les travaille. La tentation suicidaire et parfois le passage à l'acte sont bien plus évoqués qu'au téléphone.

“

De : appel@S.O.S-amitie.com

Date : 29 juin xxxx 09:10:08 GMT + 02:00

À : S.O.Sa3@S.O.S-amitie. com

Objet : Rép : (sans sujet)

--- > S.O.S-AMITIE S.O.SaMailKey 856987 NUMERO 9839 V1.1 <---

Bonjour.

Nous sommes touchés par la sincérité de votre appel et par la profondeur de votre chagrin et nous comprenons combien cela est douloureux pour vous.

Mais vous semblez (…)

Gardez confiance en vous-même.

En toute amitié.

S.O.S Amitié

****

Si vous souhaitez poursuivre cet échange, vous pouvez utiliser le bouton répondre à… avec l'option inclure les messages précédents dans la réponse.

****

S.O.S Amitié propose également une écoute anonyme au téléphone 24h/24

www.S.O.S-amitie.com/S.O.Scarte_frame.html

****

Original Message -----

Sent : Monday, June 27, xxxx 11:30

Subject : (sans sujet) >

J'en ai marre, voyez par vous-même à quel point j'en suis…

(…)

J'ai vraiment l'impression d'avoir besoin de qqn pour me soutenir, m'aider à passer cette %^#! de période ms ne connait personne qui pourrait me comprendre… Me dites pas que je devrais en parler à mon « entourage »

Je ne le ferais pas !

Des groupes de partage spécifiques entre « écoutants-internautes » sont constitués. En plus d'y déposer comme pour le téléphone leurs difficultés à faire face aux problèmes évoqués s'ajoutent des questionnements sur la manière de s'exprimer par écrit en retour. Bien souvent, les messages et leur réponse sont lus et commentés en groupe, avec l'aide du modérateur, qui aura bien voulu se prêter à ces analyses de texte.

Dans la plupart des réponses aux messages, on peut en définitive relever quatre parties plus ou moins nettes :

– accueil, expression d'un ressenti de l'écoutant à la lecture du message ;

– reformulation de ce qui a été lu ;

– questionnements, pistes (voire conseils) ;

– encouragements, ouverture éventuelle à une poursuite de l'échange.

5. Qui fait appel à ce nouveau dispositif ?

Resté expérimental, le nouveau service ne fait pas l'objet d'une publicité importante, en dehors des cinq à six Postes où se trouvent, dans un premier temps, les écoutants volontaires. Du côté des personnes susceptibles d'appeler S.O.S Amitié, les nouvelles technologies ne sont pas non plus très connues.

Il n'y a donc pas un afflux massif de messages. Une dizaine par jour, nombre qui croît lentement, ce qui facilite très progressivement l'élaboration d'un corpus de réponses et une méthodologie plus particulièrement adaptée à ce média.

Par contre, le champ des appelants prend très vite une dimension nationale et même internationale, Internet oblige.

Ainsi, ce message d'une appelante qui dit vivre en Martinique, être expatriée pour le travail, et en proie à un mal-être lié à son isolement loin des siens. Un message qu'elle dit envoyer comme on lancerait une bouteille à la mer.

Un appel reçu avec beaucoup d'émotion par l'équipe d'écoutants chargée de lui répondre.

Les références culturelles régionales communes entre appelants et écoutants d'un même Poste n'existent donc plus. Pas plus que la connaissance des services sociaux qui environnent la personne qui demande de l'aide.

Il faut se situer à l'échelle du monde et tenir compte des différences de tous ordres sous-jacentes à la demande.

Dans un premier temps, les « habitués », ces personnes qui appellent assez régulièrement au téléphone n'existent plus et avec eux disparaît cette proximité et les liens non explicites, mais réels, qui se tissent au téléphone entre appelants et écoutants d'un même Poste.

Écrire son mal-être dans un message de dix lignes à une page constitue une démarche singulière qui n'est pas familière à beaucoup.

A contrario, ceux qui l'entreprennent concluent souvent leur message en disant que, déjà, la rédaction du message les a amenés à creuser leur problème et à y voir plus clair en le formulant par écrit, avant même de recevoir un quelconque retour de leur interlocuteur.

Très vite, on s'aperçoit que l'échange *via* un clavier et un écran crée une distance plus grande qu'au téléphone. Ce qui permet à certains de s'exprimer sans appréhender la réaction de l'écoutant. Ceux-là précisent souvent qu'ils ne pourraient pas le faire au téléphone.

On voit alors émerger une nouvelle catégorie de personnes en difficulté, moins à l'aise dans les relations sociales, voire entièrement marginalisées et déconnectées de la vie active, qui trouvent là un moyen d'exprimer, parfois crûment, ce qui les travaille.

5.1. La tentation suicidaire

Plus souvent qu'au téléphone s'exprime alors, dans ce qui s'apparente à de véritables lettres, la tentation suicidaire ou même l'annonce d'un passage à l'acte. La personne qui appelle se sent plus libre de le faire *via* ce média dans lequel son interlocuteur lui semble plus distant. Elle en exprime alors posément les raisons, parfois même le mode opératoire qu'elle a prévu.

> *« Je pense que je n'ai maintenant aucune raison pour vivre. »*

> *« Je n'ai personne à qui parler et je n'ai plus goût à la vie. »*

> *« Au secours, ma vie ne tient plus qu'à un fil. »*

Réalité ou scénario pour attirer l'attention ? Plus encore qu'au téléphone, il est difficile pour l'écoutant de s'en faire une idée et y répondre devient particulièrement stressant.

L'appelant, lui, sait cependant que cette réponse lui arrivera dans les quarante-huit heures. Il va avoir la possibilité de l'attendre. Il apparaît en effet que la notion d'« urgence » semble, encore plus qu'au téléphone à S.O.S Amitié, déconnectée du temps proprement dit et concerne plutôt une « situation d'urgence » se référant à l'importance ou à la gravité du problème vécu.

5.2. De nouveaux publics

Les hommes des tranches d'âge actives sont les premiers à utiliser ce moyen découvert tandis qu'ils se familiarisaient avec l'Internet. Majoritaires un temps dans les statistiques concernant ce type d'appels, ils ont été progressivement rattrapés par les femmes, qui restent probablement plus à l'aise qu'eux dans l'expression de leurs difficultés.

Les jeunes, plus familiers de ces outils, viennent y rechercher aide et conseil dans leurs démêlés d'ordre affectif, tant les relations amoureuses deviennent compliquées en cette époque qui cherche à s'affranchir des conditionnements sociaux d'antan. Ils y évoquent aussi fréquemment les relations avec leur famille, les pertes et ruptures (décès des grands-parents, changements de copains liés aux changements de cursus scolaire), leurs difficultés de relations avec les pairs et plus généralement leurs difficultés à se projeter dans un monde hostile et compétitif.

Les jeunes appelants savent qu'ils ont affaire à des interlocuteurs plus âgés et ils ont parfois envie de les substituer à leurs parents dont ils se sentent incompris.

Peut-on alors se limiter à une simple reformulation en faisant confiance en la capacité du jeune à résoudre ses problèmes dans un domaine qu'il est encore loin de comprendre et de maîtriser ?

D'une manière générale, les problèmes évoqués *via* ce nouveau média recoupent très largement ce qui se dit au téléphone.

Le paradigme de S.O.S Amitié d'une écoute amicale par un pair, consolidé au fil des décennies passées, est confirmé avec l'irruption de ce nouveau moyen d'échange et la population nouvelle qui l'accompagne.

Il devient de plus en plus évident pour les expérimentateurs que cette écoute d'un nouveau type peut et doit être proposée par S.O.S Amitié.

Dans les Postes qui hébergent ces écoutants – internautes, cette activité intrigue les autres écoutants. La consigne a été donnée de laisser ouverte à ces derniers la porte du local où se trouve l'ordinateur.

Certains y glissent un œil intéressé, d'autres veulent ignorer cette pratique qui interpelle la leur.

Parfois même la cohabitation au sein du Poste est contestée.

D'autant que les expérimentateurs s'enthousiasment des défis à relever, prétendent même que cette nouvelle manière d'écouter rejaillit sur celle qu'ils ont au téléphone qu'ils vont donc vouloir remettre en chantier.

Les concepts de base : reformulation, non-directivité, attention positive prennent par écrit, disent-ils, une autre forme qui leur permet de revisiter avec un certain recul ces mêmes concepts dans l'écoute au téléphone.

Émerge parfois, ici ou là, le risque d'être perçus par les autres comme une catégorie de « super-écoutants ».

Les directeurs de Poste doivent alors gérer des tensions entre les deux groupes d'écoutants. Lorsqu'ils ne sont pas eux-mêmes expérimentateurs, ils ont le sentiment de ne pas être toujours en mesure de remplir leur mission principale qui est de s'assurer de la qualité de l'écoute au sein du Poste.

6. L'évaluation du dispositif expérimental

L'instance d'évaluation qui a attentivement suivi l'expérimentation est alors appelée à rendre ses conclusions.

Dans un rapport très étoffé et soigneusement documenté, elle va estimer que S.O.S Amitié propose là, bel et bien, une « écoute » et un accompagnement de la personne tels qu'ils sont pensés et proposés depuis de nombreuses années au téléphone.

Le média, à l'évidence, permet une nouvelle forme de relation humaine.

Cette relation est-elle de nature à s'inscrire dans l'action de S.O.S Amitié ?

Oui, affirme-t-elle !

Cependant, trop de réponses lui paraissent encore prendre des libertés avec la Charte :

> *« Si S.O.S Amitié veut maintenir la qualité du service et continuer à inspirer confiance au public et aux pouvoirs publics qui la subventionnent, elle se doit de mettre en place des procédures rigoureuses au niveau du recrutement, de la formation des écoutants-internautes ainsi que de l'évaluation de l'écoute.*

Au terme d'un recrutement et d'une formation de qualité, l'écoutant-internaute devrait être capable, outre les traditionnelles aptitudes requises à S.O.S Amitié :

– de savoir prendre en compte les aspects culturels les plus variés (francophonie) ;

– de savoir analyser un texte ;

– de comprendre les codes, le jargon Internet qui a un sens précis pour les initiés ;

– de savoir rédiger, s'exprimer par écrit ;

– de posséder une orthographe "suffisamment correcte".

Enfin, une exigence de formation permanente est à inscrire, dès le début, dans les règles de fonctionnement. Cela impose qu'une formation continue et une analyse de pratiques soient mises en œuvre.

Ces deux pratiques permettraient l'analyse et la remise en cause « internes ».

Il apparaît enfin tout aussi nécessaire que la procédure d'évaluation de la qualité par des personnes extérieures à l'expérimentation soit renouvelée afin de suivre les débuts de l'expérience à grande échelle, si elle devait se faire. »

Voici comme elle résume ses conclusions :

Si l'on devait résumer en quelques phrases ce qui ressort de cette évaluation :

1. après un sentiment d'interrogation, de doute, voire de scepticisme quant à l'utilité d'un service Internet, par la Commission d'évaluation, sentiment d'une réelle utilité, d'une réponse à un réel besoin ;
2. grande complémentarité entre le téléphone et le courrier électronique, avec élargissement du créneau à une tranche d'âge peu touchée par l'offre téléphonique ; possibilité accrue de prévention vis-à-vis des démarches suicidaires ;
3. faisabilité éthique vérifiée et place éthique à prendre à condition d'opérer quelques ajustements et de procéder à une formation adéquate ; élargissement et bonification de l'image et de la notoriété de S.O.S Amitié ;
4. possibilité d'une réelle évaluation de l'ensemble du service proposé (téléphone et courrier électronique) : mise en lumière de manière précise, parfois même cruelle, des besoins en formation, ce qui représente une chance inespérée pour l'ensemble du service offert par S.O.S Amitié.

Et elle ajoute :

> *...Les « écoutants internautes » ont eu la simplicité et le courage de donner à voir tout ce qu'ils ont fait : qu'il leur soit rendu hommage ! Ils ont donné là un exemple extraordinaire de « remise en question ». Sans cela, aucune évaluation sérieuse n'aurait pu être menée. Si S.O.S Amitié détient, à l'évidence, l'occasion de faire de la communication et d'accroître sa notoriété grâce à la mise en place de ce nouveau dispositif d'écoute, S.O.S Amitié pourrait aussi saisir l'opportunité inespérée de cette évaluation pour se livrer, avec autant de rigueur, à l'évaluation de la qualité de l'écoute téléphonique... Elle en sortirait grandie !*

7. La pérennisation du dispositif

Lors de l'Assemblée générale fédérale tenue à Lille le 6 mai 2005, les membres sont invités à voter pour l'une des options suivantes :

1. Arrêt de l'écoute par l'Internet. S.O.S Amitié considère que cette pratique, qui fait passer de la parole à l'écrit, ne peut être de son ressort.

2. Arrêt de l'écoute par l'Internet. Même si ce type d'écoute peut être de son ressort, S.O.S Amitié choisit de ne pas éparpiller ses forces et ses compétences, tenant compte des difficultés de recrutement et de la demande en progression constante de l'écoute par le téléphone.

3. Poursuite de l'écoute par l'Internet, en l'état. L'expérimentation sur une période suffisamment longue ayant montré la viabilité du dispositif et ce, dans la mesure où ces nouveaux appels restent dans des volumes comparables aux volumes actuels.

4. Poursuite de l'écoute par l'internet dans le cadre d'un nouveau Poste. Ce 50e Poste serait dédié à cette écoute et son champ d'action ne serait pas localisé géographiquement, mais aurait les mêmes prérogatives et organes de fonctionnement qu'un Poste d'écoute « Téléphone ». Il s'appuierait sur les écoutants au téléphone volontaires, recrutés par appel à candidatures dans l'ensemble des Postes.

C'est cette dernière option qui sera votée à la quasi-unanimité. Elle permet de pérenniser le dispositif sans que ni les Postes existants ni la structure fédérale n'aient à prendre directement en charge la mise en œuvre du nouveau dispositif.

S.O.S Amitié s'engage résolument dans la pérennisation de cette forme d'écoute. Un groupe de travail est chargé de revoir en conséquence la Charte de S.O.S Amitié, laquelle fait explicitement référence au téléphone comme moyen d'écouter la personne en difficulté.

Un autre groupe de travail est chargé de bâtir ce nouveau Poste, d'en élaborer les statuts et de faire élire ses responsables (conseil d'administration, directeur, responsables de formation, de communication etc.). Le directeur de ce Poste sera le garant de la qualité de l'écoute assurée par les écoutants – internautes, qui continueront à relever de leur Poste d'origine pour l'écoute qu'ils assurent au téléphone.

Son siège social sera, dans un premier temps, fixé à Lyon afin de le distinguer clairement des organes fédéraux basés à Paris, mais aussi de le placer au même niveau que les 49 autres Postes.

8. Chat-Accueil

C'est le nom que Télé-Accueil Bruxelles a donné à un service créé début 2005 pour la Belgique francophone, en vue d'élargir à l'Internet l'écoute du mal-être pratiquée au téléphone selon des fondamentaux très voisins de ceux de S.O.S Amitié.

Un logiciel spécialement conçu à cet effet permet des échanges par Chat individuel entre un écoutant et un appelant, entièrement anonymes et sécurisés.

Ce type d'écoute offre l'avantage d'une interactivité comparable à celle du téléphone, contrairement à la messagerie développée par S.O.S Amitié.

Sur l'écran de chaque interlocuteur s'ouvre une fenêtre dans laquelle les séquences successives du dialogue s'affichent, en vert pour l'appelant et en bleu pour l'écoutant.

L'équipe bruxelloise d'écoutants – Chatteurs est constituée d'une douzaine de volontaires déjà écoutants au téléphone. Des permanences sont prévues deux soirs par semaine de 19 h à 23 h.

Très vite, l'importante demande pousse l'équipe à ouvrir de nouvelles permanences.

Une collaboration est alors envisagée avec S.O.S Amitié en vue d'étoffer l'équipe d'écoutants.

TÉLÉ-ACCUEIL
BRUXELLES

Pour S.O.S Amitié, ce service d'aide apparaît complémentaire à celui proposé *via* la messagerie. L'interactivité retrouvée rapproche cette écoute de celle proposée au téléphone. Le clavier et l'écran remplacent le combiné dans un véritable dialogue qui se fait par écrit. La distance accrue qu'il implique entre les deux interlocuteurs attire le public déjà touché par la messagerie, mais aussi beaucoup plus largement les très jeunes (enfants, collégiens, lycéens, étudiants) qui ont l'habitude de fréquenter les forums de toutes natures et qui commencent à se laisser emporter par la vague des textos et autres SMS qui se développent avec l'essor des téléphones portables.

Des appelants qui commencent par s'assurer que leur interlocuteur n'est pas un robot. Alors qu'ils espèrent pouvoir échanger avec une personne, ce qui va lui permettre de vider son sac de difficultés et bien souvent aussi de se décharger de ses peines de cœur.

Un dialogue plus lent à s'instaurer avant d'en arriver au cœur de l'appel. Si la durée moyenne d'un appel au téléphone est d'une quinzaine de minutes, on est bien plus souvent ici sur des échanges d'une quarantaine de minutes et plus.

Des échanges entrecoupés de longs « silences » durant lesquels la réponse fournie fait son chemin chez l'interlocuteur.

Néanmoins, l'écoutant se demande parfois si son interlocuteur est toujours présent, voire s'il n'est pas en train de participer de front à plusieurs forums. La dualité de l'échange entre un appelant et un écoutant n'est plus certaine. La posture de l'écoutant s'en trouve fondamentalement altérée.

La problématique des jeunes fait largement irruption dans le champ des appels. Aux peines de cœur déjà évoquées s'ajoutent les relations parent-enfant, les problèmes des familles recomposées, les difficultés d'entrée dans la vie active.

Bien souvent, l'écoutant est alors perçu comme un aîné bienveillant qui apportera au jeune un autre regard sur ses problèmes que celui de l'entourage familial.

Un défi à relever par les écoutants et par l'institution qui doit repenser en conséquence le recrutement et la formation de ses bénévoles.

Au fil des mois, la demande augmente. Sur l'écran de contrôle de la permanence ouverte se succèdent parfois en rafale des appels qui ne peuvent être pris faute d'écoutants.

Environ un appel sur dix, seulement, débouche sur un échange. Il va être nécessaire de passer à une échelle supérieure.

Il faudra aussi élargir les permanences d'écoute au-delà des quatre heures quotidiennes en soirée.

Avec une centaine d'écoutants-internautes volontaires répartis sur quelque trente Postes régionaux, S.O.S Amitié Internet se trouve bientôt confronté à de nombreuses difficultés pratiques.

Comment assurer les formations initiales et continues sans les décentraliser ? Organiser des rencontres nationales revient très cher.

Comment gérer harmonieusement les charges horaires des bénévoles au téléphone et sur Internet ?

Comme bien souvent, les difficultés pratiques conduisent finalement à s'interroger sur la démarche elle-même.

Pourquoi juxtaposer deux catégories d'écoutants, au téléphone et sur l'Internet, alors qu'il se confirme qu'il s'agit d'une seule et même manière d'écouter avec des outils différents.

9. 2015 : Le tournant

Il est alors décidé de dissoudre le Poste Internet créé en 2005 et de confier l'écoute par les outils de l'Internet à chacun des Postes régionaux existants.

Les écoutants recrutés dans les Postes seront tous formés aux différentes modalités d'écoute, avec des séquences pratiques au téléphone et sur ordinateur.

Le téléphone restera le support privilégié de formation car il offre aux débutants l'approche la plus aisée pour intégrer les caractéristiques fondamentales de l'écoute telle qu'elle est pratiquée à S.O.S Amitié.

Passer à l'écrit et à la plus grande distance qu'il implique suppose d'avoir acquis une première expérience par l'échange oral.

Le cahier des charges de la formation initiale est revu en conséquence et intègre dorénavant les spécificités de l'écrit. Un réseau de personnes-ressources régionales est constitué en vue d'aider les Postes à assurer ces nouvelles formations.

Une structure légère de coordination prend en charge les outils fédéraux nécessaires (plannings d'écoute, accès aux logiciels de messagerie et de Chat, maintenance de ces outils, ouverture des plages horaires d'écoute et coordination des politiques de recrutement des Postes).

Les directeurs de Poste ont dorénavant la responsabilité de la qualité de l'écoute quel que soit le média utilisé.

La Fédération prend en compte dans les formations fédérales les besoins exprimés par les responsables régionaux dans les nouveaux champs de compétences nécessaires.

… Et bien entendu, elle communique au niveau national sur ces évolutions mises en œuvre pour lui permettre de répondre aux attentes et accompagner les mutations de la société.

Amorcé au début des années 2000, ce virage important pris par l'institution aura donné lieu au final à une belle aventure, conduite avec prudence et rigueur dans un processus soigneusement balisé.

Une méthode qu'il conviendra sans doute de réutiliser pour les futurs défis que S.O.S Amitié aura à relever dans l'avenir.

Qui appelle S.O.S Amitié ?

Alain Mathiot

1. Tous les appels et tous les appelants sont uniques

« S.O.S Amitié bonjour ! » : c'est par une formule de ce type que celui ou celle qui compose un de nos numéros (quand il ne tombe pas sur le « disque », c'est-à-dire le répondeur, qui indique que « tous nos écoutants sont actuellement en ligne » !), est accueilli, sans *a priori,* et peut échanger avec un homme ou une femme bénévole, qui prête attention à sa personne. Tout appelant est « nouveau » pour l'écoutant qui décroche et qui se défend de tout jugement ou catégorisation.

2. Les données recueillies anonymement par les écoutants permettent une analyse statistique des appels reçus

Néanmoins, après la fin de l'échange, l'écoutant note, à l'aide d'un logiciel spécialisé, un certain nombre d'informations, anonymes, qu'il a recueillies au cours de l'appel et qui sont analysées statistiquement en fin d'année. Notre logiciel « statappel » permet aux écoutants de noter, pour autant que la conversation permet de le faire, le sexe et l'âge estimé (par tranche d'âge assez large, car l'estimation peut être assez grossière) des appelants. C'est en général possible pour les appels téléphoniques, mais parfois difficile lorsqu'il s'agit d'appels « écrits » (messagerie ou chat). Ces statistiques nous ont permis depuis 2011 d'élaborer un « Observatoire des souffrances psychiques », sorte de baromètre de la population souffrante, ou du moins de l'ensemble des personnes qui nous appellent, et d'imaginer le profil de ces personnes (sexe, âge, type d'appel) et des sujets qui sont évoqués au cours des conversations.

Bien sûr, ces informations sont strictement anonymes et ne permettent pas de remonter aux appelants concernés. Toutefois on pourrait nous opposer qu'il y a là une classification/catégorisation qui correspond à un début de jugement. Il faut cependant admettre que, malgré les imperfections que ce système présente (la principale étant la subjectivité de l'écoutant qui remplit le formulaire à la fin de l'appel), les informations recueillies ont permis, après exploitation statistique, de mettre en place un véritable « baromètre de la France qui souffre » (ou du moins de la population qui nous appelle, dont on évalue le nombre entre 100000 et 200000, compte tenu des appelants répétitifs). Cet observatoire, publié chaque année, a permis à S.O.S Amitié d'apporter une contribution au débat national, et notamment à l'Observatoire national du suicide mis en place par le ministère de la Santé en 2013. L'intérêt de cette base de données, recueillies depuis 1995 et avec le logiciel actuel depuis 2010, qui recense des centaines de milliers d'appels est également qu'elle permet des analyses en fonction de plusieurs paramètres simultanés comme on le verra ci-dessous : S.O.S Amitié reçoit actuellement environ 700000 appels par an dans 50 postes d'écoute qui rassemblent environ 1 500 écoutants actifs, soit plus d'un appel par minute.

3. Les grandes tendances

Il est clair que le nombre d'écoutants de S.O.S Amitié est insuffisant : il n'est que d'entendre la première phrase des appelants, qui est très souvent « Quelle chance j'ai de vous avoir si vite ! » ou « Cela fait plus de deux heures que j'essaie de vous joindre ! ». Suivant les heures de la journée et les lieux d'écoute, nous répondons à 10 à 20 % du total des appels qui arrivent sur nos lignes (« appels entrants »). Bien sûr, la plupart des appelants composent plusieurs fois successivement le numéro, et 10 à 20 % des appels ne correspondent pas à un pourcentage équivalent d'appelants. Néanmoins, en analysant les données recueillies par le serveur d'appels de la région Île de France (7 à 8 postes d'écoute suivant l'heure), nous avons constaté qu'en moyenne 800 à 1 000 personnes n'arrivent pas à être écoutées chaque mois. Parmi celles-ci combien sont en situation de détresse urgente ? Et il ne s'agit que de la région parisienne qui représente actuellement 100000 des 700000 appels reçus...

Qui sont nos appelants ?

3.1. Femmes et hommes

Les femmes et les hommes appellent en nombre à peu près équivalent : actuellement, nous avons recensé 53,6 % d'appels identifiés comme féminins contre 46,4 % d'hommes. Cela n'a pas toujours été le cas : certaines années, entre 2007 et 2013, le nombre d'appels masculins a été très voisin, voire légèrement supérieur, de celui des appels féminins, sans qu'on puisse apporter d'explication satisfaisante à ce phénomène. Toutefois, on constate qu'en région parisienne les appels reçus émanent très majoritairement de femmes (environ 2/3), malgré le fait que de nombreux appelants de province appellent l'Île de France (sans doute dû à l'effet « numéro unique » qui permet de répartir les appels sur les 4 à 8 écoutants — suivant les heures — simultanément en ligne, et donc d'obtenir un meilleur taux de réponse). Ceci semble corroborer le fait souvent souligné que la vie est plus difficile pour les femmes seules en zone urbaine, surtout dans les zones urbaines sensibles et notamment en Île de France.[52]

3.2. Jeunes et anciens

Nous évaluons l'âge des appelants en 5 classes d'âge : moins de 16 ans ; 16-25 ans : les jeunes ; 26-45 ans : les jeunes actifs ; 46-65 ans : les actifs ; 66 ans et plus : les anciens. La grande majorité de nos appels (85 %) émanent des classes d'âges dites « actives » et près de la moitié (48 %) a entre 46 et 65 ans. Les jeunes et très jeunes appellent peu au téléphone (3,7 %) ; il faut toutefois noter que pour ce qui concerne le chat 52 % des appels émanent de personnes de moins de 25 ans. C'est dire l'intérêt du développement de l'écoute internet pour toucher les jeunes générations.

3.3. Appelants ponctuels, habitués

Il faut savoir que seulement 40 % de nos appels émanent de « nouveaux » appelants (pour autant qu'on puisse l'affirmer). En fait, 57 % des appels sont le fait de ce que nous appelons des « appelants ponctuels », qui appellent, une ou plusieurs fois, pour évoquer une source bien identifiée de souffrance : deuil, rupture, traumatisme récent etc., et 43 % émanent de personnes considérées comme « appelants répétitifs » ou « habitués », qui éprouvent le besoin, parfois compulsif, de nous appeler régulièrement.

Parmi les « habitués », on peut distinguer *trois catégories,* même si les données que nous recueillons ne permettent pas de les identifier sans ambiguïté :

- ceux qui éprouvent le besoin de nous appeler tous les jours ou presque, pour tromper leur solitude et/ou leur angoisse, par exemple avant d'affronter la journée qui commence, ou avant de se coucher ;
- les malades chroniques qui souffrent depuis longtemps d'une maladie physique ou psychique, et qui recherchent un contact régulier, soit parce qu'ils souffrent malgré leur traitement, soit parce qu'ils cherchent une

52. « Les nouvelles solitudes des jeunes générations », *La Croix,* 20.05.2010.

alternative au suivi médical ou psychothérapeutique. Dans presque tous ces cas, la solitude, voire le manque total de lien social, sont évidents ;

- les appelants « compulsifs », ou excessifs, qui appellent de nombreuses fois, souvent en rafale, avec des discours parfois délirants ou agressifs, et qui ont tendance (volontairement ou non) à « saturer la ligne » au détriment des autres. Pour ceux-là et plus particulièrement lorsque la relation d'aide n'est pas facile à établir, nous essayons de limiter la durée des appels.

3.4. Nuit et jour, vacances, week-end

Cette analyse est basée sur les appels reçus en Île de France, mais peut être extrapolée à l'ensemble des appels. En utilisant les données du serveur d'appels de l'Île de France (numéro unique qui dessert 6 à 8 postes d'écoute, sur lesquels de 4 à 7 écoutants sont prêts à répondre), nous avons pu calculer le nombre d'appels « entrants » heure par heure dans la journée, ainsi que le nombre d'appels « pris » (donnant lieu à une conversation). Le graphique ci-dessous présente les résultats : il apparaît que le nombre d'appels « entrants » est maximum en fin d'après-midi et en soirée et que le « taux de réponse » n'est jamais supérieur à 20 % (1 sur 5).

2013 appels reçus en Île-de-France
(par heure en moyenne annuelle)

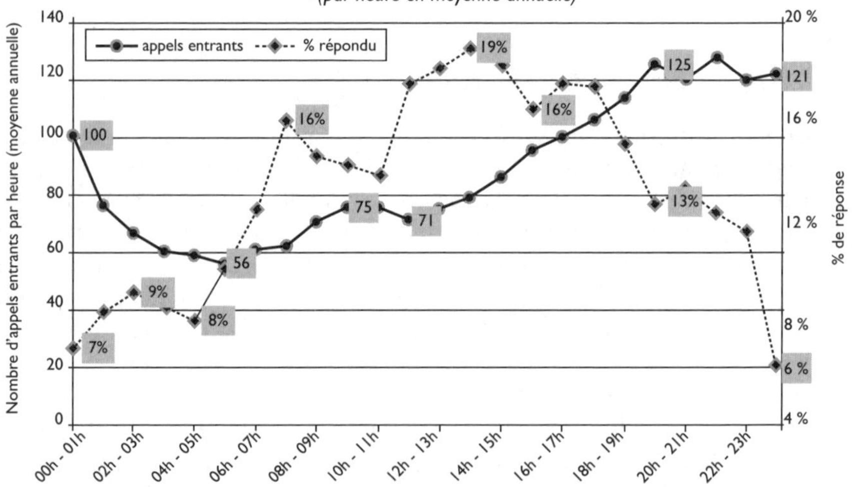

Dans ces mêmes statistiques on constate également que la période d'été (juillet août) correspond à un maximum d'appels entrants (solitude de ceux qui ne peuvent partir en vacances), ainsi qu'à une baisse du pourcentage d'appels répondus (7 % contre 14 % en moyenne : moins d'écoutants en ligne…). Par contre, il ne semble pas y avoir une recrudescence réelle des appels durant les week-ends mais une légère augmentation durant la semaine, notamment le mercredi (jour de congé des enfants ?).

4. Les situations évoquées

4.1. Généralités

Nous disposons d'une grille d'analyse des situations évoquées par les personnes qui appellent.

On distingue *cinq grandes catégories* de situations :

- les situations liées à la *vie courante,* principalement évoquant des problèmes matériels : logement, travail, chômage, difficultés financières ;
- les *problèmes relationnels,* soit au sein de la famille (couple, enfants, parents...), soit résultant d'un deuil ou d'une rupture, enfin les problèmes liés aux difficultés de relations au sein de la société (voisinage, collègues, agoraphobie...) ;
- les *problèmes plus personnels,* principalement le sentiment de solitude, les questions juridiques, religieuses ou existentielles, ceux liés à l'altérité (racisme...) ou à la sexualité ;
- les *problèmes de santé,* liés à une maladie physique ou psychique, ou encore les crises d'angoisse ;
- enfin les *situations particulièrement difficiles,* touchant au suicide, à la violence, notamment sexuelle, aux addictions et à tout type de conduite à risque.

Bien entendu certains appels évoquent plusieurs situations simultanément, mais leur nombre est limité à trois par le logiciel de saisie.

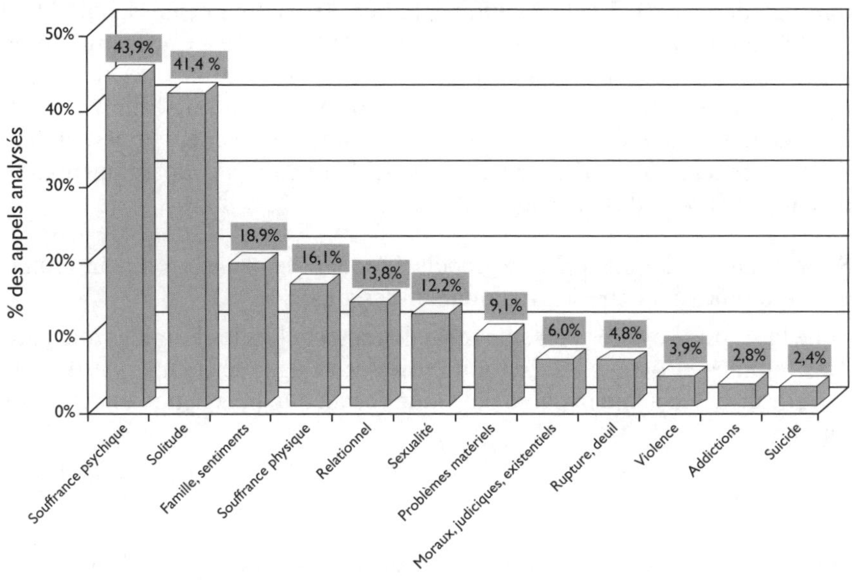

Analyse des situations évoquées : prépondérance de la solitude et de la souffrance psychique

Le graphique ci-dessus correspond au regroupement des situations évoquées par les appelants en 2015, regroupées par catégories et présentées en pourcentage du nombre des appels analysés (sur les 672000 appels reçus en 2015, 533000 ont pu être exploités statistiquement : sont considérés comme « non exploitables » les appels qui ne comportent pas de contenu : « contrôle » (l'appelant raccroche sans parler), « muets », « blague » clairement identifiée, demande de renseignement uniquement). Il en ressort clairement que les situations le plus souvent mentionnées au cours des appels sont la solitude (41 % des appels) et la souffrance psychique (dans 44 % des cas). Viennent ensuite les problèmes relationnels au sens large (famille, difficulté de créer ou maintenir du lien...) et la souffrance physique (maladie chronique ou incurable...).

4.2. Le suicide

Les appels évoquant le suicide sont heureusement bien moins nombreux que les autres mais représentent néanmoins 13000 appels dans l'année, soit un toutes les 40 minutes, dont un peu moins de 1 000 évoquent directement le passage à l'acte (nous les qualifions de « suicidants »). Ceci est à rapprocher du nombre annuel de décès par suicide : 9600 recensés en 2013 par l'Inserm, qui reconnaît que ce chiffre est sans doute inférieur à la réalité.[53] Mais comme la prévention du suicide, objectif initial de S.O.S Amitié, reste une de nos priorités, nous suivons de près les évolutions dans ce domaine. Or la proportion d'appels « suicidaires », qui avait sensiblement diminué depuis 2007 (-35 % entre 2007 et 2013), augmente depuis 2013 (+12 % entre 2013 et 2014, +14 % entre 2014 et 2015). Cette diminution avait été expliquée à l'époque par une possible « saturation » des lignes par les habitués compulsifs, du fait de l'apparition des forfaits illimités pour les abonnements téléphoniques, limitant de fait la capacité de l'association à répondre aux appels d'urgence des suicidaires, mais cette augmentation récente nous pose des questions...

Si on examine de plus près ces appels évoquant le suicide, on peut remarquer (comme le montre le graphique ci-dessous) :

- que la solitude est très présente, plus nettement chez les hommes que chez les femmes et que son évocation croit avec l'âge, de même que pour la souffrance liée à une maladie physique (beaucoup plus nettement chez les hommes) ;

53. Observatoire national du suicide : rapport de novembre 2014 (N° ISBN : 978-2-11-138966-3), p. 14.

• que par ailleurs, l'évocation de la violence (physique ou sexuelle) est extrêmement importante chez les jeunes, et nettement plus chez les jeunes femmes suicidaires ;

• qu'enfin les problèmes sentimentaux et familiaux sont également très présents, et leur importance croît avec l'âge chez les femmes suicidaires.

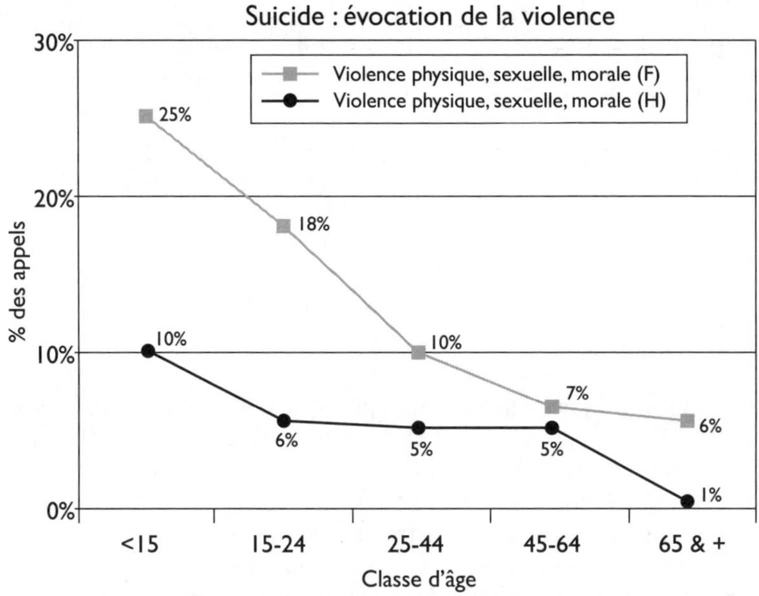

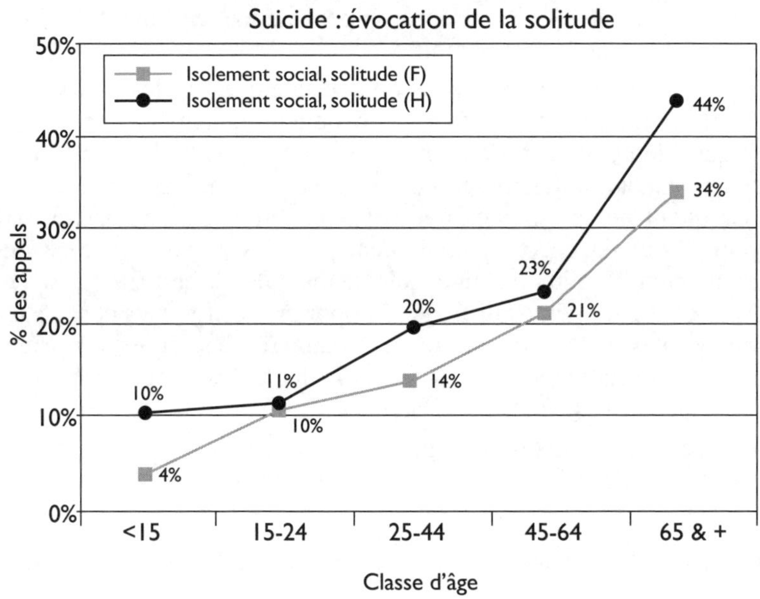

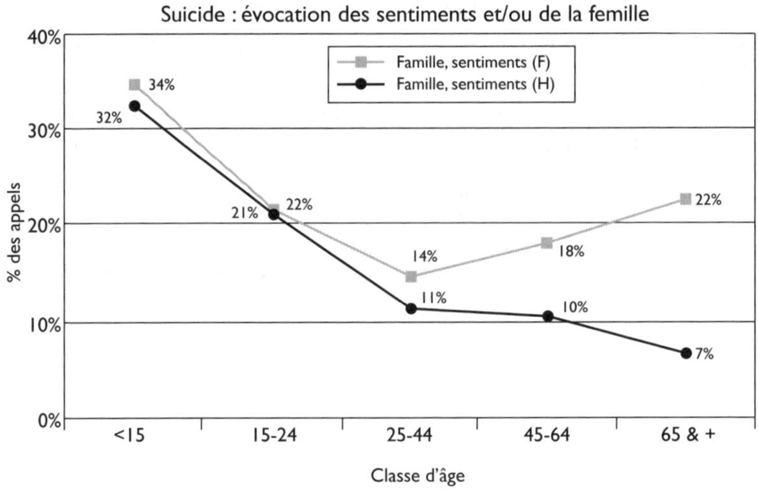

4.3. La solitude

C'est un des motifs principaux des appels que nous recevons, en forte augmentation (1/4 des appels en 2000, 1/3 en 2010, 45 % en 2014 !). Cette solitude (plus souvent subie que choisie) peut être la conséquence d'événements familiaux (deuil ou rupture) ou de la maladie : la maladie chronique, grave et invalidante, qu'elle soit psychique ou physique, fait peur et fait fuir les amis, voire la famille. *« On reconnaît ses amis à ce qu'ils savent supporter la présence palpable du malheur sans fuir ni ouvrir la bouche en vaines consolations »*[54]. En ce sens ne peut-on pas dire que S.O.S Amitié essaye de pratiquer la « vraie amitié » ?

Si on pousse un peu cette analyse, on constate que, sur les 148 000 appels évoquant la solitude, en 2015, 18 % évoquent également une souffrance psychique (dépression, maladie mentale…) et 11 % parlent de souffrance physique (maladie incurable, non reconnue, handicapante), alors que 5 % évoquent des problèmes familiaux ou sentimentaux (parent, enfant, conjoint). Ceci est encore plus évident pour les personnes qui évoquent simultanément la solitude et une maladie mentale : la souffrance psychique qu'on ne peut partager est difficile à supporter. Les femmes et les hommes n'évoquent pas la solitude de la même manière : les femmes insistent sur les problèmes relationnels ou liés à leur maladie, les hommes se focalisent plus souvent sur la sexualité ou l'addiction.

Enfin, on constate que les appelants dits « ponctuels » (cf. 1 - C ci-dessus) évoquent plus souvent un mal-être lié à la famille ou à une rupture ou un

54. Marion Muller-Collard, *L'autre dieu*, Éditions Labor et Fides, 2014.

deuil, alors que ceux classés comme « habitués » sont obsédés par la souffrance (physique ou psychique) qui ne les laisse pas en repos.

4.4. La souffrance psychique

Le numéro de juin 2015 de notre revue a été consacré à ce sujet : il constitue une source d'information importante pour qui s'intéresse au sujet. Il faut noter que, comme pour la solitude, le nombre d'appels évoquant une maladie psychique a beaucoup augmenté dans les années récentes, aussi bien en nombre (39000 en 2000, 60000 en 2014) qu'en pourcentage des appels (9,1 % en 2000, 11,5 % en 2014), sachant que le nombre réel de ces appels est certainement supérieur, puisque les appelants ne mentionnent pas toujours leur maladie et parfois n'en laissent même pas supposer l'existence. Cette progression provient sans doute principalement de la diminution du nombre de lits en hôpital psychiatrique et du retour dans la « vie normale » de ces malades, qui habitent maintenant en ville et bénéficient du système de soin mis en place spécialement (CMP, GEM...)[55]. Du coup, et du fait que nommer la maladie fait aussi partie du traitement, ils appellent... et parfois se présentent avec le nom de leur maladie.

Parmi ces appels 57 % sont le fait d'habitués identifiés comme tels (nettement plus que la moyenne pour l'ensemble des appels, qui est de 43 %, cf. ci-dessus). Il est donc difficile d'évaluer le nombre d'appelants concernés, puisque certains appellent de nombreuses fois, car ils n'arrivent pas, malgré leur traitement médical, à évacuer la souffrance psychique qui les mine. Néanmoins, comme dans le cas de la solitude, les habitués insistent plus sur leur souffrance, chronique, insupportable... Combien d'appelants nous interpellent : « J'en ai assez de cette maladie... Ça fait plus de 20 ans... Vous croyez qu'on peut guérir ? » Que répondre à ces personnes, qui d'ailleurs le plus souvent n'attendent aucune réponse ?

5. Évolutions constatées

5.1. Violence et angoisse

Les circonstances dramatiques de janvier 2015, hélas confirmées par les attentats du 13 novembre, nous ont amenés à regarder, parmi nos appels, ceux qui évoquent l'angoisse ou la violence. L'angoisse ne fait partie de nos critères d'analyse que depuis 2012, mais force est de constater qu'au-

55. Centre Médico-pédagogique, Groupe d'entraide mutuelle.

jourd'hui près d'un appel sur 10 parle d'angoisse ou de peur, soit plus de 55000 appels (en augmentation de 6,5 % depuis 2012). Pour les seuls mois de janvier et février, si on compare 2014 à 2015, l'augmentation est de 10,5 %, et, si on se limite à la région Île de France, de 24 %.

Pour ce qui est de la violence, l'évolution est encore plus nette : depuis 2011, le nombre d'appels évoquant la violence est passé de 13800 à 18800 soit 36 % d'augmentation. L'évolution entre 2014 et 2015 (mois de janvier et février) est encore plus significative : +15 % d'appels sur la France entière, +29 % pour la seule région parisienne !

Que peut-on en déduire, sinon la confirmation que la violence, quelle que soit son évolution dans notre société, est ressentie de plus en plus intensément par nos appelants, et qu'elle se traduit par une forte angoisse ?

5.2. Téléphone et internet

Comme cela est détaillé dans le *chapitre 8,* S.O.S Amitié a développé depuis quelques années l'écoute par internet (messagerie et Chat), c'est-à-dire par écrit. Il est clair que cette offre correspond à une réelle demande, en particulier chez les jeunes (50 % des appelants « Chat » ont moins de 25 ans). Aujourd'hui, nous en sommes encore presque aux balbutiements (4500 appels Chat en 2014, pour 57000 entrants soit 8 % d'appels répondus). La décision de développer ce type d'écoute nous permet donc de répondre de mieux en mieux à la demande de ceux qui souffrent.

6. Conclusion : qui sont vraiment nos appelants ?

Bien souvent, nous sommes en face de personnes qui ont accumulé tellement de drames qu'on a du mal à l'admettre. Quand une personne dans une telle situation évoque l'envie de mettre fin à ses jours, on se demande ce qu'on dirait à sa place… Face à de telles situations, on se sent complètement impuissant, et il est difficile de ne pas penser au livre de Job, dans la Bible, qui raconte si merveilleusement l'histoire de cet homme qui avait tout et qui finit, dans le dénuement le plus complet et la maladie horrible, par crier : « Si seulement quelqu'un m'écoutait ! »[56]

Heureusement il y a S.O.S Amitié…

56. Job chap. 31 verset 35.

Pertes et manques
Ruptures et deuils

Jean-François Roche

« La vie n'est pas un long fleuve tranquille », chaque jour nous confronte à l'incertitude. Celle de notre propre existence, celle du monde qui nous entoure, celle de notre vulnérabilité face aux événements du monde, au loin et au plus près de là où nous sommes. S.O.S Amitié n'est pas une « autre vie » à côté de la vie. Dans un cadre bien défini, décrit dans d'autres chapitres de cet ouvrage, des personnes appellent l'association au téléphone ou par Internet et parlent de leurs vies difficiles : pertes et manques, ruptures et deuils.

Ces mots ne sont pas équivalents. C'est à partir de l'événement « deuil » que se déroule la présente réflexion. Cette rupture est la plus tragique en son sens premier. Toute rupture ne l'est pas. Il en est de salvatrices et de lumineuses. Ici, dans le contexte, les ruptures sont de lourdes peines, et les pertes douloureuses. Elles ouvrent sur le manque. Comment vivre dans l'après ? En suivant cette trame, il s'agit de se mettre à l'écoute-de-ceux-qui-écoutent, qui nous renvoient les échos de ceux qui les appellent.

1. L'événement deuil

> *« Le deuil est régulièrement la réaction à la perte d'une personne aimée ou d'une abstraction mise à sa place, la patrie, la liberté, un idéal, etc.* [...] *»*[57]

1.1. Le deuil

L'annonce de la perte, et du deuil en particulier, est un choc, et la première réaction bien souvent le déni. Viennent des moments d'abattement, de sidération.

57. Sigmund Freud, « Deuil et mélancolie », in *Métapsychologie,* Gallimard, 1968, p. 146.

On vit sa vie comme dans un rêve, dans l'incrédulité de la mort de l'autre, avec des sentiments étranges ; on croit le voir, l'entendre, on se surprend à lui parler.

> “
>
> *Un soir, un écoutant décroche. Une jeune femme, pendant plus d'une heure va parler de son mari décédé quelques jours avant, de leur relation, de ce grand bonheur. Dans la retenue, sans grand discours, elle va dire la vie simple et ordinaire. Mais pas sans une émotion plus ou moins contenue.*

Dans ce récit, bouleversant, cette femme parle d'elle, de l'autre pour elle, toujours vivant, à l'entendre. L'écoutant a peu de choses à dire, mais il est présent, attentif à ce qui se dit. Prêt à soutenir un échange, il donne du temps à l'autre.

C'est une fois dépassée cette phase qui marque la difficulté à affronter la réalité que le travail du deuil peut commencer.

1.2. Le travail du deuil

> *« C'est ce long chemin qui va nous permettre d'accepter la mort de l'autre, c'est-à-dire d'accepter un jamais plus de regard, un jamais plus de voix, de tendresse, support des échanges avec l'autre, accepter une absence d'avenir et de projets communs, un point final »*[58], écrit Louis Vincent Thomas.

Le *sentiment de culpabilité* est fréquent : recherche de fautes, de manquements au long de la vie et au plus près de la mort de l'autre, regrets, remords, devant notre impuissance, au souvenir de certains conflits.

Avec parfois des mouvements de colère, d'agressivité, vis-à-vis de soi, des soignants, du monde entier, du défunt lui-même sous le masque de la culpabilité.

Avec le temps, la perte est reconnue et avec elle vient ce que l'on a coutume d'appeler « la phase dépressive ».

Michel Hanus, psychiatre, en définit la phase centrale comme « une authentique dépression qui va durer des mois, quelquefois des années ». Dans son ouvrage, *Les deuils dans la vie*[59], il écrit :

58. Louis-Vincent Thomas, *Anthropologie de la mort,* Payot, 1975 (cité par J. Pillot, revue *Jalmalv,* n° 121, juin 2015, p. 57).

59. Michel Hanus, *Les deuils dans la vie,* Maloine, 1994, p. 105-106.

« La souffrance dépressive du deuil est l'expression et la conséquence du travail de désinvestissement qui s'opère nécessairement après la perte d'un être aimé. C'est là l'essence même du travail du deuil. »

Plus loin, il précise :

« Il s'agit d'un travail minutieux, détail après détail. [...] *C'est un travail de détachement progressif. Cette nécessité du travail de deuil de procéder peu à peu, par petites étapes, rend compte de sa durée et de l'importance du temps. »*

Au cours de cette phase, Michel Hanus insiste sur la douleur de l'état dépressif et l'importante inhibition qui l'accompagne, puis dans son chapitre consacré à la psychopathologie du travail du deuil, il éclaire l'ensemble des mécanismes :

« Nous ne dirons jamais assez que la nature et le cours du deuil sont, pour la plus grande part, déterminés par le type de relations qu'il vient rompre. »[60]

« Le terme du deuil est atteint lorsque le sujet a retrouvé sa liberté. » (M. Hanus.) C'est l'issue la plus fréquente.

Mélanie Klein l'écrivait autrement :

« La personne en deuil se met à sentir de plus en plus profondément que la vie intérieure et extérieure est appelée à continuer malgré tout. [...] *À ce stade du deuil, la souffrance peut devenir productive* [...] *Certaines personnes* [...] *deviennent capables de mieux apprécier les gens et les choses, plus tolérantes dans leur rapport aux autres : elles deviennent plus sages. »*[61]

C'est le déroulement le plus simple et le plus fréquent. Mais des complications peuvent survenir : allongement du temps du deuil, altérations dans le processus, apparitions de pathologies physiques, mentales. Elles viendront parfois bouleverser le cours d'un appel.

2. Pertes et manques dans le travail d'écoute

Le deuil, nous l'aurons compris, c'est dans sa première acceptation *« la perte d'une personne aimée »*. Freud ajoute *« ou d'une abstraction mise à sa place, la patrie, la liberté, un idéal* [...] *»*.

André Comte-Sponvillle va au-delà, parlant de *« ... cette frange d'insatisfaction ou d'horreur, selon les cas, par quoi le réel nous blesse et nous*

60. *Ibid.*, p. 166.

61. Mélanie Klein, *Le deuil et ses rapports avec les états maniaco-dépressifs, essai de psychanalyse*, Payot, 1982, p. 359 (Citée par A. Comte Sponville dans « Vivre c'est perdre »).

tient, d'autant plus fortement que nous tenons davantage à lui »[62]. Plus loin, il ajoute : *« Être en deuil, c'est être en souffrance, au double sens du mot, comme douleur et comme attente : le deuil est une souffrance qui attend sa conclusion. »*[63]

L'expression du deuil à S.O.S Amitié, s'inscrit dans un contexte particulier. À l'écoute au téléphone ou par l'écrit sur la messagerie internet ou le « chat », les écoutants reçoivent des récits, plus ou moins structurés, des échos de situations particulières, des évocations de pertes, quelles qu'elles soient, souvent lourdes d'émotion.

L'épreuve de la perte n'est pas seulement celle de celui ou de celle qui appelle mais aussi, d'une autre manière, celle de l'écoutant, qu'il faudra savoir entendre. Au travers de la multiplicité des appels, il sera confronté à des situations très diverses, et ainsi à ses propres frustrations, ses sentiments d'échec, ses questions sans réponses.

2.1. Au fond de la nuit

Un appel nocturne en livre un raccourci

> *« Merci d'être là… Je vis très seule… ». Des ruptures, elle en a eu de nombreuses, depuis longtemps, et de récentes, toutes douloureuses. Les unes libératrices : divorce jeune, aventures sans lendemain mais pas sans cabossages de toutes sortes, dépression, avec de forts sentiments de culpabilité, psychothérapie mal terminée et rejetée. Le travail va servir d'exutoire, à la force du poignet au risque d'un « burn-out ».*
>
> *Les autres, lourdes mais riches de sens : les deuils de ceux que l'on a aimés, celui récent du père, avec la sensation d'un grand vide, de la perte d'un pilier ; ceux plus anciens, mais « violents », d'un grand-père puis d'une grand-mère avec de grandes souffrances, et de chats, oui de chats… des êtres merveilleux, dit-elle. Ces souvenirs très présents et très forts, elle parle d'amour et de gratifications, la protègent comme dans un cocon.*
>
> *Aujourd'hui restent les vivants ; ils sont distants et fragiles. Elle porte le flambeau. Mais reste toujours présent et douloureux le manque. Celui de ne pouvoir poser ses bagages, sa tête sur une épaule, être avec quelqu'un. C'est la solitude et un grand besoin d'en parler.*

L'écoutant de S.O.S Amitié est convoqué comme témoin : il reçoit cet appel comme une adresse. Il assume la responsabilité de cette écoute. Que se passe-t-il face aux pertes de l'autre, anonyme, face à son manque ?

62. André Comte-Sponville, « Vivre c'est perdre », *Autrement*, n° 128, mars 1992, p. 14-23.

63. *Ibid.*, p. 15.

Devant celle qui appelle, plongée dans le ressenti de ses émotions, bien des questions peuvent surgir. D'où parle-t-elle ? Comment s'exprime-t-elle ? Que dire ou ne pas dire face à cette détresse ?

Lui écoutant, où en est-il ? Certaines des péripéties de ce récit peuvent trouver en lui des échos à sa propre vie, ramener à la conscience de vieux souvenirs douloureux, raviver d'anciennes blessures, et ce n'est peut-être pas sans émotions pour lui aussi qu'il reçoit cet appel.

Dans l'après coup de cette rencontre, le travail d'interrogation et d'éclaircissement se poursuit. Du temps peut être nécessaire et utile pour émerger, reprendre son souffle, éventuellement son calme.

2.2. « Aux appelants absents »

Nouvel appel ! À l'extrême opposé du précédent, c'est un « contrôle ». Un contrôle désigne dans le vocabulaire de S.O.S Amitié un appel réduit à sa plus simple expression, dans la séquence suivante : le téléphone sonne ; l'écoutant décroche ; celui qui appelle raccroche. C'est presque un cas d'école, qui met l'écoutant face à lui-même : *« Il n'y a pas d'appelant au numéro que vous écoutez… »*.

Le téléphone a sonné, ou l'écran du chat s'est allumé annonçant un appel. L'écoutant décroche, ou se prépare à écrire ; or l'appelant a raccroché aussitôt, ou a quitté la liaison Internet. Première attente déçue pour celui qui écoute. Peu de chose apparemment, mais c'est un premier accroc à la communication, interrompue avant même d'avoir commencé. Promesse d'un entretien, d'une rencontre dans laquelle déjà peut-être l'écoutant se projetait, et voilà que l'autre fait faux bond, il n'est pas au rendez-vous.

Au fil du temps, avec l'expérience, cette coupure dès l'origine va assez souvent se trouver rangée, mise au placard des non-événements, coupant court aux élucubrations sur le pourquoi du comment, concernant celui qui a déclenché l'appel. Sans trop y prêter attention, l'instant passe par pertes et profits. Or cette perte, si l'on prend le temps de s'y arrêter, peut être l'occasion pour l'écoutant, dans cet « après-coup » de l'appel, de tirer profit d'un échange, dans un groupe de partage, de donner vie à ce non-échange de la parole, donner du sens à ce qui lui paraissait insignifiant, ou qui le trouble et le questionne.

Cet « arrêt sur image » source de réflexions, d'échanges, peut être le prélude à un travail : **accepter le manque.**

2.3. Une plus Une ne font plus qu'Une

Et si, une fois, les deux personnes « appelant, écoutant » n'en faisaient plus qu'une. Une situation particulière peut en dire long sur le ressenti de l'une et de l'autre réunies.

Le détour par une association d'accompagnement, qui pratique le face-à-face, illustre le propos.

Une bénévole de cette association d'accompagnement (« écoutante ») de personnes en phase terminale de leur maladie, et de personnes en deuil, témoigne de son propre deuil (« appelante ») et de son cheminement, et tente d'analyser ce qui se passe dans l'accompagnement parfois bancal de l'endeuillée par ceux qui l'entourent. (« Les amis qui écoutent et conseillent. »)

Yvonne Johannot[64] donc, invite à ce double mouvement. Dans ce court extrait, elle est à la fois l'endeuillée, et celle qui porte un regard sur ceux qui l'accompagnent.

> **“**
>
> *Éprouvée récemment par deux deuils qui m'ont bouleversée (un fils puis un petit-fils jeune adulte), j'ai essayé de mieux comprendre ce que voulaient dire certains amis : je ne doutais pas un instant de leur désir de m'aider, et pourtant leur démarche ne correspondait pas forcément à mon attente qui certes n'était pas claire, brouillée par mon propre désarroi.*
>
> *Le souci de certains était parfois de me rassurer : «* [...] *Tu verras avec le temps, ça ira mieux ».* [C']*était presque offensant de penser qu'avec le temps, j'oublierai le défunt.* [...] *Effrayant et culpabilisant* [...] *que viendrait le moment où cette déchirure qu'est pour une mère de perdre un enfant cicatriserait et que je pourrai alors repartir d'un bon pied* [...] *C'était impensable et à l'opposé de mon désir.*
>
> *On m'a encouragée à « voir un médecin » ou « un psy ». Dans certains cas pathologiques seulement, le recours à un professionnel de santé s'avérera nécessaire. « Les malheurs et les épreuves de la vie* [...] *sont des passages difficiles* [...] *qu'un adulte doit apprendre à gérer, je ne cherchais ni tranquillisant ni somnifère pour y parvenir. »*
>
> *Certains exprimaient un sentiment d'injustice dont je serais victime comme si l'expression d'une révolte pouvait me soulager d'un poids trop lourd à porter. Mais comment penser qu'on est victime d'une injustice quand des millions de femmes avaient perdu leur enfant... Pourquoi... protéger l'image d'une vie à l'abri de situations dramatiques ?*
>
> *Ce que j'ai attendu de mes proches ; sans doute d'abord leur disponibilité à mon égard : disponibilité pour être écoutée* [...] *pour me permettre de*

64. Yvonne Johannot, « La vie est belle : les attentes et la parole d'une personne », *Revue de la Fédération Jalmalv*, n° 121, juin 2015, p. 43.

parler du défunt […] *pour que soit respecté mon désir d'être seule* […] *Besoin de sentir que les autres sont dans la souffrance avec moi. Je ne crois pas que mes proches puissent m'apporter beaucoup plus, mais ce quelque chose m'est très précieux* […] *Je sens… combien la tentative que nous faisons pour entourer des personnes en deuil témoigne de notre propre peur.*

« Le travail effectué en nous par cette confrontation à la mort », [c'est] *comprendre ce que le deuil a fait de moi* […] *sentir quelle place* [vont] *occuper dorénavant* […] *ceux qui ne sont plus là. »*

« Il y a eu un avant et un après qui nous a appris certaines choses et qui nous a changé. »

Certes les cadres de l'échange, à JALMALV (Jusqu'à la mort accompagner la vie) et à S.O.S Amitié diffèrent. La proximité évoquée n'est pas la même et à S.O.S Amitié, qu'entend-on par proximité ? Ce témoignage peut se lire comme métaphore d'une séance d'écoute téléphonique ou par Internet. On peut constater l'écart entre une attente et des réponses. Cela interroge l'écoutant sur sa compréhension du désir de l'autre et sur la confusion qui peut en résulter. Sur sa peur parfois à entrer dans le discours de l'autre, au risque d'y retrouver ses propres questions, sur sa bonne volonté de consoler, qui tombe à faux : *« … Tu verras avec le temps… »* D'où parlent-ils l'un et l'autre ? Pourront-ils s'entendre bien pour bien s'entendre ?

À S.O.S Amitié, la règle est de ne pas donner de conseil (Charte). La tentation est grande pour certains de sauter le pas… Ce témoignage en montre la vanité et les limites. Dans un beau texte, « Écoute moi », cité dans ce livre, Jean Nicolas, ancien de l'association, insiste sur cet absolu de l'écoute, entre autres, ne pas donner de conseils.

2.4. Histoire de funambule

“

Un soir, une voix de femme, « bonjour », une pause. En quelques mots, elle s'avance dans l'appel, elle fait silence, se rassure.

L'écoutant, concentré, est attentif à capter ce qui va venir. S'établit alors un échange, où tout ne tient qu'à un fil, où l'extrême sensibilité de celle qui appelle va s'épanouir dans un récit : celui d'une enfance douloureuse, faite de rejet et d'incompréhension.

Elle se sent bizarre, hors du commun, coupable d'être ce qu'elle est. Sa vie est une lutte, en elle, contre elle, face au monde, dans l'autodestruction. Elle parle du temps, du temps long pour tenir, avancer comme sur un fil, faire le deuil de ce passé dont le souvenir douloureux s'estompe dans un présent de révélation à elle-même.

Quelques mots de l'écoutant sur l'authenticité de ce qu'il perçoit, des mots justes, libèrent la parole dans une confiance retrouvée.

> *Elle peut enfin dire des choses dans le secret, aller au plus intime, elle se confie.*

Il écoute, attentif, dans le silence, entre juste ce qu'il faut de mots pour la soutenir, sans besoin de la retenir. Vient le moment de la séparation. Chacun aura donné à l'autre un peu, beaucoup, de lui-même, rien de plus, rien de moins, l'espace d'un instant. Elle a raccroché. Et après ?

Au-delà de la nuit, face à l'inattendu dans la frustration de l'attente, dans la peur d'une rencontre, au bord du vide, l'écoutant s'interroge. Les questions ne manquent pas, et avec elles, bien souvent, le grand besoin d'en parler.

3. Où l'écoutant prend la parole

3.1. Un cadre autour de l'écoute

La session d'écoute est terminée. L'écoutant quitte le poste. Le voilà au grand air, il rentre chez lui, mais pas sans questions.

Dès l'entrée de l'écoutant à l'association, un principe est posé : l'anonymat. C'est un des points clés de la Charte. C'est un manque institutionnalisé, dès l'origine. Celui qui appelle et celui qui écoute sont tenus ensemble de respecter cet anonymat : ne pas se faire identifier. Du fait des médias utilisés, la personne qui appelle est hors la vue. Tout se tient dans la parole. Bien sûr, la voix est là, marque possible de reconnaissance pour les deux interlocuteurs à travers ses modulations, les bruits et les silences. À côté des paroles, d'autres choses s'expriment.[65] Devant l'ordinateur pour la messagerie ou le chat, la voix elle-même manque. Tout se tient dans le langage de l'écriture.

Ainsi l'écoute, telle qu'elle est définie à S.O.S Amitié, s'inscrit dans un cadre. Ce n'est pas que formel. Pour mieux en percevoir les subtilités, le texte de Jean Nicolas, est un repère qui a marqué l'histoire de S.O.S Amitié. Il rappelle les enjeux de cette écoute : *« Quand je te demande de m'écouter… »*. Demande venue du plus intime des préoccupations des souffrances de l'autre appelant, adressée à l'écoutant : *« … Écoute-moi. »*

Les deuils et les ruptures, les pertes, et les angoisses des manques dont l'écoutant est pris à témoin par ceux qui appellent, l'interrogent directement en tant que personne humaine. Il est face à lui-même.

65. Voir Chapitre 12 - La place du corps dans l'écoute à S.O.S Amitié.

3.1.1. Solitude

Quand l'écoutant se pose devant le combiné téléphonique ou l'ordinateur, il est seul. Seul dans l'attente de l'appel, seul pendant l'appel, seul après. Ce qui s'est dit, ce qui s'est murmuré, ou crié, c'était parfois difficile à entendre. Le respect de l'anonymat, la confidentialité des appels obligent à la discrétion. À la solitude de l'écoutant devant son combiné, répond l'accueil de l'équipe S.O.S Amitié incarnée par le groupe de parole. Les groupes de parole autorisent, permettent les échanges et incitent les écoutants à s'exprimer. C'est une occasion donnée à celui qui le désire de sortir de sa solitude d'écoutant de prendre la parole, dans ce premier cercle. C'est le temps du commentaire, de l'expression d'un ressenti, d'un échange. Premier endroit, premier moment pour dire les manques.

3.1.2. Le groupe de partage : un cercle de parole

André Comte-Sponville souligne : *« Il y a souffrance, non à chaque fois qu'il y a manque, mais à chaque fois que le manque n'est pas accepté. Le monde nous dit "non" et nous disons non à ce refus. Cette négation de la négation* [...] *nous enferme dans la douleur. »* Il s'agit de traverser le manque. Dans le cercle de parole, l'écoutant fait face à ses pairs. Que se joue-t-il ici, où celui qui écoutait en appelle à l'attention bienveillante de ceux qui l'écoutent ? Il ne s'agit pas là d'un lieu de jugement, de question de respect d'un règlement pris à la lettre, mais d'une écoute. Ouvrir un espace où l'autre peut se dire, parler de ce qu'il a ressenti, parler de ses émotions, parler de soi-même, et jusqu'où ? Il s'agit d'engager un vrai travail ; travail du deuil dont parlait Michel Hanus, qui peut demander beaucoup, parfois trop et certains s'y refusent. Dans un échange, dans la confiance partagée des membres du groupe, l'écoutant à son tour va dire ses difficultés, ses incompréhensions, les éventuels errements qui ont pu être les siens à tel ou tel moment d'une écoute.

Ce travail a commencé dès que l'écoutant quitte l'appel ; il se poursuit dans ce cercle restreint en présence d'un « psy »[66] ; par le récit qu'il adresse au groupe, l'écoutant parle. Il parle de l'autre. Ce faisant, il transmet à ceux qui l'écoutent dans cet instant le récit de ce qui s'est passé ; son récit en vérité. Il raconte l'histoire de l'appel telle qu'il se l'est appropriée, telle qu'il la porte, et telle qu'elle lui importe. C'est son histoire, il la partage. Face à ces questions, le groupe à son tour interroge, s'interroge. Cioran[67] écrit dans *Aveux et anathèmes : « La parole supplée à l'insuffisance des remèdes*

66. Le vocable générique « Psy » désigne ici les psychiatres, psychologues, psychanalystes qui à S.O.S Amitié, sont en soutien dans les groupes de parole.

67. Emil Cioran, *Aveux et anathèmes,* Gallimard, 1987, p. 115.

et guérit la plupart des maux. » Le partage dans ce lieu protégé et accueillant participe de l'accompagnement de l'écoutant, vrai travail d'ajustement pour celui-ci, sur le **chemin de l'acceptation du manque.** Il s'agit d'un travail d'équipe, où chacun prend sa part.

3.2. Un travail autour de l'écoute

S'appuyant sur les travaux de la Commission fédérale de formation (CFF), à l'écoute des remarques et des expériences des associations locales, les instances responsables de S.O.S Amitié organisent des sessions de formation. Elles sont destinées moins à transmettre un savoir, qu'à encourager les prises de conscience, à tous les niveaux, de l'importance du travail de réflexion sur ce qu'on appelle les fondamentaux de l'écoute, repris dans une Charte et dans un Livre blanc. N'oublions pas les travaux de Carl Rogers comme références pour l'écoute depuis les origines de l'association.[68]

Ces travaux, sur plus de 50 ans, se sont nourris des multiples expériences de chacun, des remises en questions, des regards croisés posés sur les pratiques. Plus que d'un savoir enseigné, dans une démarche où le compagnonnage est au premier plan, on parlera de « savoir être » plutôt que de « savoir-faire ».

À l'exemple de ce qui s'est dit plus haut, l'accent porte sur l'échange d'expériences au plus près du quotidien. D'autres questions se posent sur les fondamentaux de l'écoute, qui n'épuisent pas le sujet, mais suscitent **l'envie d'aller de l'avant, de continuer de s'étonner.** C'est dans ce sens que l'appel à des disciplines, telles que la philosophie et la sociologie[69] élargit le champ des observations, ouverture possible à de nouveaux outils de formation.[70]

À ce stade de la réflexion, au travers de travaux, de récits, d'évocations d'appels, rassemblés autour des notions de deuil, de ruptures, de pertes, de manques, à l'écoute d'un ou d'une autre anonyme, peut-être est-ce le sentiment d'une tâche qui n'en finit pas. « Vivre c'est perdre » conclut François Georges, philosophe dans *Sillages* cité par A. Comte-Sponville Même si toutes les pertes ne se valent pas, par leur intensité, et par le travail plus ou moins éprouvant demandé à celui qui reste. C'est l'effort des responsables de formation que d'accompagner l'écoutant là où il est ; là où il pratique. Un lien se tisse dès l'engagement qui inaugure la formation de préparation à l'écoute, pour se renforcer tout au long de la pratique.

68. Voir chapitres 2 et 4.

69. Voir chapitre 4 : La pratique de l'écoute à S.O.S Amitié.

70. Voir chapitre 7 : Formation des écoutants entre savoirs, savoir-faire et savoir-être.

Conclusion

Un lien subtil se tisse entre appelant et écoutant, dans ce besoin d'adresser une parole à un autre semblable et différent. Face à la vulnérabilité de chacun, l'accueil de la parole est la marque d'une possibilité de resocialisation. Alain Touraine parle de capacité retrouvée d'établir un lien social, un lien en soi. S.O.S Amitié cultive l'éthique de la vulnérabilité dans l'accueil au téléphone ou en ligne sur le net des plus fragiles, des plus démunis, des assoiffés de reconnaissance. Se sachant vulnérables et fragiles, appelant, écoutant, si lointains et si proches à la fois, vont leur chemin.

Vient le moment de quitter S.O.S Amitié. Au-delà du cadre strict de l'association, et même si l'on a fait le deuil de l'écoute idéale, nombre d'écoutants le disent, le temps passé à S.O.S Amitié a transformé leur « être au monde ». Ou au moins les a incités à poser, à se poser, de nouvelles questions. Paraphrasant Julia Kristeva[71] parlant du deuil d'une langue : *« Une langue passe et moi aussi. Je cherche le sens », un écoutant pourrait s'autoriser à dire : « Une écoute passe et moi aussi. Je cherche le sens ».*

71. Julia Kristeva, « En deuil d'une langue ? », *Autrement*, n° 128, mars 1992, p. 32.

S.O.S Amitié : une écoute pas ordinaire
Présentation de S.O.S Amitié du point de vue d'un psy

Michel Montheil

S. Freud rapporte les propos d'un garçon de trois ans qui suppliait, « du fond d'une chambre obscure : *"Tante, parle-moi ; j'ai peur parce qu'il fait si noir."* La tante répliqua : *"À quoi cela te servira-t-il, puisque tu ne peux pas me voir ?" "Ça ne fait rien, répondit l'enfant, du moment que quelqu'un parle, il fait clair."* »[72]

Il me faut tout d'abord préciser d'où j'écris : de la place d'un psychologue salarié de l'institution qui écoute depuis plus de vingt-huit ans les bénévoles lors de « partages supervisés ». Il s'agit d'espaces de réflexion, confidentiels, où les écoutants viennent « partager » expériences, questions, découvertes et cheminement.

De là, j'entends leur travail et je perçois un reflet de ce que peut être l'appel, au travers d'un double biais :

- leur subjectivité qui, les faisant parler avec le filtre de leur mémoire, sélectionne les moments des appels ;
- ma propre subjectivité de professionnel clinicien.

Et voici ce que j'ai appris au fil des années de cette pratique…

1. Saisir l'apport de S.O.S Amitié dans le champ de l'aide psychologique au téléphone

Considérer S.O.S Amitié comme un « dispositif fonctionnel », un « numéro utile » serait une erreur car on n'y cherche pas de renseignement.

On appelle pour « parler » de soi.

La finalité de l'appel est loin d'être simple, claire, univoque…

72. Sigmund Freud, *Trois essais sur la théorie sexuelle*, Gallimard, 1987, p. 168.

2. « “Souffrance” vous dites ? »

On appellerait parce qu’on souffre…

Souffrance et fragilité constituent-elles des notions négatives ? Oui, si on les réduit au sens usuel. Un verre fêlé est fragile, c’est-à-dire vulnérable. On ne peut compter sur lui.

Il existe cependant des appels qui semblent *a priori* exempts de « souffrance » : ceux des habitués, des masturbateurs, des « pervers ».

Le mal-être attendu n’y affleure pas, et même, à l’opposé, les écoutants semblent percevoir une sorte de jouissance.

Et nous nous interrogeons : comment un dispositif « TES »[73] fondé pour secourir et sauver (S.O.S) devient-il le repère de « jouisseurs », parfois agaçants, souvent obscènes ?

Il faut aller chercher la réponse bien au-delà des évidences.

Ailleurs qu’à S.O.S Amitié, avec des dispositifs d’écoute « ordinaires », on rejetterait ces appelants pas « assez » en souffrance…

À S.O.S Amitié, ce que ces appels révèlent avec profondeur, c’est la complexité, l’étrangeté, l’extraordinaire mystère de l’être humain qui ne saurait être appréhendé comme un tout unique, totalement rationnel, sans profondeur ni inconscient. Il faut, pour parvenir à percevoir cela, que l’écoutant réalise un long travail sur soi…

Ainsi, le supposé « plaisir » qui semble si criant, qui pourrait jaillir d’une masturbation au téléphone, aussi bien que l’acte du suicidant sur le versant opposé, nous parlent d’autre chose : l’homme n’est pas simplement réductible à ses actes, fussent-ils provocateurs, indécents, vulgaires, grossiers, terrifiants, assassins !

Ce que nous cherchons à saisir lors des « partages » traduit **notre propre humanité** déformée chez certains appelants.

Comment leur renvoyer une image de celle-ci ? Par quelle reformulation, par quelle empathie, par quel mot ou silence soutenant… montrer qu’en les entendant « au-delà du principe de plaisir… », dans la noirceur même de ce qu’ils nous offrent, s’ils le veulent, nous comprenons… ?

3. Quel genre d’écoute pratique-t-on à S.O.S Amitié ?

S.O.S Amitié n’a aucune obligation de résultat ! Juste une proposition de moyens. On s’interdit d’avoir un projet thérapeutique de changement de l’autre. Un tel objectif ferait ingérence tandis que l’objet social de S.O.S Amitié — c’est-à-dire écouter celui qui décide volontairement, sans aucune

---

73. Telephone Emergency Services, en anglais. Voir *www.ifotes.org/fr*

contrainte ni truchement, de se confier à un écoutant anonyme — assure à l'appelant la liberté de ses paroles, l'absence de conseil et de conséquence sociale ou matérielle.

Signifier, souligner, soulager

Dès lors, il ne s'agit pas de « faire évoluer » l'appelant… mais d'abord de « soulager », et si la relation y est propice, de signifier qu'on a perçu dans ses mots une autre dimension qui parle de lui. Une reformulation, un questionnement le soulignera.

C'est un exercice difficile. Voilà pourquoi nous affirmons que cette écoute n'est pas naturelle, immédiate, légère ou « ordinaire »… mais quasi « professionnelle ».

Tout cela aboutit évidemment à des effets dans le monde réel, bien qu'il soit impossible de les quantifier !!

4. De la pertinence de la parole en général

Communiquer, mais pour quoi faire ?

Un adolescent de 15 ans jugé pour agression sexuelle m'explique qu'il a refusé de répondre aux questions lors de l'enquête. Il signifie sa volonté de maîtrise et ne veut rien révéler bien que le magistrat ait connaissance des faits.

Plus tard, lisant des documents décrivant sa condamnation, je lui demande s'il en connaît la teneur. « Je sais, mais je ne veux pas le dire » !

Ces deux refus sont une manière de conserver dans un espace interne ce qui appartient à son intime. Cela lui permet aussi de ne pas faire entrer les faits dans la réalité : ce qui n'a pas de nom n'existe pas dans l'ordre de la pensée magique.

À l'opposé de ce silence, parler permet, en formant des pensées, d'extérioriser les événements, les faits psychiques. Par cette projection dans l'espace social commun, ils prennent alors une consistance relationnelle, deviennent réels. Cette « ex – pression » en permet la manipulation comme on ferait avec des objets.

Formuler son désir de suicide, son mal-être, c'est le **rendre réel, partageable,** ce qui, pour certains, peut être terrifiant, angoissant, dangereux.

Dire à haute voix ou à un tiers que l'on veut agresser quelqu'un, avoir des relations sexuelles avec son père, que l'on a des pensées perverses… nous expose à la reconnaissance du fait psychique comme une réalité dont l'autre sera témoin. Il pourra y faire référence, et soi-même, pour en avoir fait l'aveu, nous devrons en tenir compte.

Ainsi, parler peut s'avérer aussi terrifiant qu'authentiquement source de soulagement : déposer et mettre en forme une boue qui nous encombrait et nous engluait nous dégage.

Parler pour faire exister.

Toutefois…

Un jeune homosexuel évoquant la période de ses études en école d'ingénieur me rapporte que, confronté à la forte homophobie de ses coreligionnaires, il ne pouvait parler de ses propres attirances pour les hommes. Il s'est trouvé à plusieurs reprises en situation de se moquer lui-même des homosexuels, reprenant des propos humiliants qu'il ne partageait pas intimement. « S'ils avaient su pour moi… Le fait que je ne disais rien et du coup, je dis la même chose qu'eux. » Je lui réponds qu'on peut dire des choses que l'on ne partage pas. **Le langage ne veut pas forcément dire ce qu'il dit.**

Parler pour taire.

5. Appelant, lien social et rétablissement du sujet en relation

5.1 Qui est l'appelant ?

Parce qu'il est anonyme et que, pour l'identifier, il n'est pas pensable de faire passer un questionnaire quelques heures après l'appel afin de connaître son niveau de satisfaction globale entre 0 et 10… l'appelant restera toujours une vivante énigme pour tout écoutant.

Paradoxe d'une société commercialisant tout acte pour justifier son existence, S.O.S doit définir son « efficacité » sans jamais pouvoir sonder directement ses usagers.

Mais cela n'est pas un obstacle ; au contraire !

L'appelant n'est pas un consommateur de services mais un être humain qui a besoin d'un autre, à un moment donné de sa vie ou répétitivement.

Il expérimente la relation, le lien social, voire la dépendance.

Il dit son besoin d'être relié même s'il appelle pour se plaindre et insulter.

5.2 Rétablissement du lien social

Lorsqu'il téléphone, l'appelant s'inscrit dans une relation, que l'interlocuteur soit concret ou imaginé (aire).

Ce lien évolue selon *trois temps :*

- initialement : ce lien peut faire défaut chez l'appelant (comme chez l'écoutant qui offre de sa disponibilité, voire de sa solitude, pour se réinscrire dans un tissu social et vivre mieux) ;
- puis au cours de l'appel où se formule parfois une demande de « conversation », ce que le dispositif S.O.S exclut ;
- enfin, au-delà de l'appel, dans ce que les psychanalystes nomment *l'intériorisation psychique d'un bon objet relationnel,* comme un sein nourricier venu restaurer l'appelant dans un temps de souffrance. Cette « intériorisation » désigne l'ensemble des ressources que nous avons constituées par le souvenir des personnes qui nous ont transmis des expériences, des valeurs, des paroles auxquelles nous référer. Toutes ces traces constituent des objets psychiques internes, parfois bons, parfois mauvais lorsque ces êtres ont été pour nous des sources de souffrance.

Chaque rencontre au téléphone n'échappe pas à cette règle. Une marque s'inscrit dans le psychisme de l'appelant et pourra être évoquée à nouveau par lui à différents moments de sa vie, loin de l'appel. Nombre de témoignages nous parviennent en ce sens, chaque fois qu'un appelant déclare « avoir repensé à ce qu'on leur a dit l'autre jour… »

Par ailleurs, cette écoute centrée sur l'appelant est **une véritable reconnaissance de la valeur individuelle de l'appelant.** Elle agit souvent comme restauration d'une estime de soi trop faible…

Cette façon d'écouter interroge aussi l'appelant quant aux valeurs qui animent le bénévole. « Pourquoi me donner de votre temps ? Est-ce parce que vous êtes si généreux » ou bien « C'est que je dois être un cas intéressant, “aimable”, digne d'intérêt… »

« Mais pourquoi dois-je appeler une association pour ressentir cela ? »

L'appelant montre également qu'il se sent réinscrit dans une socialité plus large.

« Je vais raccrocher. Vous devez avoir des appels de personnes en détresse qui attendent… Merci. » Le lien aux autres est alors exprimé par l'appelant lui-même. Il appartient à une chaîne solidaire.

Un sujet parmi d'autres sujets, reliés par « ce fil ».

6. L'écoute à S.O.S Amitié : une fonction impliquant l'imaginaire

Historiquement, S.O.S Amitié a décidé de privilégier la parole à distance sur le face-à-face.

Ce choix oblige à considérer que l'écoute anonyme et confidentielle ne peut jamais être une « relation réelle » à la manière de personnes identifiées, connues, car il n'existe pas de « dialogue » ni « d'échange » (sur le modèle d'une discussion entre deux compagnons) dans notre cadre.

Le dispositif est nécessairement et structurellement asymétrique.

Cette relation ne peut dès lors s'entendre qu'imaginaire (voir les projections, les jeux fantasmatiques).

Il se constitue une autre relation, que j'ai comparée à celle d'un acteur incarnant un personnage. L'écoutant entend et réagit au bénéfice de l'appelant qu'il doit « servir » de son mieux, dans un projet qu'il ne maîtrise pas et qu'il accompagne. Le jeu psychique qui s'engage est parfois subi par l'écoutant qui n'est pas demandeur d'une thématique autour de la mort, de l'angoisse ou de la sexualité et du plaisir.

La capacité d'écoute n'est pas naturelle. Elle est le fruit d'une longue évolution ontologique qui fait émerger l'autre et le soi comme lieux distincts d'une vie intérieure partageable, exprimable à un tiers. Cette écoute se différencie de la communication utilitariste (« Passe-moi le sel ») centrée sur une information pratique, concrète ou externe (« Il fait chaud »).

Il est probable que nos ancêtres préhistoriques ont su très tôt dire des informations et les traiter. En revanche, parler de soi et écouter la parole d'un sujet est cognitivement et structurellement une capacité tardive qui nécessite, pour exister, que des instances psychiques complexes soient mises en place.

L'écoute dont nous parlons à S.O.S Amitié est fondée sur une vie intellectuelle et affective de l'appelant qui a besoin de se dire à un autre humain. En cela, elle s'inscrit dans une culture de la parole dont elle est un aboutissement. Elle donne au sujet et à son Moi une place centrale.

Le pouvoir le plus important de S.O.S Amitié est sans doute la remise en cause d'une croyance en « La vérité » par une mise en tension de l'écoutant avec la réalité. **Bref, c'est une écoute centrée sur le discours et non sur l'observable du réel.**

7. Le dispositif S.O.S Amitié avec sa Charte fait émerger des phénomènes psychiques inattendus

7.1 La suppression de la réalité ordinaire

Cette « réalité » a été décrite et analysée par différents penseurs, qu'ils appartiennent au champ de la philosophie depuis l'Antiquité ou de la psychologie contemporaine avec P. Watzlawick, J. Lacan, etc.

Ce que nous appelons « réalité » (à distinguer du « réel ») est à entendre comme l'ensemble des faits objectivables sur lesquels un groupe social se met d'accord.

Par exemple mon âge, mon sexe, mon apparence sociale, mon métier, ce que je suis supposé être…

Cette réalité externe (y compris la réalité scientifique) nous apparaît aujourd'hui comme construite, élaborée, culturelle, enseignée et donc extrêmement déterminée par des conditions d'environnement.

De son côté, notre « réalité psychique interne » est l'aboutissement de processus psychologiques à proprement dit.

Sigmund Freud a montré l'importance d'un inconscient qui œuvre de manière souterraine, indépendamment de notre volonté. Les fantasmes, les désirs refoulés, les pulsions n'affleurent à la lisière de notre Moi que par des constructions psychiques particulières (rêves, symptômes, lapsus) qui enrichissent notre rapport au monde en le rendant moins rationnel et moins linéaire…

De manière ordinaire, nous savons qu'en nous coexistent différents niveaux d'être, si bien que notre discours le plus rigoureux ne saurait correspondre exactement avec ce que nous pressentons de nous-mêmes.

Un homme de 74 ans s'exprime : *« C'est difficile d'aborder ces choses-là »*. MM : Pourquoi ? *« Parce que je ne peux pas dire si je suis sincère ou pas. Il me semble toujours que je tiens un rôle malgré tout… Je ne dirais pas que je joue la comédie (mais)… »*

Ainsi, l'être psychique humain n'est pas constitué d'un bloc unitaire et homogène.

Le téléphone permet d'en révéler la complexité d'autant plus qu'il supprime nombre de paramètres qui nous obligent, par ex, à garder une attitude normée et censurée.

Toutes ces données sont condensées dans ce que nous appelons « la personne » qui est, étymologiquement, le masque des acteurs dans l'Antiquité. Il est donc un écran offert au regard social pour faire « sonner la voix » (*per sonare* en latin). À cet égard, « personne » désigne à la fois rien et quelqu'un.

La parole qui est libérée à S.O.S Amitié échappe précisément aux contraintes et aux servitudes multiples qu'exerce sur notre « personne/sujet » l'ensemble des rôles sociaux.

7.2 La réalité au téléphone et l'énigme de l'appelant

La connaissance que j'ai des appelants, en ma qualité de psy de partage, tient au cadre éthique de S.O.S Amitié : confidentialité, respect des personnes, absence de jugement, non-intervention…

De plus, cette compréhension intègre un biais dans le recueil des données : je ne dispose que d'un accès indirect aux appelants tels qu'ils sont reconstitués au fil des partages entre psy et écoutants.

Dès lors, l'appelant est pour tous une hypothèse d'écoute et nous n'aurons jamais, sauf par hasard, de connaissance directe de sa personne ou de son histoire en dehors de ce qu'il en dit.

Appelant et écoutant sont ainsi, et de manière fondamentale en raison du dispositif de S.O.S Amitié, des énigmes réciproques, des « images psychiques » mutuelles, alimentées par des sources multiples tant internes à chacun (ses expériences, son histoire de vie, son imaginaire) qu'externes (le contexte, l'heure, le jour ou la nuit, les thèmes abordés…).

Nous comprenons alors que nous n'entendons pas un individu tel qu'il est mais son discours tel qu'il se dit.

Il n'est d'écoute à S.O.S Amitié que d'un discours ; oral ou écrit, qui s'échange, se travaille.

7.3 Imaginaire au téléphone et réalité

Plusieurs assistantes de régulation médicale du centre 15 débattent avec moi de leur vécu lors de leurs permanences téléphoniques au SAMU.

> “
>
> *M. : Ce week-end, un gosse de quatre ans et demi, retrouvé au fond de la piscine. J'ai pas dormi pendant deux jours. J'ai cette vision du petit au fond de la piscine. Les parents qui hurlent au téléphone… On entend les gens… On imagine la scène. J'avais d'abord l'information d'un enfant de onze ans. Je me disais que ça allait. Il est capable de ressortir tout seul. On s'est accroché à cette idée. Et quand le bilan est arrivé ! C'était un drame.*
>
> *J : Au téléphone, on n'a que l'imaginaire.*
>
> *L : J'ai fait seize ans ambulancière. J'en ai vu des choses ! Au téléphone, tu te sens impuissant. C'est pire. Je préfère voir.*
>
> *J : Je préfère voir les choses que les imaginer.*
>
> *L : Tu peux apporter des aides au SAMU, aux urgences, concrètement…*
>
> *M. : Mon premier recours a été de téléphoner à mon fils de sept ans… Pour pas me laisser couler.*
>
> *L : J'arrête pas d'imaginer. S'est-il dit : « Tiens je vais aller me baigner » ? Qu'est-ce qu'il a vécu, ressenti ?*
>
> *G : On essaie de reconstituer l'histoire, mais on ne saura jamais !!!*
>
> *M. : On prend ça, on l'emporte chez soi le soir. Et si on n'arrive pas à dormir, pendant 48 heures… Après, il y a eu aussi cet accident de voiture, deux gosses, la mère et le père… J'avais l'image dans la tête… et puis la gamine pendue… »*

Sans la condition impérative de ne pas se préoccuper de ça-voir la « réalité » des faits rapportés par l'appelant, chaque écoutant se trouverait dans la même position intenable d'être encombré par son impuissance et réduit à ne pas pouvoir se concentrer sur sa seule véritable mission : **écouter la parole de l'appelant.**

8. Avatar et Artefact : une modélisation du dispositif d'écoute à S.O.S Amitié

Les schémas proposés ci-dessous rendent compte, à travers mon expérience, du modèle le plus pragmatique de la situation où se trouvent appelant et écoutant lors d'une écoute téléphonique.

Pour simplifier à l'extrême, une relation habituelle entre deux personnes pourrait être décrite selon le premier schéma. Un individu parle à un autre qui lui répond.

À partir des éléments apportés préalablement sur le rôle de l'imaginaire et l'impossibilité de connaître la réalité du sujet appelant (puisque le dispositif interdit la rencontre dans la réalité entre les protagonistes) la situation de S.O.S Amitié émerge dans sa complexité.

Je désigne par « Avatar » la figure que l'appelant met en avant lorsqu'il parle de lui à un écoutant. Comme nous l'avons vu, dire : « Je suis un transsexuel de vingt-cinq ans » n'implique pas, bien évidemment, qu'on le soit. Ce personnage dont il sera question lors de l'écoute constitue l'interface offerte du côté de l'appelant à l'écoutant, lequel doit établir sa relation à partir du discours tenu sur ce personnage.

En regard de l'Avatar se constitue « l'Artefact » qui est ici son homologue. En effet, l'écoutant n'écoute pas en son nom personnel mais en celui de l'institution qu'il nomme sitôt le décroché : *« Allô, S.O.S Amitié, je vous écoute »*. Ce personnage interface proposé par l'écoutant à l'appelant constitue un représentant imaginaire que l'appelant pourra construire à sa guise et sur lequel il projettera idées, émotions, pensées… « Vous êtes la grande brune ! Vous êtes raciste ! Vous ne comprenez rien aux problèmes des pauvres ! Vous êtes si gentille ! » Aucune de ces affirmations entendues en partage n'a de raison d'être « vraie » dès lors que l'écoutant reste à sa place, dans la réserve demandée.

On pense que la relation est

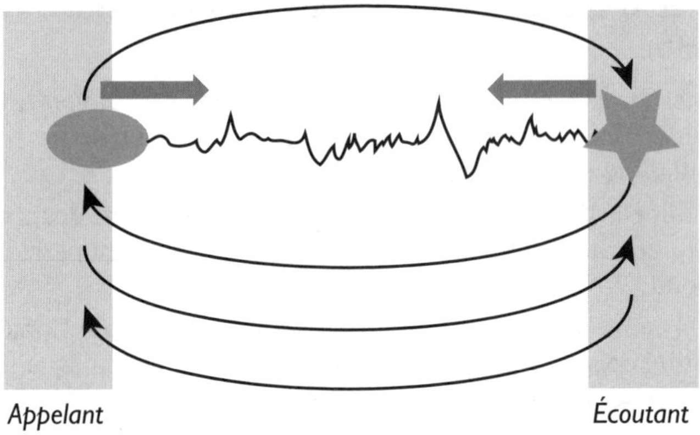

mais la relation se situe ainsi

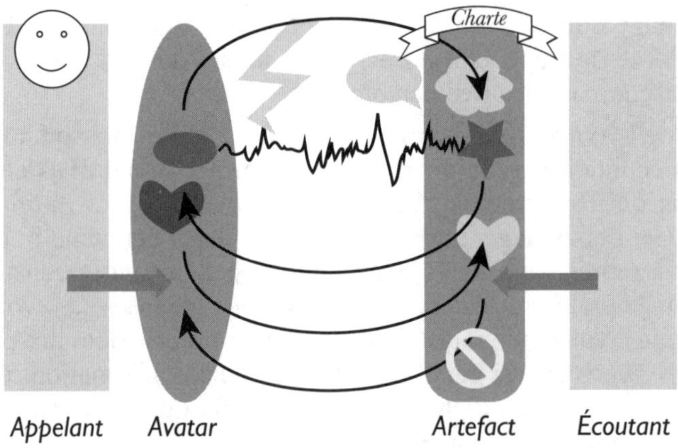

Au final, **toute relation d'écoute téléphonique se situe entre l'avatar et l'artefact et s'établit sur le discours qui circule entre ces deux interfaces** bien que l'arrière-plan soit évidemment l'essentiel d'une véritable rencontre.

Il est probable que l'appelant cherche à toucher le sujet écoutant dans son être réel ; de même que l'écoutant pense, grâce à ses reformulations et à son écoute, toucher l'appelant, spécialement lorsque sa détresse concerne le suicide ou des actes mettant en cause la vie ou une souffrance extrême.

Néanmoins, l'absence d'objectifs thérapeutiques explique que l'échange ne se situe qu'entre avatar et artefact mais, bien évidemment, chacun des deux sujets protagonistes est touché et parfois durablement transformé.

9. Réflexion psychologique sur l'archaïque au téléphone : restauration psychique du sujet

Étonnamment, le téléphone, objet technologique moderne, fait plonger nos esprits en des profondeurs complexes de l'inconscient. Elles émergent par moments sans qu'on n'en ait « conscience ».

Au téléphone, nous passons du plus archaïque au plus névrotique et pouvons même aboutir à la disparition de l'humain avec les interfaces de synthèse vocale et avec certains appelants malades mentaux (psychoses par ex.).

Nous ne téléphonons pas simplement pour transmettre ou recevoir des informations, mais souvent pour satisfaire des besoins psychiques, émotionnels…

« Chéri, j'ai beaucoup pensé à toi aujourd'hui ! Tu fais quoi ? Tu es où ? Avec qui ? Tu m'aimes ? On se voit bientôt ? Tu me manques… » « T'es qu'un sale con ! »

9.1 Les régressions psychiques au téléphone

Le téléphone est typiquement un objet transitionnel en ce qu'il ouvre un espace de créativité et de régression sur tous les niveaux psychiques selon les besoins de chacun. Cela va des plus archaïques, en deçà de la relation à l'autre (usage de l'autre comme dépotoir, poubelle), jusqu'aux plus élaborés (utilisation du verbal, relation intersubjective) où l'écoutant existe et se trouve investi comme représentant alterifié de l'humanité commune.

Cocteau dans « la voix humaine » compare le fil téléphonique à un cordon ombilical reliant deux amants séparés…

Nous savons combien la question du lien est mobilisée au travers du téléphone. Elle alimente bien évidemment aussi les fonctions érotiques.

9.2 Du bon sein au « bon » sens…

D'un point de vue psychique, le téléphone S.O.S Amitié joue un rôle de *holding*[74] (D.-W. Winnicott[75]) et de « bon sein[76] » (ou parfois mauvais) imaginaire pour suivre les théorisations de Mélanie Klein, psychanalyste anglaise.

Dans cette perspective, « l'habitué » à S.O.S Amitié utilise l'institution, au travers de ses appels répétitifs, comme ressourcement. La dépendance qui s'établit peu à peu lui est nécessaire. Loin d'être une pathologie, elle est ce qui assure sa survie.

Par sa dimension d'accrochage oral, ce mode relationnel évoque l'expérience primitive du petit bébé venant prendre sa tétée dans les bras d'une mère à la voix sécurisante et consolatrice, pour s'y restaurer, physiquement et psychiquement.

Un exemple de *Holding primaire :* Axel est un patient suivi en hôpital de jour psychiatrique. *« Il appelle partout, SAMU, médecine, les services psy, S.O.S Amitié… »* Lorsqu'on l'interroge sur les motifs de son appel, il déclare : *« Je n'ai rien à dire. Je m'ennuie. Je veux entendre votre voix. Une voix, que ça réponde au bout du fil. »*

L'infirmière précise qu'en effet, *« il n'a rien à dire et il insiste jusqu'à ce qu'on réponde. "Bonjour, c'est Axel!" Il téléphone généralement la nuit vers deux ou trois heures, lorsqu'il est réveillé. Il est vraiment seul dans son appartement. À cette heure-là, il n'y a que le SAMU et S.O.S Amitié qui peuvent répondre. On le reçoit mal. Il nous agace. Il appelle quand on a du travail, à midi ou lorsqu'on va débaucher. Il peut même appeler une heure avant qu'on parte chez lui pour sa visite à domicile. »*

On dit que pour lui, « l'interlocuteur n'existe pas, il est interchangeable ». Il a juste besoin d'une oreille sur votre tête. « On est tous la même personne

74. Holding : *« Winnicott désigne par le terme de holding (maintien) l'ensemble des soins de la mère donnés à l'enfant pour répondre à ses besoins physiologiques spécifiés selon ses propres sensibilités tactile, auditive, visuelle, sa sensitivité à la chute et qui s'adaptent aux changements physiques et psychologiques de l'enfant. »* Claude Boukobza, « La clinique du holding. Illustration de D.-W. Winnicott. », *Le Coq-héron,* n° 173, 2/2003, p. 64-71.

75. « D.-W. Winnicott : Pédiatre britannique (1896-1971), il développa entre autres les notions d'objet transitionnel* (relation de l'enfant à l'objet) et d'espace transitionnel de Holding (maintien de l'enfant) ». Éric Ruffiat, *Nouveau Dictionnaire de la Culture Psy,* Éditions Œdipia, 2009.

76. Bon/mauvais sein : Mode de perception clivé, pendant les trois premiers mois du bébé, au cours de la période kleinienne appelée position schizo-paranoïde*.
Le sein en tant qu'objet partiel* est aimé quand il véhicule une gratification, comme l'assouvissement de la faim du bébé ; il est alors, selon M. Klein, qualifié de « bon sein ». Mais s'il est vécu comme une source de frustrations*, comme la privation d'un apport nutritionnel, il est alors haï et immédiatement perçu comme « mauvais sein ». Eric Ruffiat, *Nouveau Dictionnaire de la Culture Psy,* Éditions Œdipia©, 2009.

pour lui. Il ne demande personne en particulier. Il s'adapte à n'importe quel interlocuteur. Il appelle toutes les structures » déclare Céline.

Chaque interlocuteur indifférencié assure un portage archaïque *(holding)*, en deçà de la relation différenciée du bébé à sa mère.

Mais, dans le cas d'Axel, on voit également comment les réponses qu'il reçoit assurent une contenance psychique face à ses angoisses.

De même que les murs d'un service de soins psychiatriques peuvent assurer une contenance, votre présence au téléphone assure une **autre contenance par l'écoute, grâce à votre existence et la capacité de votre oreille à l'accueillir jusque dans votre tête.**

Savoir qu'il existe quelqu'un, éveillé comme lui, à portée de téléphone (ce qui représente une proximité imaginaire pour Axel) suffit à le sécuriser psychiquement, mieux qu'un médicament.

> *« Il appelle pour entendre qu'il y a quelqu'un de vivant en face* ***et ça le rend vivant. »***

Ainsi, la parole de chacun agit comme une molécule, pour paraphraser Boris Cyrulnik[77]. Axel pourrait bien être un exemple « d'habitué ».

D'autres appelants viennent déposer leurs déchets, leurs matières sombres : angoisse, dépression, colère, détresse, envie de mourir... et, tout comme de petits bébés, s'en trouvent mieux d'avoir expulsé ce qui les encombrait.

9.3 La fonction poubelle[78]

Parmi toutes, une fonction semble très utilisée dans les dispositifs d'aide anonyme : le « soulagement », comparable à un délestage des déchets psychiques, à une défécation. Je la désigne comme « fonction poubelle ». Pour peu gratifiante qu'elle paraisse, elle occupe un rôle absolument essentiel dans la constitution et l'avènement de notre humanité. Il faut « faire sortir » ces déchets, émotions et pensées toxiques qui nous empêchent d'avancer. C'est le rôle précoce de toutes les mamans mammifères : favoriser l'élimination et nettoyer leurs petits.

Parfois, on a besoin de dire ce qui va mal à un autre. Sinon, où le dire autrement ?

Cela n'implique pas qu'il n'y ait rien de bien ou rien de bon.

Lorsqu'on est écoutant, il faudrait juste accepter d'accueillir ces « ordures mentales », soulager la personne dans un lieu intime.

---

77. Boris Cyrulnik, *De la parole comme d'une molécule,* Point Seuil, 1995.

78. Michel Montheil, « Le partage c'est de la merde ! Ah bon ? La fonction poubelle dans le cadre de l'écoute à S.O.S Amitié » et « L'histoire de l'éboueur qui se prit pour ses ordures. », *La Revue S.O.S Amitié,* n° 132, 2007, p. 14-17.

Un écoutant parle d'une femme « mitrailleuse » qui a « déversé » pendant une demi-heure : *« Elle voulait se libérer ». « Il fallait que ça sorte. »*

Dans cette fonction poubelle, il s'agit d'accueillir une « diarrhée verbale » qui doit se vider pour soulager.

« Cette appelante me demandait une écoute. Bien sûr. Mais alors il n'y a qu'à brancher un répondeur ! [...] *Je me suis senti une oreille, mais une oreille sans bouche. »* Le rôle de l'écoutant est de permettre l'expulsion… et surtout de la contenir dans cette oreille sans bouche…

Peut-être que cette présence d'un être réel et non d'un dispositif informatique, fait toute une différence. Peu importe la cuvette WC destinée à accueillir ce trop-plein intestinal ; cela doit se décharger, mais, au téléphone, il faut un réceptacle humain, à l'image de nos mères psychiques mammifères !

« Je vous appelle parce que j'ai besoin de déverser. »

« Je n'ai rien fait. J'ai écouté » nous dit l'écoutant, plus tard.

Dans cet archaïque « prégénital »[79], l'appelant se décharge de ses déchets, se redynamise et affermit son identité humaine.

10. Qui sont ces écoutants à S.O.S Amitié ?

Bien que bénévole, l'écoute de S.O.S Amitié est « professionnelle » quant à la qualité vers laquelle elle tend et en ce qu'elle n'est ni spontanée, ni naturelle, ni primaire.

Les bénévoles de S.O.S Amitié sont des sujets particuliers, nullement « tout venant » et appartenant à toutes les catégories socio-économiques…

Ils se caractérisent par une communauté de valeurs, d'idéaux, une éthique qui rejoint celle de S.O.S Amitié. Aux détours de leur formation, ils acceptent ce que la Charte et l'institution vont limiter, « castrer » en eux… pour en faire de « vrais » écoutants S.O.S Amitié.

En cela, cette capacité à renoncer à l'illusion d'un pouvoir sur autrui, l'intériorisation de limites qui peuvent paraître frustrantes mais qui s'avèrent la condition essentielle du véritable pouvoir d'écouter l'autre, ne se retrouvent pas chez tous les sujets à l'état natif.

C'est sans doute à partir d'expériences personnelles particulières ou de compétences psychologiques propres, que certains bénévoles vont pou-

79. *« Stages génitaux : Ultime stade du développement psychosexuel* de l'enfant où la zone génitale prévaut, apparaissant après la période de latence*, au moment de la puberté* [...] *Tardivement, Freud réserva le terme d'organisation génitale à la période pubertaire, et affecta (les autres stades) au sein des organisations prégénitales. »* Eric Ruffiat, *Nouveau Dictionnaire de la Culture Psy*, Éditions Œdipia©, 2009.

voir intégrer l'association et s'y révéler de « parfaits » écoutants c'est-à-dire, pour parodier Donald Wood Winnicott, des écoutants « suffisamment bons ».

11. Place et rôle des psychologues dans cette écoute « bénévole » à S.O.S Amitié

La forte implication des psychologues à différents niveaux, au sein de cette équipe d'écoutants bénévoles, renforce la qualité de la sélection, la formation initiale avant l'entrée à l'écoute et la formation continue au fil de l'écoute.

Des ateliers et des sessions de réflexion, des travaux de recherche sont réalisés par les bénévoles eux-mêmes et des psychologues à différents niveaux du fonctionnement de l'association.

Ainsi l'existence d'une Revue[80] dans laquelle des articles de fond sont édités, mais également les congrès locaux, régionaux, nationaux et internationaux[81] relatant de manière très approfondie nos réalités concrètes ou abstraites, scientifiques… permettent à des psychologues de partage, à des chercheurs de renommée internationale de réfléchir sur l'écoute téléphonique et ses enjeux.

Sans aucun doute, ce travail d'élaboration sur le matériel qui nous parvient au sein des partages contribue à restituer à S.O.S Amitié une connaissance approfondie sur sa « matière première ». Cela permet de faire évoluer la compréhension et la pratique des écoutants bénévoles mais également de mieux identifier les processus psychiques à l'œuvre dans une écoute téléphonique ainsi cadrée.

Aujourd'hui, les nouveaux développements de l'internet appliqué à la relation d'aide et à l'écoute d'un tiers dans l'anonymat ouvrent des perspectives théoriques et pratiques inconnues.

80. *www.sos-amitie.com/nous-connaitre*

81. De fait, il existe des spécificités d'un pays à l'autre dans les dispositifs « TES ».

Les effets induits de l'écoute téléphonique à S.O.S Amitié

Michel Montheil

Reconnaissance d'humanité de la personne fragilisée au-delà de sa souffrance… L'exemple de la prévention du suicide.

1. La prévention du suicide par le téléphone S.O.S Amitié

« Et s'il meurt ? » Un enjeu éthique : soutenir l'humanité de l'autre. Mais jusqu'où ?

Une expression du désir dans le discours suicidaire

Une patiente de 57 ans, en phase dépressive depuis un an :

> *« J'ai pensé prendre des comprimés ».*

MM : Pourquoi ?

> ***« Ce serait pour oublier un peu. Dormir.*** *Qu'on me laisse tranquille sans qu'on ne me réveille pour manger… [...] J'ai envie de rejoindre ma mère. J'espère qu'elle me prendra dans ses bras… J'appelle ma mère, toujours ! »*

MM : Est-ce pour lui demander de l'aide ?

> *« Oui, j'espère qu'elle me dise, qu'elle me tende les mains… Qu'elle m'attire. Pour quitter la Terre.* ***On revivrait ce qu'on vivait avant.*** *Une amie, une confidente… »*

Orphée, 7 ans, ne veut plus manger :

> *« Je voulais mourir* ***pour retrouver mon papa*** *parce qu'il me manque… »*

Ces deux exemples soulignent un point essentiel et négligé : **le discours de suicide est très souvent (toujours) la manifestation d'un désir,** c'est-à-dire une force de vie.

Dire « je veux » est extrêmement vivant. On entend parler un sujet désirant.

La deuxième partie de la phrase classique, « mourir », sidère notre pensée. Nous entendons : « mort » là où la personne utilise un verbe, lequel traduit un mouvement : « mourir ». Or, si l'on y réfléchit, mourir est exactement synonyme de vivre car nous mourons très exactement depuis que nous vivons. Nous sommes en train de mourir depuis notre naissance laquelle est l'opposé précis du moment de la mort.

2. Écoutons le discours suicidaire

À S.O.S Amitié, l'appelant ne nous montre pas un geste ou un comportement. Il dit peut-être ce qu'il fait ; il se peut qu'on entende des bruits… Mais la seule réalité sur laquelle l'écoutant s'appuie, c'est la parole et les multiples registres auxquels elle renvoie.

Dès lors le sujet qui énonce un désir de mourir exprime d'abord un projet « de quelque chose », qui n'est toutefois pas désirable pour le plus grand nombre.

Nous y gagnerions beaucoup d'êtres sensibles à cette dynamique lorsque nous sommes à l'écoute des suicidants.

> *« J'avais ce désir de suicide, mais pas sûr que j'avais le désir de mourir. » dit Geneviève.*

Dans l'appel « suicidaire »/« suicidant », l'objectif concret de l'écoute pourrait paraître évident : il s'agirait de « lutter contre le suicide »… ou plutôt (préciseraient quelques écoutants chevronnés) **d'entendre un discours qui exprime un désir, un projet, une action suicidaire, une représentation de la vie…**

Dès lors, s'agit-il :

– d'empêcher coûte que coûte un passage à l'acte ?

– de lui donner une forme, une existence à figure humaine, par la parole et l'écoute ?

– ou encore (et c'est plus délicat) d'accompagner la personne dans ce passage où elle est engagée et de lui permettre, « à visage découvert » paradoxalement dans cet anonymat, d'en explorer les ténèbres et les lumières, peut-être jusqu'à la mort ?

Écouter celui qui souffre, dire ce qui le désoriente au point de vouloir quitter les rivages du monde pour un autre voyage… « Lequel ? Vers où ? Est-ce le bon moment ? Qu'est-ce qui vous conduit à ce désir ? »

Car nous oublions trop souvent que le **projet suicidaire est quasiment toujours un désir de vivre,** mais… autre chose. C'est l'expression d'un sujet vivant-désirant qui affirme : « Je veux mourir ». Ce qui nous aveugle tient à l'objet de ce « désir de vivre » qui n'est pas de préserver le corps mais (en référence à une pensée magique qui résout les tensions) de fuir dans un « autre » espace, sans le corps.

Jusqu'au raccroché du combiné, les propos du suicidant demeurent ceux d'un sujet toujours vivant-désirant, en relation avec un écoutant, présent pour lui, qui ne juge ni ne contraint.

En ce sens, l'écoutant diffère de tous les autres professionnels de santé ou du médico-social qui auraient l'obligation d'agir. De ce fait, ils cesseraient l'écoute ouverte pour mettre en œuvre une écoute stratégique, orientée.

Voici une des originalités de l'écoute S.O.S Amitié : **rester libre.**

Car à le sauver malgré lui on pourrait bien le sauver contre lui…

Certes, épargner sa vie aujourd'hui peut permettre qu'il nous remercie demain. Rien ne peut acheter une existence, unique, essentielle…

Cependant, la question soutenue par l'éthique de S.O.S Amitié est — au-delà de l'évidence qu'il faut sauver des vies — de savoir jusqu'à quel point une société oblige à y parvenir.

Pouvons-nous faire fi de la volonté affichée par le sujet appelant si l'on admet que le désir s'exprime au moins en partie, consciemment et inconsciemment, dans notre parole adressée à un autre ?

Est-il un être à part entière ou un apparent tiers ? Est-ce un sujet aliéné au point que son dire ne nous oblige pas au respect ?

Jusqu'où notre attitude « bienveillante » ne pourrait-elle confiner à un paternalisme, infantilisant celui qui souffre à qui l'on retire son droit de décider pour lui ?

En résumé, S.O.S Amitié offre à tout appelant la possibilité d'être respecté dans sa volonté exprimée :

• soit de chercher en lui, dans la relation qui s'instaure avec l'écoutant, représentant de S.O.S Amitié, « une (autre) raison de vivre » ;

• soit d'être accompagné, s'il le souhaite, humainement, dans son projet, létal peut-être. Car la mort n'est jamais tout à fait certaine. Elle est une ombre qui flotte, présente, mais insaisissable le plus souvent.

Nous touchons là une dimension éthique qui concerne chacun dans sa singularité.

S.O.S Amitié permet de maintenir ouverte cette question afin que l'appelant exerce son choix, garanti par la Charte.

3. Différentes formes de la prévention du suicide à travers le discours suicidaire

Comment identifier les effets d'une prévention du suicide par le téléphone à S.O.S Amitié ?

Celle-ci se repère à différents moments :

- d'abord, lors de l'appel, lorsqu'un suicidant exprime son désir de renoncer à se tuer. Le soulagement est grand chez l'écoutant, une joie à la mesure d'une vie regagnée ;
- de façon « anticipée » en ce qu'un suicidant potentiel sait qu'il aura une balise vers laquelle se guider si un jour la pression le poussait au suicide, tout comme un marin sait, avant de prendre la mer, que des phares jalonneront son parcours et le préserveront des écueils si besoin ;
- enfin, après-coup : s'il y a récidive... on pourrait dire qu'il s'agit d'un échec. Mais ce serait nier la valeur des années vécues avant la récidive. Ce serait surtout affecter aux dispositifs d'écoute (S.O.S Amitié, psychiatrie, psychothérapie, famille, amis...) une toute-puissance thérapeutique qui changerait le désir/destin d'un sujet.

Le risque suicidaire est inhérent à certaines pathologies et même la liberté essentielle du vivant. La récidive pourrait s'inscrire dans de telles fragilités. Penser que l'action exclusive d'une écoute, même répétée, peut « guérir » une personne en écartant ce risque est par trop ambitieux.

Évaluer l'efficacité de « S.O.S Amitié »

Quel effet et combien ? Comment dénombrer les suicides évités par S.O.S Amitié ? Ceux qui n'auront même pas été mis en acte ?

Comment calculer le nombre de vies épargnées lorsque des accidents de la route n'ont pas eu lieu grâce à la prévention ?

Quant à moi, je postule, au travers de mon expérience à S.O.S Amitié, que les vies sauvées des « habitués » sont bien plus nombreuses encore que les suicides directement empêchés par l'écoute des suicidaires.

Regardons cela ensemble...

4. Le non-suicide des « habitués »...

Je voudrais évoquer une forme inattendue de prévention du suicide chez ceux que l'on nomme « les habitués », les « dépendants chroniques ».

Nous avons de très nombreux témoignages spontanés, après plusieurs années, de l'effet « neutralisateur » face au suicide des appels et des écoutes au fil des mois…

Cette « simple » récurrence du lien a eu, pour l'appelant, un effet insoupçonné.

Ils nous disent : « Sans vous, à cette époque, je me serais suicidé ! » ; « Grâce à vous, je n'ai pas eu de crise depuis plusieurs années. Je n'ai pas été ré-hospitalisé en psychiatrie depuis longtemps. »

Cette disponibilité, cette écoute, agissaient à bas bruit, en deçà de la perception et de la conscience que les écoutants (et les appelants) peuvent avoir de leur propre « efficacité ».

Ce qui peut apparaître sur le moment comme une redondante plainte, une dépendance sans contenu… est en fait ce qui nourrit l'appelant et dont il a « simplement » mais profondément besoin : une présence, une perfusion, une vigilance, une reconnaissance mutuelle… une RELATION.

5. Enfin, bien sûr, les suicidants/suicidaires : une situation éthique extrême

« Avant de vous suicider, appelez Man 9000 », Révérend Chad Varah, Samaritans, Londres, (1953)

Lorsque cela arrive au téléphone, l'appelant donne à penser qu'il est en train de se tuer. Il aurait radicalement décidé d'aller jusqu'au bout de son projet.

Le sentiment d'échec s'inscrit évidemment dans l'esprit de l'écoutant… Bien sûr ! Mais… de quel échec parle-t-on ?

Je ne débattrai pas ici de l'action positive qui consiste à éviter un suicide lorsque le cheminement de l'écoute opère une bascule favorable au désir de vivre encore (voir plus haut).

En revanche, un autre aspect, beaucoup plus complexe et polémique, mérite notre attention : est-il simplement possible d'accompagner celui qui se suicide et appelle sans intention d'y renoncer ?

La société nous impose d'agir pour retenir le bras d'un suicidaire. Elle en fait même un délit pénal : la « non-assistance à personne en danger » qui s'applique à tous les citoyens. Il semble toutefois que S.O.S Amitié en soit exonéré en raison de son cadre particulier et des limites imposées par sa Charte.

Beaucoup d'autres structures d'écoute ou d'assistance téléphonique s'efforcent d'agir par tous les moyens pour empêcher l'acte d'un suicidant. On envoie les pompiers ou même un SAMU à une adresse communiquée, sans qu'elle ne puisse être vérifiée, ce qui peut aboutir à des situations invraisemblables.

De son côté, S.O.S Amitié s'est toujours interdit de connaître le numéro des appelants ou leur identité. Dès lors, la parole reçue conserve un caractère confidentiel et sa source reste quasi virtuelle. Mettre en œuvre des secours dans ces conditions demeurerait aléatoire en considérant la véracité des données transmises par l'appelant (possible fausse identité, fausse adresse…).

L'écoutant peut néanmoins solliciter des secours chaque fois que l'appelant demande une assistance dans le réel. Sont alors utilisées les informations qu'il voudra bien donner.

La décision reste dans les limites de l'évaluation et de la conscience de chacun.

Se cacher ou se taire pour mourir…

Dans un contexte (qui n'est pas celui de S.O.S Amitié) d'une obligation imposée de secourir, ceux qui veulent parler à un humain tandis qu'ils engagent leur geste suicidaire se verraient contraints au silence ou au mensonge. Pourquoi ?

Faut-il, pour éviter une prise de pouvoir du social sur le corps du sujet, préférer se cacher et « mourir seul comme un chien » ainsi que l'exposait un appelant à un écoutant novice ? Ce dernier essayait de faire « entendre raison », c'est-à-dire le convaincre (comme nous aurions envie de le faire) que la vie est belle, qu'il y a toujours des solutions aux problèmes, que demain est un autre jour… *« … Et avez-vous bien pensé à la souffrance de vos enfants ? »*

La demande exprimée de cet appelant était de « mourir accompagné », soutenu dans sa personne par un autre humain… et non d'être culpabilisé en pensant aux conséquences d'une décision qu'il offrait en partage à l'écoutant.

J'ai bien dit « demande » de l'appelant. Cela ne signifie évidemment pas que « tout » le sujet soit effectivement contenu dans cette parole, ni même qu'elle ne soit pas ambiguë ou ambivalente. Et c'est cela qui autorise l'échange, l'écoute, le renvoi, la reformulation…

Admettre cette ambivalence ne légitime toutefois pas une démarche de radicalisation, présumant que tout discours suicidant étant par nature pathologique (et immoral) doit être combattu ou traité « de force » !

Je connais la non-assistance à personne en danger et en soutiens la valeur bien évidente. Pour autant, notre civilisation reconnaît le droit individuel à une pensée autonome et à l'initiative.

La question devient : **quel est notre degré d'aliénation ?**

La prévention du suicide par l'écoute passe par l'acceptation préalable de son possible accomplissement et la reconnaissance de la dignité de l'autre, même si le suicide peut être l'acte d'un désespoir, l'issue d'une maladie psychique ou d'un désordre social…

Les écoutants à S.O.S Amitié sont formés pour cela. Ils rejoignent parfois les mouvements de soins palliatifs en ce qu'ils pratiquent ensemble un accompagnement respectueux des sujets et s'écartent d'une ingérence, même bien intentionnée.

Disons finalement que, *de mon point de vue,* l'action de S.O.S Amitié n'est pas « anti » suicide. **Elle doit composer avec le désir de mourir parce qu'il est un aspect de l'angoisse de vivre.**

Interrogeant le sujet sur ses désirs suicidaires, cette écoute espère que, si ce discours reflète effectivement un désir de vie dévoyé ou fantasmé visant un monde imaginaire, l'écoutant pourra guider l'appelant à travers d'autres manières de vivre ou de moins souffrir.

6. Et parfois, un miracle survient… ou non

Nombre de témoignages l'attestent : un changement peut s'opérer chez l'appelant. Il revient vers la vie.

Mais parfois, il fait défaut.

Quelques bruits de chute ou de respiration puis le téléphone « s'en silence »…

Et l'écoutant nous parle de l'angoisse qu'il ressent, d'un drame, de sa propre impuissance devant une énigme de plus : *« Que s'est-il passé ? Est-il mort ? Endormi ? Le trouvera-t-on à temps ? Sera-t-il sauvé ? Était-ce un simulacre ? »*

Il y aura la tentation de regarder dans un journal le lendemain pour savoir… Mais dans quelle ville ? Dans quel département ?

Toutes ces douleurs et peurs sont d'abord extériorisées lors des échanges entre écoutants, dans cette solidarité qui les soutient. Puis elles seront reprises en partage. Voilà…

7. Au plan éthique, quel bénéfice peut avoir notre société à l'existence de S.O.S Amitié ?

C'est cette condition de liberté du sujet appelant qui fonde l'écoute et l'appel à S.O.S Amitié.

Condition non seulement admise par la collectivité, mais « reconnue d'utilité publique ».

Cette association n'agit pas sous l'obligation de « sauver » contre sa volonté… ce que d'autres doivent et savent faire.

Que l'appelant anonyme choisisse librement ce numéro plutôt que tout autre confirme qu'il entend bien « jouir » de sa faculté à décider jusqu'au bout, par lui seul.

Bien sûr, l'appel à la vie que représente l'écoutant en sa personne est bien présent. Il agit dans le respect, pour lui signifier que le suicidant n'est pas seul et que son visage, même imaginaire, constitue un devoir d'humanité, nous mettant sur les pas de Levinas.

La Société donne ce mandat à S.O.S Amitié et lui ouvre ainsi une puissance d'écoute unique, affranchie des obligations d'agir dans le concret. Celles-ci constituent une entrave à l'écoute chaque fois qu'elles poussent d'abord à faire « enquête » et à « chercher un moyen d'agir », comme dans un « centre 15 ».

En partage, nous voyons les écoutants évoquer leur attention exclusive sur l'autre : son vécu, son émotion, ses paroles… Ils ne cherchent pas une stratégie pour obtenir les informations indispensables à un sauvetage (le nom, l'adresse, le téléphone et un consentement) comme ce serait de règle ailleurs.

Il n'est pas dans le pouvoir des écoutants de changer les réalités contingentes dans lesquelles vivent les appelants ; il n'est pas non plus dans leur capacité de mobiliser des secours contre la volonté de l'appelant en raison de l'anonymat téléphonique… même s'ils en font toujours la proposition une fois, deux fois, chaque fois qu'il leur semble possible de la faire entendre…

Alors, notre société peut-elle s'autoriser ce formidable luxe d'être là et d'écouter celui qui veut mourir ou dit le vouloir ?

C'est un luxe en effet, car il s'agit d'une lumière offerte sur le sens de la vie des hommes, sans jugement ni morale.

Je précise que cette « écoute active S.O.S Amitié » n'est pas renoncement ou « passivité ».

Elle se tend vers l'autre, justement, pour le rejoindre là où il est. Elle ne décide pas du chemin psychique ou spirituel à prendre. Elle l'accompagne.

L'appelant, tout comme la société, ne gagnent-ils pas à préserver l'existence d'un lien respectueux, digne, considérant l'appelant, non comme un malade à « médiquer » de toute urgence — fût-ce de force — mais comme un sujet, capable de choix et d'émotions, que la souffrance confronte au projet de mourir ?

Le choix fait par d'autres dispositifs d'aide ou d'autres cultures, serait plus simple : intervenir et contraindre à une réanimation.

Fallait-il sauver Juliette ?

Voyons comment cette pratique a pu aboutir à des drames psychiques, lourds de détresse. Ainsi le cas très médiatisé de Claire, épouse de Roger Quilliot, sénateur et ancien ministre, suicidée en 1998, puis sauvée tandis que son mari succombait ! En couple, ils avaient décidé leur « suicide d'amour ». Aliénation psychique ? Désespoir face à la solitude du survivant ?

Quel « cadeau » fait-on à Claire ce jour-là ? Elle pourra sans doute se remettre. Mais alors, que valent la volonté et la décision commune d'un destin réfléchi ensemble ?

Ne sommes-nous pas les héritiers romantiques de Roméo et Juliette ? Fallait-il réanimer Juliette après la mort de son amant ?

Claire se suicidera par noyade sept ans plus tard, en 2005.

Voici ses propos, et d'autres de son mari, confiés à la journaliste de *Libération*.

> Claire Quilliot : *« Si on le décide, pourquoi ne pourrait-on pas mourir en paix ? »*
>
> *« J'adore la vie, assure Claire. Je l'aime tellement qu'il m'était impossible de la concevoir avec la souffrance d'avoir perdu quelqu'un qu'on aime. Pour moi, l'idée du suicide a toujours été un repos. Je connaissais déjà la douleur que procure la disparition d'un autre. »*
>
> *Elle décrit la période de leurs préparatifs comme une « grande période de bonheur. Nous avions un sentiment de liberté totale, nous cessions d'être soumis au destin. Le fait de choisir nous a donné une confiance immense ».*
>
> Roger Quilliot (dans une lettre annonçant leur suicide) :
>
> *« Nous comprendra-t-on si je dis que notre choix commun de la mort volontaire à deux est un acte à la fois de liberté et d'amour de la vie dans la plénitude ? »*[82]

Comprendre tout cela ne signifie évidemment pas « cautionner », mais sert à mieux cerner les enjeux psychiques et émotionnels auxquels les aidants sont confrontés. **Comment écouter sans *a priori* ?**

82. Vanessa Schneider, *Libération*, n° 8870, 5 janvier 1999 à 23:25. *www.liberation.fr/societe/1999/01/05/le-couple-qui-s-aimait-d-une-mort-tendre-roger-quilliot-ancien-ministre-ps-et-claire-ont-choisi-de-s_262869*

Et si je crois nécessaire de développer cette face de l'écoute des suicidants, c'est parce que la « lutte contre » n'a pas besoin d'avocat.

Et par ailleurs, il faut soulager l'écoutant d'une mission impossible et implicite de « sauver d'abord » avant d'écouter, précisément **parce qu'il faut « écouter d'abord » pour pouvoir « sauver » psychiquement,** même aux frontières de la mort !

8. Conclusion sur les effets induits de S.O.S Amitié : reconnaissance d'humanité derrière la souffrance et la fragilité...

La prévention du suicide passe par l'acceptation de la singularité du sujet et non par le déni de ses actes ou de ses désirs.

Savoir que l'on sera respecté favorise l'accès à la parole adressée à un tiers, première étape dans un possible autre projet de vie.

Il ne s'agit pas de laisser croire qu'il faut jouer à cache-cache avec l'écoutant ni qu'il faut ruser pour se faire entendre.

La parole du suicidant est souvent frontale, violente, intense.

L'accès au discours de l'appelant, tant pour lui-même (car sa pensée est complexe et peut-être ambivalente) que pour l'écoutant, nécessite une ouverture qui interdit de se référer à une position doctrinale lorsqu'elle enferme chacun dans une impossibilité de « s'entendre » !

S.O.S Amitié est un lieu par excellence du respect des personnes dans la plus profonde extension d'un psychisme qui échappe souvent à la plupart des psys.

Bien des résistances conscientes et inconscientes sont induites par le face-à-face organisé dans un cabinet. **Même en confiance, peut-on tout dire de ce qui nous fait peur, mal, aliène, obsède... à son psy sans risquer d'être pris pour un fou ?**

La place du corps dans l'écoute à S.O.S Amitié

Michel Montheil

1. Quel corps ? Décors imaginaires

Le corps est-ce dans quoi nous vivons. Il nous porte et nous transporte ; nous y ressentons émotions, douleurs, plaisirs…

Notre pensée s'y incarne au point qu'il est habituellement impossible de nous détacher de l'identification opérée entre ce corps et notre Moi. Certaines exceptions montrent que ce lien n'est pas permanent (transsexuels, états modifiés de conscience, psychoses…).

Notre corps est relationnel, vous le savez, il est impossible de se chatouiller tout seul. L'approche du chatouilleur produit une excitation avant même qu'il ait touché votre corps. Il faut pour cela que le geste soit précédé par une activité imaginaire porteuse de cette excitation.

Le corps de l'autre est ce que nous percevons de lui en premier. Il éveille alors des impressions, des sensations : désir, attrait, dégoût, inquiétude, confiance…

Nous qui sommes « voyants », lorsque nous sommes privés du regard, exacerbons un mécanisme de représentation imaginaire, déjà présent en chacun depuis notre naissance.

Nous « fantasmons » celui qui parle à la radio, au téléphone… Si nous ne l'avons jamais vu, l'image qui se construit en nous est une projection de notre rêverie à partir d'indices qui font sens pour nous : timbre de voix, accent, expression et style, bagage culturel, associations d'idées…

Si le locuteur est connu, revient à notre esprit une image composite de lui qui soutient la communication par le rappel de souvenirs, rarement purs.

Ces opérations se font à notre insu, automatiquement et inconsciemment. Pour certains, ces représentations psychiques peuvent être davantage sonores, tactiles, visuelles, olfactives…

À S.O.S Amitié, l'écoutant est dans une place paradoxale de voyeur alors qu'il ne « voit » rien. Il ne saisit jamais la « réalité » du corps de l'autre mais l'entrevoit par ce qu'il « donne à voir » de lui-même dans son discours.

2. Quelques éléments à propos du corps « réel »

2.1 Mon corps-moi ; le corps-l'autre

Le corps réel n'est pas une enveloppe neutre.

C'est un support d'identité, de sexuation, de sexualité, de relations. Il organise notre partition entre masculin et féminin sur des modalités psychologiques et culturelles qui fluctuent et évoluent. On admet mieux aujourd'hui que l'on puisse appartenir nettement à un sexe et investir des sensibilités et les comportements d'un autre.

Ce corps biologique est également le support de notre organisme et, littéralement, de la vie, des maladies, puis un jour, de la mort.

Ses états (émotions, angoisse, plaisir, peurs…) influent sur notre façon d'être au monde, sur nos capacités.

Ses expériences laissent des traces dans notre substrat biologique mais aussi dans notre psyché.

2.2 Le corps, vecteur de la relation

Inconsciemment, notre manière de nous adresser à autrui est pilotée par ce que nous « pensons » de nous et de l'autre, souvent au travers de notre apparence. Nous agissons sur elle pour la modifier. La mode et ses codes y contribuent. Le visuel organise le plus souvent notre relation « réelle » et modifie nos positions respectives.

3. Le corps dans l'écoute au téléphone

Le dispositif de S.O.S Amitié (anonymat, confidentialité, non-intervention) abolit la confrontation physique à l'autre, à son corps « réel ».

Il reste alors un échange psychique entre deux sujets installés dans leur corps et leur identité sexuelle, ce qui fonde une véritable rencontre.

Être homme ou femme écouté par un écoutant homme ou femme…

Une appelante déclare qu'elle ne veut pas parler aux hommes. Mais qu'est-ce qu'un « homme » dans cette condition d'anonymat sinon une représentation *a priori ?*

Les services téléphoniques qui offrent la possibilité d'une rencontre en face-à-face se coupent de cette créativité qui faisait dire à un humoriste que « la radio est un progrès en ce qu'elle a supprimé l'image ».

À S.O.S Amitié, il est formellement interdit qu'une rencontre réelle ait lieu entre appelant et écoutant. De tels rendez-vous seraient des transgressions qui obligeraient au retrait de l'écoutant.

Ce qui apparaît alors est un corps relationnel virtuel.

Chacun dans une telle situation peut prétendre au corps qu'il désire : nul ne saura jamais si cet appelant qui se dit transsexuel opéré l'est en effet ou s'il expose une « idée » de corps pour en jouer, comme les enfants deviennent très sérieusement Zorro avec une simple cape.

L'autre « réel » n'est pas le corps qu'il donne à penser et mon propre corps échappe, dans le regard de l'appelant, à l'image que j'en ai.

3.1 Le corps de l'écoutant

Le corps de l'écoutant est un révélateur et peut être une épreuve pour lui dans l'écoute. Tendu avec un suicidant ; irrité, souillé, violé pour certains face aux masturbateurs... Impatient envers l'habitué...

C'est un espace qui vit. Le corps le jour... le corps la nuit et sa lassitude. Faim, soif, envie de dormir ou d'aller aux toilettes... Impatience des jambes, doigts qui bougent et veulent écrire...

> *« Je suis surpris que les écoutants soient si attentifs à savoir si on est toujours là. Ils savent si on est toujours là, si on est dans un mode veille. Ils le sentent. »*

Cela montre que votre présence laisse passer quelque chose et que les appelants entendent comment est le corps qui les écoute.

Fantasmatiquement, il existe un *corps idéal de l'écoutant :* toujours performant, disponible, attentif, exempt de fatigue et de trouble...

Il s'oppose au *corps réel de l'écoutant :* éprouvé, façonné par les écoutes et leur engagement, travaillé par une sensibilité au fil des séances et des partages.

Le corps réel est « présent », attentif... Il observe ses mouvements pour mieux comprendre ceux, psychiques, de l'appelant.

Cela parle d'un idéal accompli... qui existe par moments, posé comme ce que chacun désire atteindre...

Une observation amusante à propos du corps des appelants : s'il est arrivé que certains candidats soient parfois porteurs de handicaps (marche difficile, malvoyants, voire malentendants, ce qui est presque un comble) jamais à ma connaissance il n'y a eu d'écoutant muet. Pas plus d'ailleurs qu'il n'existerait un appelant au téléphone qui soit muet. Ceci devrait démontrer que **la capacité à écouter nécessite en retour chez l'écoutant la capacité à parler,** spécialement dans cet espace virtuel et téléphonique de S.O.S Amitié.

3.2 Le corps de l'appelant dans l'écoute

Comme avec l'écoutant, il existe un corps réel de l'appelant et un corps imaginaire.

Ce dernier est une image parlée, un corps énigme, fantasmé, bien que perçu et entrevu par un bruit, une parole, une évocation.

Au téléphone, si la réalité morphologique disparaît (voir plus loin le mythe d'Écho et de Narcisse), résonnent toutefois des éléments rattachés au corps : le non verbal, la voix, le ton, la parole qui véhiculent des « dires » à propos du corps et de ses états. Ex : « je suis gros et vieux ; je suis jeune et belle ; j'ai 15 ans et mes parents me battent ; je suis un homosexuel, esclave humilié d'un couple maltraitant... Je porte des talons hauts. »

Ce qu'il est vraiment a peu d'importance au « regard » de ce que son détenteur en dit.

« Je suis handicapé et tétraplégique » ou « Je suis un transsexuel femme opérée en porte-jarretelles qui repasse le linge... ».

Il est question du besoin d'être « reconnu » comme sujet, incluant une dimension sexuée dans la relation.

3.3 L'écoute de l'appelant dans cet espace virtuel

Paradoxalement, la relation téléphonique stimule des fonctions voyeuristes de part et d'autre. **Ce qui se dit donne à voir ; se donne à voir.**

L'appelant en a sans doute conscience dans certains cas où précisément on peut supposer que son intention est de faire imaginer par l'écoutant une scène qu'il décrit avec trop de détails et de précisions. On peut alors supposer qu'il cherche à créer un trouble chez l'écoutant.

La relation téléphonique est donc, à bien des égards, une **mise en scène** dans laquelle l'audition et le regard seront fortement mis à contribution.

La parole de l'appelant traverse l'espace et vient s'animer en images dans l'esprit préalablement formé et sensibilisé de l'écoutant.

On y entendra un corps qui souffre d'une envie de mourir, d'une maladie ; qui cherche du plaisir ou la paix… Ce corps pose une question « trouble », évoque une identité flottante, des relations sexuelles avec un chien, une situation de victime soumise… l'ennui d'une existence vide, la solitude, les signes d'une maladie mentale, l'angoisse, le deuil et le manque qu'on ne parvient pas à dépasser…

La distance technique qu'imposent le cadre et le dispositif de S.O.S Amitié permet l'éclatement, la diffraction du sujet appelant en autant d'images de son Moi, de son « avatar », chacune recueillie par un écoutant d'un poste. Ces images peuvent cohabiter successivement (« Tiens, mais il ne m'a pas dit ça la dernière fois… ») ou sur différents postes autrefois bien isolés mais aujourd'hui interconnectés à travers « l'IP » et ses plateaux téléphoniques…

Il arrive également que toutes les perceptions du même appelant soient spécialement cohérentes et donnent l'impression aux écoutants qu'ils ont affaire à une personne bien unifiée, identifiable, homogène.

3.4 Le corps du groupe imaginaire « S.O.S Amitié »

J'évoque ici un processus psychique décrit dans les travaux sur les groupes en psychologie sociale et également en psychanalyse.

« Un plus un égale le plus souvent plus que deux. » Nous en avons un exemple dans la rencontre amoureuse puisqu'émerge de l'assemblage de deux individus une nouvelle entité qui constituera l'espace réel et imaginaire du couple, avec ses propriétés psychologiques.

De la même manière, assembler en un lieu (le poste) au sein d'une institution nationale (S.O.S Amitié) un grand nombre d'écoutants va, du côté de l'association elle-même, entraîner l'élaboration d'une forme imaginaire qui serait « l'écoutant type », l'écoutant idéal.

Mais c'est du côté de l'appelant que nous trouverons le plus d'intérêt à repérer l'existence d'un corps groupal.

En effet, tout appelant anonyme qui téléphone à S.O.S Amitié sait très bien qu'il ne s'adresse pas à une personne identifiée comme on pourrait parler à son voisin.

L'écoutant décroche et annonce : « Bonjour, S.O.S Amitié, j'écoute »… Ce faisant, il se présente bien comme un membre d'un corps groupal nommé « S.O.S Amitié ».

L'appelant s'adresse alors à un individu prototype et lui attribue toutes les caractéristiques, les qualités et les défauts qu'il projette sur l'institution.

"

Les femmes à S.O.S Amitié, il a que des vieilles ! »

Chaque écoutant est ainsi conforme à l'image que veut bien s'en faire l'appelant, quels que soient la voix et l'âge perçu de l'écoutant à qui il s'adresse. C'est un écoutant idéal qu'il a conçu, dans son esprit. Cet « écoutant prototype » correspond exactement à ce dont l'appelant a besoin pour élaborer son discours et l'adresser à un tiers inconnu.

Et c'est précisément cette possibilité d'imaginer son interlocuteur qui constitue l'ouverture et la créativité de S.O.S Amitié pour les appelants.

3.5. Le corps d'Internet

L'usage actuel de l'Internet en complément du téléphone va sans doute modifier la situation décrite avec ce dernier.

En effet, le corps de l'appelant pourra être totalement différent. Il s'affichera sur un écran d'ordinateur au travers, le plus souvent, de la percussion de doigts sur des touches séparées d'un clavier. Dans ce cas, l'appelant pourra être muet !

L'écriture électronique, dans sa forme scripte imprimée, remplace le flux glissant d'une bille sur le plan horizontal du papier en écriture cursive (homologue du flux de l'air, le fil de la voix modulée grâce aux cordes vocales) par une succession saccadée d'impacts verticaux sur le clavier. Les lettres y sont détachées par la frappe sur les touches.[83]

Nous passons d'une continuité à une discontinuité du geste, et peut-être fragmentons-nous la pensée par une décomposition orthographique.

Cette orthographe ou le style linguistique prendront une place, volontairement ou non, déterminée par l'appelant. Nous parlerons d'une « anatomie du corps des mots » qui viendra remplacer le bain oral de langage du téléphone.

Si tout le monde sait parler, tout le monde ne sait pas écrire.[84]

La population des analphabètes, auxquels il faut rajouter les illettrés, représente un nombre considérable de personnes potentiellement en difficulté de communication. Que se passe-t-il lorsqu'ils éprouvent une détresse psychique ?[85] (En France métropolitaine en 2011, 2 500 000 personnes, soit

83. Voir l'interview de Michel Serre en septembre 2015 sur France Info.

84. Il existe des expressions qui évoquent le lien entre l'écriture et une image corporelle animée : le corps de la lettre ; rester lettre morte ; se dire de vive voix… « Verba volant, scripta manent » disaient les anciens, renforçant une opposition parole et trace.

85. *www.lemonde.fr/les-decodeurs/article/2014/09/18/qui-sont-les-illettres-en-france_4490014_4355770.html*

7 % de la population des 18 à 65 ans scolarisés en France, sont en situation d'illettrisme selon la définition de l'ANLCI).[86]

La reconstruction par l'écoutant du corps de l'appelant se fera toujours, mais en s'appuyant sur d'autres signes qu'auditifs. On pourra croire s'adresser à un jeune parce qu'il utilise un langage et un style attribués aux jeunes : orthographe, phonétique, style... Mais le travestissement volontaire reste une possibilité et, pas plus qu'avec le téléphone, l'écoutant ne pourra prétendre « connaître » celui à qui il s'adresse.

Le rôle de l'imaginaire demeurera premier.

Qu'est-ce que cela induira dans nos esprits ? Et spécialement, dans la manière de se dire et d'écouter à S.O.S Amitié ?

Quoi qu'il en soit, **le fondamental commun à l'ensemble des trois dispositifs** actuels de S.O.S Amitié reste plus que jamais **la relation.**

3.6. Un essai de modélisation : la Nymphe Écho

La mythologie grecque nous offre une parfaite situation d'écoute qui rejoint celle que je décris.

La Nymphe Écho ayant vu le « farouche et orgueilleux » Narcisse, en tomba, comme le dit le texte antique, si « languissante d'amour » qu'elle se laissa dépérir par mortification, au point que seule sa voix subsista.

Formée sans doute par Rogers à la reformulation, *« elle ne pouvait plus se servir de sa voix si ce n'est pour répéter* [...] *les paroles »* d'un autre.

Nous savons l'issue de ce drame où l'appelant Narcisse, sans considération pour tout autre que lui-même, repoussant « avec indifférence » chacun de ses soupirants, ne put que tomber amoureux de sa propre image reconnue dans l'eau.

Désespéré « de posséder et de ne pas posséder » sa propre image, Narcisse se poignarda.

L'appelant est ici centré sur sa propre personne, en quête d'un absolu qui le coupe de la relation à autrui.

Il est intéressant de noter que la légende entoure la vie de Narcisse d'une succession de drames, depuis le viol dont il est né, jusqu'à une succession de suicides et de malédictions. Le « destin » narcissique de certains appelants n'est sans doute pas seulement le fait d'un égoïsme brut.

Cet appelant ressemble à bien d'autres. Il ne met en scène dans l'appel que la face qui le préoccupe et non la totale réalité de son histoire.

---

86. *www.ladocumentationfrancaise.fr/var/storage/rapports-publics/144000096.pdf*

Quant à notre Écho-utante, interdite de parole spontanée, au service de l'autre pour qu'il puisse exprimer sa pensée, elle doit rester au plus près de cet appelant jusqu'à voir son corps s'effacer et n'être plus que ce filet de voix, traversée d'émotions et de désespoirs.

Là est sans doute notre différence majeure puisque le dispositif S.O.S Amitié prévoit justement que l'écoutant ne reçoive jamais en son nom propre ce qui lui est adressé, mais toujours en celui de l'association. Il est invité à redéposer en partage les charges, les émotions, les questionnements techniques ou psychologiques.

Nous évitons ainsi la mort réelle de nos écoutants qui n'ont pas besoin de se dissoudre, même si, comme toutes les associations de bénévoles, nous constatons bien la fonte du corps des effectifs !

4. La question de l'être et du désir

Au fond, il n'existe pas d'identité (donc sexuée et sexuelle) hors d'une référence explicite à un corps et implicite ou non à un Autre, c'est-à-dire située dans une relation, même virtuelle.

Certaines formes de maladies mentales, de folies, sont en quelque sorte asexuées ou pluri-sexuées parce qu'elles ont perdu leur référentiel. Leurs appels à S.O.S Amitié ou leurs propos sexuels n'ont pas de valeur relationnelle ou hédoniste : elles ne visent pas une gratification mutuelle par des voies corporelles ou par l'espace psychique du désir. Elles s'expriment comme une activité anatomique. La sexualité peut être prise comme une expérience agressive d'emprise, de destruction ou comme une autogratification sans que l'autre n'existe...

Au cœur de la rencontre, qu'elle soit réelle ou virtuelle, appuyée sur le visuel, l'audition ou la représentation imaginaire, chacun s'efforce de **se sentir exister ;** de désirer et d'être désiré.

L'appel à S.O.S Amitié est le lieu « par essence » où cette expérience s'avère possible « par les sens » libérés du réel et ouverts sur un écoutant qui accueille celui que l'appelant dit être.

Car l'écoute n'est pas un miroir fidèle du sujet appelant mais son reflet au travers de facettes, d'images offertes à entendre.[87]

---

87. Voyons en effet comment, dans le domaine du spectacle, la présence du corps sur scène détourne la parole et modifie même la valeur attribuée aux propos selon que le locuteur semble ou non physiquement crédible : un clown, un humoriste, un acteur de la Comédie Française, un politicien...

Écouter : Un acte politique ? Le rôle social de S.O.S Amitié

Alain Le Corre

1. Cinquante années d'évolutions majeures dans nos sociétés

Il n'est pas inutile de rappeler que l'association S.O.S Amitié est née dans un contexte socio-économique de développement continu (« Les trente glorieuses ») caractérisé, entre autres, par un quasi plein emploi et un fonctionnement incontestable de l'ascenseur social. Nous n'en sommes plus là !

Pour s'en tenir à quelques observations simples, il faut noter qu'en quatre décennies, ce paysage a été profondément bouleversé : le chômage n'a cessé de progresser, modifiant de manière sensible l'idée même de travail et de sa place dans l'insertion sociale et, parallèlement, des transformations qu'il est convenu d'appeler « sociétales », touchant à la famille, aux mœurs, à la conscience de soi dans son rapport aux autres, ont bouleversé bien des repères. Essentiellement ceux que les processus de socialisation traditionnels allant de la famille aux grandes institutions (telles l'école, l'armée...) mettaient en œuvre dans une grande continuité et une grande stabilité depuis des décennies. Se sont multipliés les discours sur la « montée de l'individualisme » qui serait le versant négatif d'un développement, positif celui-ci, de l'autonomie individuelle, de la liberté de « l'acteur ». Ces changements n'ont pas été sans incidence sur l'activité des associations de solidarité et, en ce qui concerne l'écoute, ont participé à des transformations dans la nature des appels ainsi qu'à une évolution du rapport même à la relation d'aide impliquée dans le statut de l'écoute.

2. Les appels, porteurs de cette évolution

La place faite à l'attention à soi, à ses propres sentiments et émotions, à leur description, leur mise en visibilité publique (*via* les réseaux, par exemple) constitue une caractéristique massive de l'univers culturel dans lequel

« baignent » les appelants, comme tout un chacun, et qui infiltre leur prise de parole, l'expression même de leur « être au monde ».

Le développement considérable de toute une littérature consacrée au souci de soi, à l'analyse de son moi intime, à la gestion de ses propres émotions (comme en témoigne le succès des livres de « développement personnel ») atteste la présence, dans la sphère du privé, de logiques quasi managériales : l'individu est invité à « gérer » sa vie comme une petite entreprise ou un capital qu'il s'agit de maximiser. Ce développement repose aussi sur l'idée que la bonne « gestion » de son univers intérieur irait de pair avec l'émancipation, la libération, l'affranchissement des carcans personnels et sociaux. L'évolution ainsi observée n'est pas sans effet sur la mise en discours que beaucoup d'appelants font de leur personne. Celle-ci se manifeste à travers un certain vocabulaire, une certaine rhétorique qui soulignent à quel point les problèmes évoqués, qu'ils concernent la solitude affective, le couple, la famille, peuvent s'entendre dans leur dimension sociale. Parallèlement telle ou telle souffrance, ne relevant apparemment que de l'intime, peut au contraire se penser en référence à des normes de vie largement construites et diffusées par les médias. Normes qui d'ailleurs sont intériorisées au point d'être considérées comme la production d'un moi libre.

Certains appels concernant la vie sentimentale sont sans doute révélateurs de cette « imposition de normes » qui, bien entendu, n'apparaît jamais en tant que telle, qui ne dit pas son nom et se présente sous le jour de la liberté. La souffrance de ne pas être comme les autres, de ne pas être « dans la norme », par exemple, concernant la vie sexuelle, manifeste cet écart entre le discours dominant sur la liberté individuelle et l'effet de conformisme que, paradoxalement, il produit. Il arrive que des appels soient centrés sur ce qu'on pourrait presque appeler « la bonne gestion de la vie émotionnelle », invitant l'écoutant à se faire évaluateur ou conseiller : « Ai-je le bon profil pour retrouver un(e) partenaire ? » semble interroger notre interlocuteur (-trice), car l'écoutant, supposé savoir (lui qui en entend tellement !), pourrait peut-être jouer pour un instant le rôle de « *coach* de la vie sentimentale ».

Un domaine dans lequel cet écart génère des effets particulièrement douloureux est celui du travail : le discours managérial dominant souligne ce qui serait l'obsolescence des anciennes hiérarchies, remplacées par un renforcement de l'autonomie du salarié. Celui-ci aurait plus de prise sur son activité individuelle, gagnerait en faculté d'initiatives et, partant, en accroissement valorisant du couple liberté-responsabilité. On serait loin de la tyrannie des petits chefs d'antan et cette prétendue liberté dans le travail, conquise ou accordée, serait une source d'épanouissement individuel favorable à toutes les strates du collectif. Cette image enchantée d'un monde salarial qui en aurait fini avec l'exploitation ou les rapports de forces est bien sûr contredite par de multiples études réalisées par des spécialistes de plusieurs disciplines : sociologie, psychologie (du travail), notamment. Les écoutants de S.O.S Amitié ont aussi affaire à des appels de personnes qui racontent, décrivent et souvent analysent, leur souffrance au travail. Elles disent, par exemple, la complexité des relations humaines quand tout le monde surveille tout le monde, quand l'autoévaluation est érigée en mode de gouvernance, quand les objectifs sont impossibles à atteindre, quand la fragmentation des horaires rend, notamment pour les femmes, toute vie familiale difficile à organiser…

Elles disent aussi la souffrance de se sentir nul, incapable d'assumer sa tâche, de s'attribuer l'entière responsabilité d'un échec, parce que tout a été fait pour que l'individu soit le point de concentration de tous les ratés, de tous les dysfonctionnements. Parmi les tentations suicidaires invoquées dans les appels, il n'est pas rare que les conditions de travail, sans parler du chômage de longue durée, soient évoquées comme composantes d'un malaise généralisé.

Et pourtant… un curieux phénomène se produit : il semblerait que le chômage de masse fasse tellement partie de la banalité de notre monde que des appelants en oublieraient presque de mentionner qu'ils n'ont plus accès au travail, comme si cette réalité de leur vie était reléguée à l'arrière-plan de leur conscience. D'anciens écoutants, bénévoles des années quatre-vingt, portent témoignage que les motifs d'appel évoquant l'entrée dans le chômage et ses conséquences psychiques étaient plus nombreux à cette époque que dans les années deux mille. Comment l'expliquer, sinon par le fait que la rareté du travail est devenue un trait dominant de nos sociétés, tellement incorporé dans notre univers mental qu'il faut un effort d'analyse et de réflexivité pour établir le lien entre le statut de chômeur et telle ou telle pathologie qui paraîtrait ne relever que du psychisme individuel, par exemple.

3. Souffrance individuelle/souffrance sociale : l'individu comme variable d'ajustement

Le congrès de S.O.S Amitié réuni à Nancy au printemps 2014 avait pour thème : « Engagement et Société ». À lui seul ce titre dit bien ce qu'une association de solidarité dont l'écoute est le fondement cherche à proposer : avoir une utilité sociale à travers l'attention à la parole des individus, souligner la relation entre des personnes singulières et l'ensemble des êtres humains qui composent une nation, créer du commun, au-delà du chacun pour soi en expansion.

Parmi les interventions magistrales, toutes riches de réflexion, qui ont émaillé ce congrès, nous retiendrons quelques courts fragments directement liés à l'objet de ce chapitre et choisis pour en éclairer les aspects fondamentaux.

De Jean Furtos, psychiatre, directeur de l'Observatoire national des pratiques en santé mentale et précaire :

> *« Un jour de 1993, Mlle P., infirmière responsable à l'Hôpital de Vinatier, m'interpelle : "M. Furtos, il faut nous aider ; les gens ne souffrent plus comme avant." Elle évoquait les chômeurs de longue durée, les bénéficiaires des minima sociaux, les jeunes en difficulté que nous adressaient les travailleurs sociaux en impuissance professionnelle* [...]. *Le contexte dans lequel "les gens ne souffrent plus comme avant" est le néolibéralisme, marqué par des flux financiers à grande vitesse ; auxquels s'associent des flux d'informations, de biens et d'individus. L'effet économique premier est de confirmer l'inégalité majeure entre les revenus du capital et ceux du travail, comme à la fin du XIXe siècle (Piketti, 2013). Mais ce sont les effets psychosociaux que je décrirai. Dans ces flux, les personnes se réduisent à des individus, particules autocentrées se connectant et se déconnectant à d'autres particules, visant d'abord leur autoconservation et leur autoréalisation. Dans ces flux, l'éthique n'est pas le sujet du processus, l'autre n'existe pas dans le sens d'une reconnaissance réciproque d'altérité et de dignité. Les particules individuelles valorisées ou jetées selon les besoins de la conjoncture, constituent une variable d'ajustement. »*

De Patrick Coupechoux, journaliste et essayiste :

> *« On pourrait s'interroger sur notre fonctionnement social, comme l'a fait Jean Furtos lorsqu'il a évoqué le néolibéralisme et l'hyper-individualisme. Je partage son approche, mais je souhaiterais ajouter que le néolibéralisme, c'est une conception idéologique de l'individu en société, un individu autonome, capable de gérer sa vie comme une entreprise ou comme un capital, en concurrence avec les autres, dans tous les aspects de sa vie. »*

> *« Nous arrivons donc à ce paradoxe d'une société qui encense l'individu et qui, dans le même temps, nie la singularité, nie l'existence même du sujet en le réduisant au statut de producteur/consommateur, en le considérant comme une simple ressource humaine, avec l'assentiment de celui-ci et, souvent, sa souffrance. »*

Ces paroles prononcées devant le nombreux public du congrès ont résonné comme une invitation à approfondir la réflexion que S.O.S Amitié a toujours portée, mais avec plus ou moins d'intensité selon les périodes : comment penser le rôle de l'association dans la société en tenant compte du contexte socio-économico-politique dont les effets apparaissent dans les appels ?

Quelques lignes du Livre blanc de la formation sont consacrées à cet aspect fondamental :

> *« Il est un point de la Charte qui mérite attention, c'est le dernier alinéa : "Écoute et solidarité". Il dit : "Cette situation engage S.O.S Amitié à promouvoir, dans notre pays, une attitude d'écoute mutuelle. Proche de tout mouvement animé du même esprit, l'association s'intéresse à toute forme d'aide visant à l'écoute désintéressée de l'autre, et participe à l'étude des problèmes psychologiques et sociaux de notre civilisation." »*

Le fil téléphonique, auquel il convient d'ajouter la messagerie et le chat, est un véritable « conduit-sans-obstacle » qui met ses utilisateurs en relation directe avec le corps social. Dans cet espace, tout à la fois public et confidentiel, se déclarent des difficultés existentielles engendrées dans la vie quotidienne qui, dans le même temps, en refuse l'expression.

L'écoutant écoute des « sujets-appelants » et cette écoute doit rester dans l'intimité du Poste. Par ailleurs, reconnu d'utilité publique, S.O.S Amitié est aussi une « oreille de la société » et doit témoigner des misères qu'elle entend.

Il est donc important qu'une réflexion approfondie soit menée en permanence sur les appels reçus et les maux sociaux dont ils sont la manifestation. Il est dans l'esprit de la Charte que la société soit informée des résultats de cette réflexion.

4. Porter témoignage : pourquoi ? Pour quoi ?

Charte et Livre blanc de la formation soulignent donc bien le *triple projet de l'écoute :*

- sur un plan individuel : soutenir la personne qui appelle, de manière anonyme et confidentielle, dans son cheminement intérieur ;
- porter témoignage sur la scène publique des maux de notre société ;
- contribuer, par là même, même si ce ne peut être qu'à un niveau modeste, au débat collectif.

À noter qu'il n'y a pas nécessairement étanchéité entre ces trois objectifs. Offrir à l'appelant, par l'écoute non-directive, néanmoins active et accueillante, le chemin d'un possible dégagement, d'un pas de côté réflexif, lui rendant plus accessibles les dimensions sociales de son mal-être, c'est, d'une certaine manière, introduire du politique dans une intersubjectivité qui semble exclusivement centrée sur l'individu.

C'est dire qu'une association de solidarité comme S.O.S Amitié se doit de poursuivre et renforcer le travail d'analyse des phénomènes dont elle est témoin, par l'écoute, pour se positionner dans le champ du politique, au sens le plus noble du terme. Pour se donner en somme la liberté d'avoir un point de vue sur le monde tel qu'il va et de le faire connaître. Peut-on en effet se contenter d'essayer de colmater par l'écoute les brèches psycho-sociales auxquelles nous sommes quotidiennement exposés, au risque de faire simplement œuvre de charité psychique, sans perspective collective ?

5. Du témoin à l'acteur social

Comme acteur social, S.O.S Amitié peut prendre part de manière de plus en plus affirmée au débat sur la société qu'il souhaiterait voir advenir. À l'image de ce qui s'appelle la Doctrine sociale de l'Église, pourrait peut-être se concevoir et se construire une Doctrine sociale des associations de solidarité, dont la teneur serait l'expression laïcisée et totalement aconfessionnelle, conformément à notre Charte, des préoccupations sociétales massives qui constituent la toile de fond des interventions solidaires, qu'il s'agisse des distributions de repas aux plus démunis, ou d'écoute anonyme et gratuite.

Dans cette perspective, notre association se situerait alors dans la logique de « mouvement social » pour reprendre une dénomination proposée par un sociologue qui travaille sur le monde associatif, Jean-Louis Laville.

Conclusion

Alain Le Corre

Depuis la création de S.O.S Amitié voici plus de cinquante ans, des milliers d'hommes et de femmes se sont succédé à l'écoute des souffrances humaines. Ces écoutant(e)s appartenaient et appartiennent encore à l'heure actuelle à toutes les couches de la société. Ils continuent de s'engager au nom d'une certaine vision de la vie collective, sans nécessairement se poser la question, il est vrai, du sens politique de cet engagement.

Qu'est-ce à dire ? La charte de S.O.S Amitié dont il a été question dans cet ouvrage stipule bien que l'apolitisme fait partie des principes fondateurs de son action. Il faut bien sûr l'entendre au sens de refus de toute inféodation à quelque parti que ce soit. En revanche, l'exercice même de l'écoute, parce qu'il expose en permanence à tous les maux et misères du monde, doit pouvoir déboucher sur une perspective d'ordre supérieur : passer de ce qui pourrait apparaître comme une forme de « charité psychique individuelle et individualisante » à un projet plus ambitieux : les hommes et femmes qui appellent sont bien souvent enfermés dans une solitude qui les coupe de tout ce qui humanise et notamment du travail. Les écoutants qui accueillent leur souffrance ne peuvent certes pas changer la réalité de leur vie, ni celle de la société dont ils sont eux-mêmes partie prenante. Ils peuvent en revanche leur permettre de sortir du silence. Les amener à prendre conscience que, bien souvent, à la source de beaucoup de leurs maux, il y a autre chose que leur incapacité personnelle.

Parler du « culte de la performance » comme imprégnant tout ou partie des rouages de la vie sociale (de l'école au monde du travail) ne relève pas simplement du poncif. S'habituer à voir l'autre, que ce soit le voisin ou le collègue de travail, comme un rival potentiel, un concurrent déloyal, peut-être un prédateur menaçant, responsable de son propre malheur, tel est le produit d'une évolution sociopolitique marquée par la raréfaction du travail et la succession des crises.

Les adolescents s'adressent à S.O.S Amitié, plutôt par le chat que par le téléphone, et leurs appels témoignent d'un accroissement indéniable d'un malaise qui peut aller jusqu'au suicide.

Le phénomène n'est pas nouveau mais il semble gagner en ampleur et en intensité.

« Si, pour l'essentiel, les adolescents sont bien dans leur peau, écrit David Le Breton[88]*, 15 % d'entre eux se sentent en porte-à-faux avec le monde et connaissent des périodes de détresse au cours desquelles ils se mettent délibérément en danger en traversant ce que le vocabulaire de la santé publique nomme aujourd'hui les conduites à risque. »*

Chez les adultes, les conduites à risque sont sans doute moins présentes, et la souffrance revêt des formes extrêmement diverses qui peuvent aussi déboucher sur des idéations suicidaires. Dans un ouvrage[89], la psychanalyste Claude Halmos aborde la question des ravages de la crise économique sur les hommes et les femmes qui en sont victimes. Citons la présentation de son essai en quatrième de couverture : perdre son travail, vivre ans l'incertitude, connaître l'appauvrissement, avoir peur pour l'avenir de ses enfants :

« La crise économique touche les individus bien au-delà du simple stress et provoque une profonde crise psychologique. Celle-ci frappe les êtres dans leur vie sociale, leur équilibre familial et affecte jusqu'à leur désir de vivre. Face à ces souffrances pourtant bien réelles, les politiques et les médias restent aussi silencieux que les "psys". Or ce mutisme a de graves conséquences : il condamne les individus à se croire seuls avec leurs angoisses et coupables de leurs malheurs. »

Dans un ouvrage, le philosophe Guillaume Le Blanc analyse le long processus d'effacement qui peut conduire l'individu à ce qu'il appelle « l'invisibilité sociale »[90]. Partant de cette idée qu'être visible, c'est non seulement exister pour soi-même, mais c'est aussi **existerdans et par le regard des autres,** il explique que l'effacement des gens en grande précarité ne procède pas seulement du retrait que l'individu effectuerait de lui-même, il relève aussi de l'opération par laquelle les autres (ceux qu'il nomme « les inclus ») effacent les précaires de leur champ de vision jusqu'à les rendre transparents. Allant plus loin dans cette analyse d'une grande pertinence, il affirme que l'invisibilité se double de la perte d'audibilité, c'est-à-dire de la capacité qu'ont les êtres humains de se donner une « identité narrative ».

Les écoutants sont nécessairement interpellés par une telle approche du phénomène de la marginalisation sociale. S'ils n'ont pas affaire aux « exclus » – ceux qui appellent ou chattent ont les moyens matériels de le faire – ils s'adressent en revanche à beaucoup de personnes qui mènent une vie précaire, instable, incertaine dont ils témoignent au bout du fil ou du clavier… L'écoute qu'ils offrent a certes pour fonction première d'apaiser,

88. David Le Breton, *Disparaître de soi,* Métailié, 2015.

89. Claude Halmos, *Est-ce ainsi que les hommes vivent ?,* LGF, 2015.

90. Guillaume Le Blanc, *L'invisibilité sociale,* PUF, 2009.

d'écrêter la souffrance, mais nombreux sont ceux qui ressentent de manière aiguë leur impuissance, allant jusqu'à se demander si leur action n'est pas, au bout du compte, fallacieuse, de l'ordre du leurre ou du trompe l'œil. En effet, en permettant aux appelants d'aller un peu mieux, ne sont-ils pas en train, dans ce mouvement même, de brider leur velléité de révolte ? et, partant, ne se situent-ils dans la seule logique de la consolation qui n'offrirait aucune perspective collective ?

Ces questions ne sont pas l'apanage d'une association comme S.O.S Amitié. Elles concernent, bien entendu, toutes les associations de solidarité confrontées aux ambiguïtés de la relation d'aide : comment soutenir et accompagner l'autre sans le maintenir dans un état de dépendance et de domination ? Et si l'on pousse la réflexion jusqu'à sa limite, comment se refuser à inscrire la relation d'écoute dans ce qui pourrait s'apparenter, si l'on n'y prend garde, à une forme euphémisée de contrôle social ?

Pour conclure, esquissons *deux voies possibles* pour sortir de ce risque d'enfermement :

- en direction des appelants, leur redonner dignité et marge d'initiative en leur ouvrant, autant que faire se peut, l'opportunité de relier, s'il y a lieu, leurs souffrances singulières, renforcées par un isolement parfois difficile à dépasser, à des déterminants sociaux dont ils n'ont bien souvent pas conscience. C'est ce sur quoi insiste déjà la charte dans l'énoncé des finalités de l'écoute ;
- en direction des pouvoirs publics, contribuer à faire état d'une réflexion sans doute davantage laissée en jachère que dans un passé encore relativement proche. La célébration contemporaine d'un individu libre et autonome, entièrement maître de son destin et responsable, donc, de ses insuffisances, a notablement accru la surdité aux souffrances sociales. S.O.S Amitié, présente à tout moment du jour et de la nuit, tout au long de l'année, recueille des matériaux empiriques sur la réalité de ces souffrances qu'aucun organisme public ou privé ne serait en mesure de réunir. L'approche statistique que l'association réalise chaque année s'enrichit de la substance vivante des appels reçus. Ainsi lui est-il possible de porter un témoignage précis et étayé sur l'état de la société, prenant toute sa place dans ce qu'on appelle « espace civil », à l'écart de l'espace privé, à côté de l'espace public sur lequel il peut tenter de peser et d'agir en assumant pleinement la dimension politique de son regard.

Documents

Document 1

Écoute du Deuil

Nom	**Objet**	**Date de création**	**Numéro d'appel**
Fraternité Jonathan Pierres Vivantes	Entraide morale et spirituelle, écoute du deuil d'un enfant, d'un frère, d'une sœur.	1981	*Numéros locaux*
Jusqu'à la mort accompagner la vie	Écoute des personnes gravement malades, en fin de vie, de leur famille, de leur entourage, de leurs soignants, ainsi que des personnes en deuil.	1983	*Numéros locaux*
Vivre son deuil	Accueil et écoute des familles en deuil. Questions soulevées par le deuil.	1992	*Numéros locaux*
Naître et vivre	Écoute de toute personne concernée par un deuil périnatal.	1984	*01 47 23 05 08*
Dialogue et solidarité	Écoute et soutien du deuil du conjoint, du concubin, du pacsé.	2004	*0800 49 46 27*
Favec	Écoute des conjoints survivants. Accueil et soutien psychologique des familles touchées par le veuvage.	1949	*0800 00 50 25*
Fédération Alliance	Accompagnement bénévole des personnes gravement malades, en fin de vie, de leur entourage, des personnes endeuillées.	1986	*Numéros locaux*

Violences ou Maltraitances diverses

Nom	**Objet**	**Date de création**	**Numéro d'appel**
S.O.S Victimes	Écoute et orientation des victimes de violences ou de catastrophes de toutes sortes vers les services ou associations pouvant leur venir en aide.	2005	*08 84 28 46 37*
Alma	Écoute de la maltraitance des personnes âgées et/ou des personnes handicapées.	1994	*39 77*

Enfance et Partage	Écoute proposée aux enfants comme à des témoins, destinée à protéger et défendre les enfants maltraités.	1989	*04 74 62 10 62*
S.O.S Homophobie	Écoute de toute personne LGBT ayant subi des agressions physiques, verbales, homophobes au travail, dans le cadre de la vie quotidienne, mal de vivre…	1994	*01 48 06 42 41*
Stop – Violence - Femmes	Écoute, conseil, information et orientation de femmes victimes de violences conjugales.	1985	*39 19*
Collectif féministe contre le viol	Écoute des femmes ayant subi un viol ou une tentative de viol ou des violences sexuelles.	1986	*0 800 059 595*

Risques suicidaires

Nom	***Objet***	***Date de création***	***Numéro d'appel***
Suicide écoute	Ligne d'écoute nationale permanente pour ceux qui sont dans la détresse morale.	1994	*01 45 39 40 00*
S.O.S Suicide Phénix France	Passerelle d'écoute entre les personnes en souffrance et l'offre de soin en santé, ayant pour objectif de restaurer un lien social distendu.	1978	*04 78 52 55 26*
Fil Santé Jeunes	Écoute des jeunes.	1995	*0 800 235 236*

Maladies, pathologies diverses, addictologie[91]

Nom	Objet	Date de création	Numéro d'appel
SIDA Info Service	Écoute de toute personne concernée par le SIDA	2008	*0 800 84 08 00*
Tabac Info Service	Écoute de toutes questions concernant l'addiction au tabac	1998	*38 89*
Ligue contre le cancer	Écoute de toute question concernant le cancer, aide et soutien psychologique	1918	*0810 11 11 01*
AFDAS troubles du comportement alimentaire	Écoute de toute question concernant l'anorexie ou la boulimie	2005	*0810 03 70 37*
Alcool Info Service	Écoute de toute personne concernée directement ou indirectement par une consommation d'alcool	?	*09 80 98 09 30*
Joueurs Info Service	Aide et écoute pour les joueurs en difficulté	?	*09 74 75 13 13*

Écoute généraliste, questions de société

Nom	Objet	Date de création	Numéro d'appel
Petits Frères des Pauvres	Accompagnement des personnes souffrant de solitude, de pauvreté, d'exclusion	1946	*Numéros locaux*
ARAPEJ (Association réflexion action prison justice)	Écoute de toute personne confrontée à l'incarcération	1998	*0 800 87 07 45*
S.O.S Amitié	Service d'écoute des personnes en difficultés	1960	*Numéros locaux*
Planning familial	Lieu de parole concernant la sexualité et les relations amoureuses	1960	*Numéros locaux*
S.O.S Chrétiens à l'écoute	Écoute des difficultés de notre temps	1992	*01 45 35 55 56*

91. L'Institut national de prévention et d'éducation pour la santé (INPES) abrite une vingtaine d'espaces thématiques, chacun proposant une écoute spécifique à un domaine particulier (Tabac, alcool, jeux, drogues…)

Famille

Nom	*Objet*	*Date de création*	*Numéro d'appel*
Inter-service parents	Écoute des difficultés quotidiennes familiales	1978	*0810659009*
Allô Parents Bébés	Écoute de toute question portant sur la relation avec le bébé et son entourage	1988	*0800003456*
Écoute Familles Unafam	Écoute des proches de personnes souffrant d'un trouble psychique	1963	*0142630303*
Enfance et Familles d'adoption	Écoute de toute personne concernée par l'adoption	1953	*0810002101*
Écoute parents d'enfants autistes	Écoute et soutien de familles concernées par l'autisme	?	*0139317122*

Document 2

Petit vocabulaire de l'écoute

Alain le Corre

Introduction

L'écoute à S.O.S Amitié expose ceux et celles qui la pratiquent au foisonnement et à la fragmentation des existences. L'écoutant sait qu'il reçoit des morceaux de vie souvent difficiles à mettre en mots, des éclats de souffrance parfois déclarés indicibles et seulement perceptibles à travers les souffles et les lourds silences.

Ce petit vocabulaire tente de rendre compte de cette fragmentation, non pas au moyen de définitions comme le ferait un lexique, mais par une approche plus problématisante, naviguant entre les écueils d'une réalité fluctuante mais qui n'est pas cependant sans repères.

Affabulation

Il n'est pas rare que l'écoutant se demande si ce qu'il entend est « vrai ». Certains propos paraissent invraisemblables et dans ce cas l'exercice de l'empathie peut s'avérer difficile. Comment se mettre à la place de l'autre si affleure le soupçon que ce qu'on entend peut ne pas être vrai. Aussi faut-il que l'écoutant s'entraîne à accorder crédit, sans *a priori,* à son interlocuteur car, quoi qu'il en soit, même s'il y a affabulation, c'est quand même bien une vérité de l'instant qui s'énonce. Le rapport à la réalité peut être tout à fait distant mais ce qui importe, dans l'écoute, c'est la réalité du dire. Deux niveaux de réalité sont en quelque sorte impliqués dans la parole de l'appelant, l'un coïncidant avec la réalité objective de sa vie, l'autre renvoyant à la seule réalité de l'énoncé. C'est à ce dernier que l'écoutant a affaire.

Anonymat

La question de l'anonymat dans le cadre de S.O.S Amitié peut revêtir une acuité particulière à une époque où la transparence, le dévoilement de soi et la communication sont devenus des sortes d'impératifs de la vie sociale.

L'invitation à dire ouvertement et nommément l'intime traverse les grands médias et internet n'est pas en reste qui, via Facebook par exemple, contribue à produire ou à renforcer cette tyrannie de la transparence.

À rebours du dogme ambiant, une association qui promeut l'anonymat invite à se déprendre de cette injonction en trompe l'œil.

Du côté de l'appelant, elle offre une sécurité : dire l'intime ne se fait pas s'il y a risque du repérage ou de l'identification ; il est possible d'aborder l'inavouable et l'indicible car l'écoutant peut aider à dire ce qui ne pourrait peut-être se dire dans un autre cadre sans que cela s'inscrive dans un répertoire ou une base de données...

Du côté de l'écoutant, elle pousse à un travail sur soi qui va de pair avec l'acceptation de l'effacement, de l'expérience du retrait : la place laissée à l'appelant est à la mesure de ce retrait assumé : « Je suis auprès de vous, mais un peu en arrière ; vous ne me sentirez pas m'écarter vers la gauche avant vous si vous sentez que votre chemin vous mène vers la droite… »

C'est à cela que prépare l'impératif de l'anonymat, à cette humilité jamais acquise, toujours à reconstruire et à retravailler tellement Moi/Je/Ego tapis au creux de nous sont prêts à bondir à tout moment.

Garder l'anonymat va donc beaucoup plus loin que s'interdire de se nommer, c'est inscrire de manière délibérée la frustration qui peut en découler, non comme une souffrance, mais comme une condition essentielle d'une écoute centrée sur la personne. L'expression « garder l'anonymat » n'est d'ailleurs peut-être pas tout à fait pertinente, car elle laisse entendre qu'il y aurait un déjà-là qu'il suffirait de protéger ou circonscrire selon les cas. Or le choix de l'anonymat ne va pas dans le sens de la pente naturelle ; il suppose une certaine prise de conscience, l'incorporation du sens et le savoir-faire de sa mise en acte, ce qui justifie qu'il soit objet de formation.

Angoisse/anxiété

Beaucoup d'appels reçus par S.O.S Amitié sont motivés par l'angoisse, du moins est-ce formulé ainsi par des appelants qui usent du téléphone pour avoir quelqu'un au bout du fil qui soit en mesure de les écouter sur-le-champ. En effet, lorsqu'ils sont en état de crise, submergés par des sensations qui les taraudent (impression d'étouffer, gorge qui se serre, malaise généralisé), ils ont un impérieux besoin de parler à quelqu'un qui pourra les entendre, à qui ils pourront adresser leur plainte. Pourquoi n'appellent-ils pas le SAMU, un médecin de garde quand cela se produit la nuit, un membre de la famille, un ami ? Lorsque la crise s'apaise, que le souffle commence à revenir, que le calme intérieur prend peu à peu la place du chaos, certains expliquent très bien qu'ils savent sans le moindre doute que les sensations éprouvées, si pénibles soient-elles, ne mettent pas leur vie en danger et que ce dont ils ont besoin, c'est de dire et de se dire auprès d'une oreille attentive, bienveillante, non jugeante.

Les écoutants ne sont pas médecins, ils ne (se) formulent aucun diagnostic ; ils n'ont pas à se demander s'ils doivent, dès le début de tels appels, inviter les appelants à contacter les services d'urgence. L'expérience aidant, ils reconnaissent très vite avoir affaire à des personnes dont le besoin immédiat est d'être écoutées.

Ils savent aussi, par leur formation et la fréquente exposition à ce type de situations, qu'il leur faut être solides, ne pas se laisser eux-mêmes submerger par cette grande vague de peur panique qui sourd de leur casque et se déverse parfois dans des halètements proches du râle, entrecoupés de longs silences. Aussi leur propre présence doit-elle se manifester par l'expression discrète d'une tranquille assurance, seule capable de border et contenir ce qui, à l'autre bout du fil, est en train de se débonder.

Ces appels de personnes en crise d'angoisse durent souvent longtemps et se terminent en général dans un climat d'apaisement épuisé. Les signes de l'amélioration sont audibles, indépendamment des paroles prononcées, ce qui est gratifiant pour l'écoutant placé alors devant cette évidence que sa présence a été utile.

Congruence

La congruence, selon Rogers, est liée à l'authenticité que le thérapeute éprouve en lui-même, dans le ressenti de ses propres pensées, de ses propres émotions, de ses propres sentiments, à l'écoute des pensées, des émotions et des sentiments de son client. Pour les écoutants, s'exercer à la congruence commence au cours de la formation initiale, notamment à travers des jeux de rôles, et se poursuit tout au long de leur engagement, dans les échanges avec leurs pairs et les psychologues qui supervisent les groupes de partage. À rapprocher de la notion d'empathie (également rogérienne).

Conseil

L'écoutant de S.O.S Amitié ne donne pas de conseils ! Il s'agit là d'un principe intangible qui obéit à quelques raisons, dont certaines sont de simple bon sens : à titre d'exemple, trois arguments à l'appui de cette posture :

– on admet en général qu'il est assez difficile de dispenser des conseils ou des recommandations à des proches (famille, amis, connaissances...). Même à des gens qu'on connaît bien, il est délicat de s'autoriser à dire : « Voilà ce que tu devrais faire », ou bien : « À ta place, voilà ce que je ferais ». Certes, nous connaissons tous des gens qui ne s'embarrassent pas de scrupules et n'hésitent pas à se faire les « coaches » de leur entourage, mais on peut douter de l'efficacité d'un tel comportement ;

– *a fortiori*, pour un écoutant à qui s'adresse un problème, l'expression d'un malaise, d'une souffrance, au cours d'un entretien au temps limité, il serait absurde de penser pouvoir donner le moindre conseil ;

– de manière plus fondamentale, l'objectif de l'écoute étant de permettre à la personne qui appelle de retrouver une part d'initiative en prenant un peu de distance par rapport à ses difficultés, tout conseil serait en quelque sorte contre-productif. Conseiller, c'est quoi qu'on veuille, créer de la dissymétrie, voire de la dépendance.

Conversation

La demande de conversation est, dans la typologie des appels, l'expression d'un besoin très souvent perceptible, même s'il n'est pas formulé en tant que tel. Cette demande est-elle induite par le mot « amitié » qui figure après tout comme un élément du nom de l'association ? Toujours est-il que beaucoup d'appelants expriment le désir d'un véritable échange qui ne les laisse pas face à « du vide » comme certains le disent quand l'écoutant s'en tient à l'écoute telle que la conçoit S.O.S Amitié.

Il s'agit manifestement dans la plupart des cas de remplir ce vide d'une solitude difficile à supporter et cette attente de conversation, comme elle pourrait se dérouler dans « la vraie vie » entre deux bons copains, peut aisément se comprendre, possède sa raison d'être, voire sa légitimité. Sauf que… le rôle des écoutants n'est pas de combler ce qui fait défaut ou manque dans la vie des gens ! La solitude, l'isolement social sont des maux incontestables de nos sociétés et des appels motivés par ces phénomènes sociétaux devenus massifs sont évidemment pris en considération et reçus avec toute l'attention et l'empathie requises. Mais écouter, ce n'est pas meubler le vide, c'est simplement offrir un espace de parole dans lequel ce qui va se dire et se faire entendre a quelque chance de permettre qu'advienne un petit pas de côté, un « petit plus » porteur d'une prise de conscience.

Demande d'aide

« Je vous appelle parce que j'ai besoin de votre aide ». Il n'est pas rare que l'entretien s'engage sur ces mots ou bien que ces mots soient prononcés à un moment ou un autre. En complément de l'article sur le conseil, précisons que le pari permanent fait par S.O.S Amitié est que, par la parole et le langage, adressés à un autre soi-même capable d'écouter, la personne qui appelle peut être en mesure de retrouver, au moins partiellement, le chemin de sa propre liberté ou de sa propre vérité.

Distance

La recherche de la *juste distance* est un des thèmes récurrents de la formation permanente des écoutants. Bien des appels de personnes qui vont mal et semblent attendre de l'entretien téléphonique beaucoup plus qu'il ne peut apporter, nécessitent un véritable travail d'ajustement pour un positionnement sans ambiguïté. Entre le fusionnel et l'écoute glacée, il y a toute la palette possible de l'accueil bienveillant et chaleureux mais sans complaisance. Accueillir une plainte, une souffrance, un mal-être, ce n'est ni faire corps avec l'appelant ni se dissoudre dans son malheur, mais c'est soutenir l'expression de cette plainte pour que, de lui-même, l'appelant la mette à distance. Peut s'opérer ainsi une sorte de mise en abyme : « Moi, écoutant, je vous aide à vous détacher de votre plainte, à ne plus faire corps avec elle, à la mesure de la bonne distance de moi à vous que je tente de vous faire percevoir par mon attitude ».

Empathie

Notion essentielle chez Rogers, elle est à la base de l'écoute centrée sur la personne et de l'écoute non directive. Il s'agit pour l'écoutant d'être en mesure d'éprouver avec le plus de justesse possible les affects, les sentiments, les mouvements intérieurs de l'appelant. Au téléphone, et contrairement peut-être à ce qui pourrait se penser *a priori,* cet « éprouvé » ne passe pas que par les mots. Les silences, les balbutiements, les hésitations, l'intensité de la voix, la tonalité générale du discours (ou son évolution en cours d'appel) sont autant de signes auxquels il convient d'être sensible. Mais il ne s'agit pas pour autant de chercher à se fondre, au risque du débordement, dans le climat émotionnel de l'appelant. Car il y a du « comme si » dans l'empathie… « Je ne suis pas vous qui m'appelez mais je fais comme si j'étais vous le temps de notre échange ». Et c'est là une condition importante de la qualité même de l'écoute, selon S.O.S Amitié. Le pari permanent, ambitieux et remis en cause à chaque appel, est que la personne en souffrance se sente vraiment écoutée, entendue, comprise, donc en confiance avec cet autre qu'elle-même capable de la conduire à aller le plus loin possible dans la recherche de son moi intime. À travers l'exercice de l'empathie, l'écoute est bien une offre de mise en mots adressée à quelqu'un qui, s'en saisissant, prend conscience que dire son émotion en se sachant entendue, c'est déjà ne plus totalement la subir.

Genre

Peut-on dire, avec un peu de provocation, que les écoutantes sont des écoutants comme les autres ? En d'autres termes, est-il possible que l'écoute soit marquée par l'identité sexuelle ? Les femmes écoutent-elles comme les hommes ou vice versa ?

Sans doute faudrait-il, pour répondre à ces questions, un travail approfondi d'enquêtes, d'entretiens auprès des bénévoles, armé d'une méthodologie rigoureuse.

Sur un plan factuel, force est de considérer que les écoutantes sont davantage sollicitées que les écoutants par des appels dont l'objectif est d'obtenir une satisfaction sexuelle. L'écoutant(e) est en quelque sorte utilisé(e) pour accompagner à son terme une masturbation qui n'est pas que mentale ! Mais ce type de situations mis à part, on peut faire l'hypothèse qu'il existe sans doute une manière d'écouter un peu différente selon le genre. Les échanges dans les groupes de parole en portent bien souvent la trace. S'agissant des problèmes évoqués dans les appels, touchant au couple, à la famille (aux enfants notamment), aux sentiments, il semble que l'approche ne soit pas rigoureusement identique. Cela va peut-être de pair avec le rapport entretenu avec la langue des sentiments par les appelant(e)s eux-mêmes/elles-mêmes.

Est-ce à dire que l'écoute serait ***par nature*** différente selon le genre ? Il ne s'agit nullement de franchir ce pas. Il semble bien que ce qui était naguère considéré comme une sorte d'attribut du féminin, l'attention à soi, à ses affects, à ses sentiments et à ceux des autres, soit désormais largement partagé par les hommes. Peut-on aller jusqu'à dire, par boutade, que les appelants sont devenus des appelantes comme les autres ?

Interprétation

Au cours de sa formation, l'écoutant apprend en principe à se défier de toute interprétation sauvage. Il sait qu'interpréter est du domaine du professionnel et que le bénévole qu'il est doit impérativement se l'interdire. Mise en garde utile de la part des formateurs psychologues, mais difficile à mettre en œuvre tant la vie quotidienne de tout un chacun est l'occasion d'interprétations permanentes (petites et grandes) d'autant plus péremptoires qu'elles avancent masquées. Interpréter, c'est donner du sens, tirer une signification (Le Petit Robert) et, dans le déroulement d'un appel, le risque constant pour un écoutant est de faire jaillir ou émerger du sens dans ce qu'il entend, à son corps défendant voire à son insu, et uniquement en fonction de sa propre vision du monde.

Intime

Il arrive que des appelants éprouvent le besoin de dire que ce qu'ils sont en train d'évoquer du plus intime d'eux-mêmes, jamais ils n'oseraient en faire part à leurs proches, ni même à leur thérapeute. La raison en est, selon eux, que l'anonymat les protège et leur permet de lever toute inhibition. Et ils ajoutent parfois qu'ils sont en mesure de se livrer sans réserve parce qu'ils s'y sentent prêts au moment même de l'appel, alors qu'ils ne sont pas maîtres du moment de l'entretien avec leur « psy ». Cette confiance fondamentale suppose, de la part de l'écoutant, la manifestation d'un respect inconditionnel, sorte de préalable à toute mise en œuvre d'une relation authentique. Quand l'appelant parle d'événements de sa vie privée (conjugale, par exemple), ou bien d'événements traumatisants de son enfance (viol, inceste), il sait bien que l'écoutant ne va pas se positionner comme un thérapeute qui propose, en professionnel, un suivi sur le long cours. Mais il sent probablement que le destinataire de ses confidences est en mesure de l'accompagner pendant un moment sur un chemin plein d'embûches, peut lui permettre *a minima* de décharger des tensions intérieures dans une oreille accueillante. Et, si tout va bien, peut lui permettre aussi de découvrir autre chose que ce qu'il sait déjà, des significations latentes dont l'émergence est favorisée par cette écoute centrée sur lui et non directive.

Non-directivité

Autre concept fondamental de Rogers, même s'il le formulait en termes de thérapie centrée sur le client. La non-directivité suppose, par définition, que l'écoutant s'interdise de conduire ce moment si particulier (ni conversation, ni dialogue, ni échange) que constitue ce temps pendant lequel une personne qui appelle se trouve en présence d'une personne qui l'écoute. Être non-directif, c'est donner la priorité absolue à la parole de l'autre, sans pour autant s'interdire toute intervention. C'est aussi, par exemple, toujours repartir des mots ou expressions employés par cette personne pour, tout au plus, proposer une (re) formulation qui se veuille au plus près des propos entendus. La notion de non-directivité est bien sûr associée à celles de congruence et d'empathie.

Suicide

Actuellement, la mortalité due au suicide est trois fois supérieure à celle causée par les accidents de la route.

Il existe des associations dont l'objet exclusif est l'écoute des personnes tentées par le suicide ou en train de passer à l'acte lorsqu'elles appellent.

S.O.S Amitié, qui avait été fondée voici plus de cinquante ans pour œuvrer à la prévention du suicide, reste attachée à cette ambition de tout faire pour contribuer, au sein de la société telle qu'elle a évolué, à poursuivre cet engagement.

Mais dans le même mouvement, S.O.S Amitié tient à affirmer sa vocation généraliste d'ouverture à l'écoute de toutes les souffrances. Et ce faisant, l'association peut témoigner qu'elle participe à la prévention du suicide en amont, en quelque sorte, de toute entrée d'un appelant dans le long tunnel qui débouche, presque souvent fatalement, sur le versant de la mort. Prendre le temps d'écouter des personnes en grande souffrance psychique, en grande dépression, en situation d'isolement social (présentée par certaines comme une mort sociale), à tout moment du jour ou de la nuit, c'est offrir un peu d'humanité dans l'espoir que l'interlocuteur, au bout du fil, se sente rattaché à la communauté des vivants.

Mais quand advient le geste de désespoir qui amène l'appelant à faire le numéro de S.O.S Amitié comme ultime moment de ce rattachement, il reste à l'écoutant le devoir d'accepter d'être le dernier témoin... Moment terriblement intense, bouleversant et tragique où l'éthique se met en acte dans le nu des souffles entremêlés... à moins que cet appelant au bout du bout de la vie ne donne ses coordonnées (seule circonstance où la levée de l'anonymat est possible) pour que l'écoutant puisse appeler les secours.

Bibliographie - Sitographie

Livres

• *Ouvrages sur S.O.S Amitié*

Banine, *L'appel de la dernière chance,* Éditions S.O.S, 1971.
Banine est une femme écrivain français d'origine azérie qui a consacré un essai littéraire aux divers organismes de « Secours par Téléphone » récemment créés dans le monde, dont S.O.S Amitié.

Crescent Guy et Gallimard Anne, *Ma vie que je vous souhaite,* Fixot, 1992.
L'auteur, chef d'entreprise et également engagé dans l'humanitaire, a été Président de la Fédération S.O.S Amitié de 1987 à 1990. Il évoque dans ce livre de mémoires comment il a été appelé à exercer cette responsabilité à une période financièrement délicate de l'histoire de l'association.

Ferrières Gabrielle, *Voix sans visages,* Calligrammes, 1996.
Préface d'André Compte-Sponville. Gabrielle Ferrières (1901-2001) fut écoutante à Boulogne dans les années 1968-1980. Ce recueil de chroniques contient une vingtaine de courtes et profondes réflexions personnelles sur les contenus des écoutes de cette époque, sans que S.O.S Amitié ne soit jamais mentionnée. Gabrielle Ferrières était la sœur du philosophe Jean Cavaillès, résistant, mort à Buchenwald en 1944. Elle fut elle-même arrêtée comme résistante.

Haeringer Joseph, *Appels à l'inconnu, l'aide téléphonique par S.O.S Amitié,* Privat, 1980.
L'auteur a été secrétaire général de la Fédération S.O.S Amitié. Il analyse dans cet ouvrage comment l'outil téléphonique permet, par une écoute organisée, de répondre en partie à des situations sociales nouvelles (déracinement, perte de repères, solitude, etc.) Il est devenu par la suite enseignant et chercheur en sociologie.

Montheil Michel (direction), *Écouter l'angoisse,* L'Esprit du Temps 1997.
Cet ouvrage est un recueil de contributions autour du thème du « desserrement » des diverses formes d'angoisse. Michel Montheil, qui en a assuré la coordination, est psychologue à La Rochelle, où il anime aussi des partages pour le poste de S.O.S Amitié.

Nosmas Laura, *Les Partages de minuit : histoire de S.O.S Amitié,* Préface d'Eugène Claudius-Petit, Flammarion, 1980.
Laura Nosmas, qui a été dans les années 1970 écoutante au poste de Boulogne de S.O.S Amitié y témoigne de ses expériences d'écoute. (Ce livre a été contesté dans l'association en raison de son caractère trop personnel, et du non-respect de la confidentialité des appels.)

Ras Georges, *Ce soir je me suicide,* Fayard, 1971.
Journaliste, Georges Ras, a enquêté en Angleterre, en Suisse et en France, sur le phénomène de société qui a conduit au développement d'associations qui se consacrent principalement à la prévention du suicide par l'écoute téléphonique.

Vannesse Alfred, *Écouter l'autre, tant de choses à se dire,* Chronique sociale, 2016 (6e édition).
L'auteur, psychanalyste et psychologue, est écoutant et formateur à Télé-Accueil Bruxelles. Il présente dans ce livre un exposé simple et complet de l'aide psychologique par téléphone selon les mêmes principes mis en œuvre à S.O.S Amitié.

• *Ouvrages généraux*

26 associations témoignent, *La solitude – Le combat,* CLD Éditions, 2011.

Jaffrin Stéfan, *Les services d'aide psychologique par téléphone,* PUF, 1992.
À partir d'un Mémoire de DEA à l'École des Hautes Études en Sciences Sociales, sous la direction de François Raveau, Alain Touraine, Robert Castel et Michel Maffesoli, 1992.

Documents disponibles sur Internet

• *Textes*

Furtos Jean, « À la rencontre de l'autre, écouter la souffrance », Intervention à la 5e Journée nationale de l'écoute du 13 novembre 2014.

☞ *www.santementale.fr/inc/ddldoc.php?file=medias/userfiles/files/furtos-conf.pdf*

☞ *www.acjb.org/files/downloads/JNE_2014_Intervention_du_Dr_Furtos.pdf*

Vasse Denis, « L'inconscient et le téléphone », Intervention au Congrès de Dijon de 1977 sur le thème « Écoute et Sexualité ».

☞ *www.denis-vasse.com/2009/09/l%E2%80%99inconscient-et-le-telephone*

Reproduit dans la revue S.O.S Amitié France, *n° 15, automne 1977.*

Périodiques

Boisset Anne, « Être écouté anonymement et immédiatement, motive la plupart des appels », *Lien social – L'actualité sociale autrement,* n° 619, 25 avril 2002.

☞ *www.lien-social.com/etre-ecoute-anonymement-et*

« La santé au bout du fil », *La Santé de l'Homme (INPES),* n° 373, septembre-octobre 2004.

☞ *www.inpes.sante.fr/SLH/sommaires/373.asp*

« Prévention et aide à distance en santé », *La Santé de l'Homme (INPES),* n° 422, novembre-décembre 2012.

☞ *www.inpes.sante.fr/SLH/sommaires/422.asp*

Bonin Maxime, « J'ai appris à écouter grâce à S.O.S Amitié », Témoignage à l'occasion de la 2e Journée nationale de l'écoute du 8 novembre 2011, *psychologie. com*

☞ *www.psychologies.com/Moi/Moi-et-les-autres/Relationnel/Interviews/Apprenons-a-ecouter/3-J-ai-appris-a-ecouter-grace-a-SOS-Amitie*

doctissimo.fr

☞ *www.doctissimo.fr/html/psychologie/bien_avec_les_autres/15239-sos-amitie.htm*

Catal Anne, « Des lieux d'écoute anonyme pour quoi faire ? », *Lien social – L'actualité sociale autrement,* n° 619, 25 avril 2002.

☞ *www.lien-social.com/des-lieux-d-ecoute-anonyme-pour*

Fassin Didier, « Des maux indicibles. Sociologie des lieux d'écoute », *Questions de communication,* n° 8, 2005.

☞ *https://questionsdecommunication.revues.org/5901*

« Psychologues au téléphone », *Le Journal des psychologues,* n° 267, mai 2009.

☞ *www.cairn.info/revue-le-journal-des-psychologues-2009-4.htm*

• *Vidéos*

Émission RTF, *5 Colonnes à la Une,* 9 mars 1962, séquence « Appelez VAL 70 50 »

☞ *http://boutique.ina.fr/video/sciences-et-techniques/sciences-humaines/CAF93014168/appelez-val-70-50-S.O.S-amitie.fr.html*

Travaux universitaires

Barrier Olivier, « L'écoute à S.O.S Amitié. Le dispositif et ses effets », *Mémoire de Master 1,* Université de Toulouse - Le Mirail, UFR de Psychologie, 2008.

Sur « Telefono de la Esperanza » (Espagne)

Cibanal Luis, « La relation d'aide psychologique par téléphone », *Thèse (en français) de doctorat en psychologie et travail,* Université de Neuchâtel, 1992.

☞ *https://doc.rero.ch/record/5105/files/2_these_CibanalL.pdf*

Hy Jean-Pierre, « Un mal, des mots ou la relation téléphonique à S.O.S Amitié », *Thèse de doctorat en médecine,* Université François Rabelais, UFR de médecine, Tours, 1986.

Muller E, « Le dialogue au service de l'amour. Étude de l'activité d'un poste de S.O.S Amitié et de l'éthique de ce service de secours moral et psychologique par téléphone », *Mémoire,* Faculté de théologie protestante, Strasbourg, 1970.

Chez le même éditeur

128 p.
L'essentiel

Écouter l'autre – Tant de choses à dire

Alfred Vannesse

« Puis-je vous parler ?... » « Vous avez un peu de temps ? »...

Parler, se dire, est vital pour chacun. On ne se trouve vraiment qu'en parlant à un autre. Parler suppose donc d'être accueilli par quelqu'un qui se rend compte de ce qu'écouter veut dire. Écouter, c'est se taire, ne pas juger, c'est accepter l'autre tel qu'il est, comme il est, différent de soi, sans pourtant se renier soi-même. C'est permettre à l'autre d'aller aussi loin qu'il veut, qu'il peut, dans l'expression de ce qu'il vit.

Intervenir ? Oui, mais comment ?

L'écoute ne s'improvise pas. Elle exige d'être réfléchie, travaillée, sans quoi l'autre très vite de parler retombe dans le silence.

L'écoute est sans prix pour celui qui la pratique comme pour celui qui en bénéficie. Elle ouvre sur une richesse autre, sur le plaisir de l'échange, de la rencontre.

240 p.
L'essentiel

Écouter pour accompagner

Pierre Reboul

Manuel destiné aux personnes engagées dans l'écoute, cet ouvrage constitue un outil de base pour guider dans sa pratique tant le bénévole que le professionnel. Fruit d'une longue expérience de bénévolat, cet ouvrage est une « caisse à outils » adaptée à l'exercice d'une fonction nécessitant disponibilité, cohérence, travail d'équipe, déontologie, éthique...

Il se compose de six parties :

- les points d'appui : se former, être soutenu, conserver une juste distance ;
- le cadre des activités : respecter un cahier des charges, différencier bénévolat d'accompagnement et bénévolat de service, identifier ses interlocuteurs ;
- l'engagement : cerner les constantes, identifier les différents types d'accompagnement, éclaircir ses motivations ;
- la parole : les non-dits, le silence... ;
- l'écoute : écouter, s'écouter soi-même, communiquer non verbalement... ;
- les implications liées à l'engagement : temps, questionnements...

Ces différentes parties comprennent de nombreux exemples permettant d'illustrer le propos. Cet ouvrage est un guide-ressource pour asseoir sa pratique, la renforcer. Au sein d'une association, d'une institution, il sera apprécié pour servir de référence à la mise en place d'un parcours de formation.